हिंदी भाषा: लेखन कौशल

बी.एच.डी.एल.ए.-136

AF095224

For

Bachelor of Arts (BAG)

&

Bachelor of Commerce (BCOMG)

नए पाठ्यक्रम पर आधारित

CHOICE BASED CREDIT SYSTEM (CBCS)

Useful For

Delhi University (DU), IGNOU, Berhampur University (Odisha), University of Kashmir, Sambalpur University (Odisha), University of Kalyani (West Bengal), Gurukula Kangri Vishwavidyalaya (Uttarakhand), Himachal Pradesh University, Cooch Behar Panchanan Barma University (West Bengal), Ranchi University, and other Indian Universities

Closer to Nature We use Recycled Paper

GPH BOOK ®

गुल्लीबाबा पब्लिशिंग हाउस प्रा. लि.

आई.एस.ओ. 9001 एवं आई.एस.ओ. 14001 प्रमाणित कं.

Published by:
GullyBaba Publishing House Pvt. Ltd.

Regd. Office:	Branch Office:
2525/193, 1st Floor, Onkar Nagar-A, Tri Nagar, Delhi-110035 (From Kanhaiya Nagar Metro Station Towards Old Bus Stand) 011-27387998, 27384836, 27385249 +919350849407	1A/2A, 20, Hari Sadan, Ansari Road, Daryaganj, New Delhi-110002 Ph. 011-45794768

E-mail: hello@gullybaba.com, **Website**:GullyBaba.com

New Edition

ISBN: 978-93-89601-74-9
Author: Gullybaba.com Panel

Copyright© with Publisher
All rights are reserved. No part of this publication may be reproduced or stored in a retrieval system or transmitted in any form or by any means; electronic, mechanical, photocopying, recording or otherwise, without the written permission of the copyright holder.

Disclaimer: Although the author and publisher have made every effort to ensure that the information in this book is correct, the author and publisher do not assume and hereby disclaim any liability to any party for any loss, damage, or disruption caused by errors or omissions, whether such errors or omissions result from negligence, accident, or any other cause.

If you find any kind of error, please let us know and get reward and or the new book free of cost.

The book is based on IGNOU syllabus. This is only a sample. The book/author/publisher does not impose any guarantee or claim for full marks or to be passed in exam. You are advised only to understand the contents with the help of this book and answer in your words.

All disputes with respect to this publication shall be subject to the jurisdiction of the Courts, Tribunals and Forums of New Delhi, India only.

Home Delivery of GPH Books

You can get GPH books by VPP/COD/Speed Post/Courier.
You can order books by Email/SMS/WhatsApp/Call.
For more details, visit gullybaba.com/faq-books.html
Our packaging department usually dispatches the books within 2 days after receiving your order and it takes nearly 5-6 days in postal/courier services to reach your destination.

Note: Selling this book on any online platform like Amazon, Flipkart, Shopclues, Rediff, etc. without prior written permission of the publisher is prohibited and hence any sales by the SELLER will be termed as ILLEGAL SALE of GPH Books which will attract strict legal action against the offender.

प्रस्तावना

जिस प्रकार हिंदी के व्यावहारिक प्रयोग का क्षेत्र बढ़ता जा रहा है, उसी प्रकार हिंदी के अध्ययन क्षेत्र की सीमाओं में भी विस्तार हो रहा है। तकनीक तथा प्रौद्योगिकी के विकास ने भी हिंदी के प्रयोग को नए आयाम दिए हैं। सुविधा की दृष्टि से इस पुस्तक को दो भागों में बाँटा गया है। भाग एक में हिंदी भाषा के व्यावहारिक पक्ष जैसे शब्द संपदा, लोकोक्तियाँ, संवाद शैली, वाक्यगत संरचनाएँ और शैलियाँ, अशुद्धियाँ एवं शोधन, सरकारी पत्राचार तथा टिप्पण व प्रारूपण, समाचार लेखन व संपादकीय और अनुवाद: सिद्धांत व व्यवहार पर प्रकाश डाला गया है। भाग दो में प्रभावी लेखन के गुण, रचना की तैयारी, पुनर्रचना, वर्णनात्मक लेखन, आख्यानपरक लेखन तथा तार्किक लेखन पर प्रकाश डाला गया है। इस प्रकार हिंदी भाषा लेखन कौशल के सभी पक्षों को इस पुस्तक में स्थान प्रदान किया गया है।

प्रस्तुत जी.पी.एच. पुस्तक **'हिंदी भाषाः लेखन कौशल (बी.एच.डी.एल.ए.–136)'** में हिंदी भाषा के व्यावहारिक हिंदी तथा लेखन कौशल के विभिन्न पक्षों पर प्रकाश डाला गया है।

प्रस्तुत पुस्तक की विषय-सामग्री के विस्तृत एवं जटिल उपबंधों को तर्कपूर्ण एवं संप्रभावी ढंग से संक्षेप में प्रस्तुत किया गया है। पुस्तक की भाषा उपयुक्त, सरल एवं प्रवाहपूर्ण रखने का प्रयत्न किया गया है। पुस्तक के प्रत्येक अध्याय के प्रारंभ में अध्याय की भूमिका दी गई है जिससे छात्रों को अध्याय को समझने में सरलता होगी। इस पुस्तक की सबसे बड़ी और महत्त्वपूर्ण विशेषता यह है कि इसके अंतर्गत आपको सैम्पल एवं गेस पेपर दिए जाते हैं जो आपकी परीक्षा को न केवल सरल बनाते हैं अपितु आपको परीक्षा में अच्छे अंक प्राप्त करने में भी सहायक होते हैं। पुस्तक में प्रश्न पत्रों के प्रारूप को आपके सामने बिल्कुल उसी प्रकार प्रस्तुत किया गया है जैसा आपके सामने परीक्षा केंद्र में प्रस्तुत होता है, जो आपको अपने आप में एक अलग प्रकार का आत्मविश्वास बढ़ाने में सहायक होगा।

आगामी संस्करण में आपके सुझावों को यथास्थान साभार सम्मिलित किया जाएगा। अतः अपने सुझाव निःसंकोच हमें हमारी Email : feedback@gullybaba.com पर या सीधे प्रकाशन के पते पर लिखें और हमें अपने सुझावों से अनुग्रहित करें।

प्रकाशक (GPH) अपने कार्यरत सहायकों व लेखकों का सहृदय आभार प्रकट करता है, जिनके सहयोग और प्रयासों के कारण ही इस पुस्तक का प्रकाशन संभव हो पाया है।

हम आपकी सफलता की कामना करते हैं।

Topics Covered

खंड—1	व्यावहारिक हिंदी और लेखन
इकाई—1	शब्द संपदा, लोकोक्तियाँ
इकाई—2	संवाद शैली, वाक्यगत संरचनाएँ और शैलियाँ, अशुद्धियाँ एवं शोधन
इकाई—3	सरकारी पत्राचार तथा टिप्पण और प्रारूपण
इकाई—4	समाचार लेखन और संपादकीय
इकाई—5	अनुवाद: सिद्धांत और व्यवहार
खंड—2	लेखन कौशल
इकाई—6	प्रभावी लेखन के गुण
इकाई—7	रचना (कंपोजीशन) की तैयारी
इकाई—8	पुनर्रचना (संक्षेपण, भाव पल्लवन आदि)
इकाई—9	वर्णनात्मक लेखन
इकाई—10	आख्यानपरक लेखन
इकाई—11	तार्किक लेखन

विषय-सूची

1. शब्द संपदा, लोकोक्तियाँ 1
2. संवाद शैली, वाक्यगत संरचनाएँ और शैलियाँ, अशुद्धियाँ एवं शोधन 27
3. सरकारी पत्राचार तथा टिप्पण और प्रारूपण 41
4. समाचार लेखन और संपादकीय 65
5. अनुवाद: सिद्धांत और व्यवहार 75
6. प्रभावी लेखन के गुण 89
7. रचना (कंपोजीशन) की तैयारी 97
8. पुनर्रचना (संक्षेपण, भाव पल्लवन आदि) 107
9. वर्णनात्मक लेखन 119
10. आख्यानपरक लेखन 127
11. तार्किक लेखन 135

प्रश्न पत्र

(1) सैम्पल पेपर-I (हल सहित) 145
(2) सैम्पल पेपर-II (हल सहित) 147
(3) गेस पेपर-I 149
(4) गेस पेपर-II 150
(5) फरवरी-2021 (हल सहित) 151

अध्याय 1

शब्द संपदा, लोकोक्तियाँ

भूमिका

शब्द भाषा की स्वतंत्र एवं सार्थक इकाई होते हैं। स्वतंत्र इकाई होने के कारण ही शब्दों को कोश में स्थान दिया जाता है। शब्द एक निश्चित अर्थ का बोध कराता है। वास्तव में हमारे मन में विभिन्न विचारों, संकल्पनाओं तथा प्रकार्यों के चित्र होते हैं और इन्हीं को शब्दों के माध्यम से व्यक्त किया जाता है। भाषा को व्यवस्थित रूप प्रदान करने में व्याकरण की महत्त्वपूर्ण भूमिका होती है। उसमें प्रयुक्त शब्दों का निर्माण व्याकरण के नियमों के अनुसार ही होता है।

वाक्यों का निर्माण शब्दों से ही होता है। कोई भी वाक्यांश जो अपने साधारण अर्थ को छोड़कर किसी विशेष अर्थ को व्यक्त करे, उसे मुहावरा कहते हैं। लोक अनुभव से बनने वाली उक्तियाँ जो किसी समाज ने लंबे अनुभव से सीखी हैं, उसे एक वाक्य में बाँध दिया है जिसे लोकोक्ति कहते हैं। लोकोक्तियों को कहावतें भी कहते हैं।

प्रश्न 1. शब्द किसे कहते हैं?

उत्तर— निश्चित अर्थ को प्रकट करने वाले वर्ण-समूह को शब्द कहते हैं। शब्द भाषा की स्वतंत्र और अर्थवान् इकाई है। शब्द और अर्थ में नित्य संबंध माना जाता है। वास्तव में शब्द सार्थक होते हैं और वे वर्णों के विशिष्ट क्रम से बनते हैं। वे वस्तु, विचार या भाव को अभिव्यक्त करते हैं।

'शब्द' की परिभाषा देते समय निम्नलिखित दो बातें ध्यान में रखनी चाहिए—

- **शब्द भाषा की स्वतंत्र इकाई है**—अर्थात् शब्दों का प्रयोग भाषा में स्वतंत्र रूप से किया जाता है। मेज, कुर्सी, कलम, घोड़ा, सुंदर आदि सभी शब्द हिंदी के हैं। स्वतंत्र होने के कारण ही इनको कोश में स्थान दिया जाता है और इन शब्दों के अर्थ कोश में देखे जा सकते हैं।
- **शब्द भाषा की सार्थक इकाई है**—केवल अर्थवान् और सार्थक इकाइयाँ ही शब्द कहलाती हैं। 'कलम' तथा 'कमल' तो हिंदी के शब्द हैं, क्योंकि ये दोनों सार्थक हैं, पर 'मकल' या 'लकम' शब्द नहीं हैं क्योंकि ये सार्थक नहीं हैं।

विचारों, भावों आदि की अभिव्यक्ति का सबसे प्रमुख साधन भाषा है। भाषा की अभिव्यक्ति के मूल में 'शब्द' होते हैं, क्योंकि शब्द ही बातचीत या कथ्य में आने वाले व्यक्तियों, प्राणियों, वस्तुओं, गुणों, क्रियाओं आदि को प्रकट करते हैं और वाक्य बनाते हैं। कई बार हम उचित शब्द न मिल पाने के कारण बीच में रुक जाते हैं। इससे समझा जा सकता है कि 'शब्द' का भाषा में कितना अधिक महत्त्व है।

प्रश्न 2. शब्दों के महत्त्व पर टिप्पणी कीजिए।

उत्तर— प्रत्येक भाषा की अपनी कुछ ध्वनियाँ होती हैं। भाषा में ध्वनि हमारे विचारों की वाहक है। लेकिन हम ध्वनियों से अर्थ प्रकट नहीं कर सकते। जैसे अ, क, त आदि ध्वनियाँ सार्थक नहीं है, अर्थात् इनसे कोई अर्थ ज्ञात नहीं होता। भाषा के अर्थ का वाहक 'शब्द' है, जो ध्वनियों से बनता है। जैसे 'आम' शब्द कहने पर हमारे मन में एक वस्तु का बोध होगा। आम शब्द में 'आ' और 'म' दो ध्वनियाँ हैं। इसी तरह कुछ ध्वनियों के योग से बनने वाले शब्द भाषा में अर्थ के वाहक होते हैं। भाषा के शब्द समाज-सापेक्ष होते हैं, अर्थात्, 'आम' कहने पर हिंदी भाषी एक विशेष वस्तु का अर्थ ग्रहण करते हैं लेकिन इस शब्द का चीनी या इतालवी भाषी के लिए यही अर्थ हो, यह आवश्यक नहीं है। उन लोगों के पास इसी वस्तु के लिए अपना शब्द होगा जो उनकी भाषा की ध्वनियों से निर्मित होगा। इसका तात्पर्य यह है कि एक समाज के सभी लोग, जो एक भाषा बोलते हों, भाषा के शब्दों के निश्चित अर्थ से परिचित होते हैं और वे इस अर्थ को उच्चारण से दूसरों तक पहुँचा सकते हैं और उनके उच्चारण से एक निश्चित अर्थ ग्रहण कर सकते हैं। शब्दों के माध्यम से ही हम अपनी बात कहते हैं।

शब्दों का इतिहास बहुत रोचक है। अतः भाषा के शब्दों की एक प्रमुख विशेषता है—अर्थयुक्त होना। जिस फल को हिंदी में 'आम' कहा जाता है, उसे तमिल में 'मांगाई और

अंग्रेजी में 'मैंगो' कहा जाता है। इससे यह बात स्पष्ट हो जाती है कि किसी शब्द में आने वाली ध्वनियों को शब्दों के अर्थ के साथ कोई सीधा संबंध नहीं है। ज्ञात अर्थ के लिए समाज कोई शब्द निश्चित कर देता है और उस शब्द का उस अर्थ के साथ संबंध जुड़ जाता है। यह संबंध स्वाभाविक नहीं होता बल्कि समाज द्वारा आरोपित होता है। वस्तु और शब्द के इस संबंध को हम लोग यादृच्छिकता कहते हैं। यादृच्छिकता का तात्पर्य है इच्छानुकूल आरोपित अर्थ। यह भी देखा जा सकता है कि शब्द और अर्थ का संबंध ऐतिहासिक विकास के साथ बदलता है। जैसे संस्कृत में 'मृग' शब्द पशु या जानवर के लिए प्रयुक्त होता था, सिर्फ हिरन के लिए नहीं। लेकिन आज हम लोग 'मृग' का अर्थ 'हिरन' लेते हैं। इस बात को आप 'मृगराज' शब्द से समझ सकते हैं, जहाँ सिंह को पशुओं का राजा कहा गया। इसी तरह से शिकार के लिए 'मृगया' शब्द का इस्तेमाल करते हैं। यहाँ 'मृगया' का मतलब केवल हिरन का शिकार नहीं, बल्कि सभी जंगली जानवरों का शिकार है। शब्द भाषा की अत्यधिक महत्त्वपूर्ण इकाई है और प्रत्येक शब्द का अपना अर्थ होता है। जैसे 'आम' शब्द फल का अर्थ सूचित करता है, 'मेज' शब्द एक विशेष वस्तु का अर्थ सूचित करता है, अर्थात् वस्तुओं के लिए प्रयुक्त होने वाले शब्दों से उन वस्तुओं के अर्थ बहुत स्पष्ट दिखाई देते हैं। लेकिन भाषा में हम हमेशा वस्तुओं के लिए ही शब्दों का प्रयोग नहीं करते। हम लोग गूढ़ विचारों को भी शब्दों के माध्यम से प्रकट करते हैं। जैसे 'स्वतंत्रता' शब्द हम लोगों के लिए बहुत परिचित-सा लगता है लेकिन एक छोटा बच्चा इस अर्थ को आसानी से ग्रहण नहीं कर सकता। उसके लिए राष्ट्रीयता, अभिव्यक्ति, स्वच्छंदता, उद्दंडता आदि शब्दों के अर्थ को ग्रहण करना कठिन कार्य है। जब व्यक्ति बड़ा होता है और शिक्षित होता चलता है तो वह ऐसे विचारों को समझ कर इन शब्दों के माध्यम से उसे ग्रहण करता चलता है। ऐसा नहीं है कि केवल पढ़े-लिखे लोग ही गूढ़ या सूक्ष्म विचारों की अभिव्यक्ति करते हैं। अनपढ़ व्यक्ति भी समाज में कई सूक्ष्म विचारों को ग्रहण करता है और अपनी भाषा में इन शब्दों का प्रयोग करता है। अतः शब्दों द्वारा विचारों की अभिव्यक्ति के लिए परंपरागत शिक्षा कोई अनिवार्यता नहीं है। कबीर जैसे अनेक महापुरुष इसके प्रमाण हैं। अक्षर ज्ञान और परंपरागत शिक्षा से वंचित कबीरदास ने सामाजिक व्यवहार और अपने अनुभव ज्ञान के आधार पर दर्शन और धर्म के गूढ़ रहस्यों को सफलतापूर्वक अभिव्यक्त किया है।

अन्य शब्दों में यह भी कहा जा सकता है कि भाषा न केवल दृश्यमान जगत से संबंधित वस्तुओं के बारे में अभिव्यक्ति का साधन है, बल्कि विचारों की अभिव्यक्ति का भी साधन है। विचारों की अभिव्यक्ति की शिक्षा हमें अपने समाज में मिलती है और समाज को यह अभिव्यक्ति पूर्व की पीढ़ियों से प्राप्त होती है। इसी को हम उस समाज की वैचारिकता कहते हैं। जब हम लोग समाज से भाषा अर्जित करते हैं तो उसके साथ ही उसकी वैचारिकता को भी अर्जित करते हैं। अतः भाषा शब्दों के माध्यम से केवल अर्थ की अभिव्यक्ति मात्र न होकर सामाजिक-सांस्कृतिक, राजनीतिक, दार्शनिक, ज्ञान-विज्ञान की विभिन्न उपलब्धियों की अभिव्यक्ति की वाटिका भी होती है। जी.पी.एच. की पुस्तकों का मुख्य उद्देश्य ज्ञान के साथ-साथ अच्छे नम्बर दिलाना है।

प्रश्न 3. भाषा के सामाजिक स्तर भेद से आप क्या समझते हैं?

उत्तर— समाज में विभिन्न वर्गों, पेशों, व्यवसायों के लोगों की अपनी अलग-अलग भाषा होती है। जैसे व्यापारियों की भाषा, कक्षा अध्यापक की भाषा आदि। इसी प्रकार औपचारिक भाषा, अनौपचारिक भाषा, अनपढ़ की भाषा, पढ़े-लिखे लोगों की भाषा। इस प्रकार सामाजिक स्तर भेद से भाषा के कई रूप हो जाते हैं। सामाजिक स्तर भेद के संदर्भ में हम भाषा और उसमें शब्दों के कुछ विशिष्ट रूपों को सरलता से पहचान सकते हैं। अनपढ़ लोगों की बोली मिश्रित भाषा-प्रयोग उनके शैक्षिक स्तर का परिचायक है। कुछ लोग अवभाषा का प्रयोग करते हैं जो भाषा का बिगड़ा हुआ रूप माना जाता है। कुछ पेशों के व्यक्ति दूसरों से छिपाकर अपनी बात कहने के उद्देश्य से गुप्त भाषा का प्रयोग करते हैं। इसकी शब्दावली सामान्य भाषा से अलग प्रकार की होती है।

उदात्त कथन—किसी प्रियजन की मृत्यु पर यह कहा जाता है कि 'मेरे पिता जी/चाचा/मामा/बहनोई मर गए। सहज अर्थ होते हुए भी यह साधु (अच्छा) प्रयोग नहीं है। मृत व्यक्ति के प्रति आदर सूचित करते हुए हम अधिक सुसंस्कृत शब्दों में कहते हैं—वे दिवंगत हो गए/वे स्वर्गवासी हो गए/उनका देहावसन हो गया आदि। इस प्रवृत्ति को भाषा विज्ञान में इसे उदत्त कथन (euphemism) कहा जाता है। इसी तरह विधवा होने के लिए 'माँग का सिंदूर पुँछना', 'सुहाग उजड़ना' आदि शब्दों का प्रयोग किया जाता है। इन शब्दों में हम अमंगल को सामान्य व्यवहार के शब्दों से भिन्न शब्दों द्वारा व्यक्त करते हैं। इससे मृत्यु, वैधव्य आदि अशुभ और अप्रिय स्थितियों की शिष्ट एवं उदत्त अभिव्यक्ति होती है।

आदमी अमंगलकारी घटनाओं तथा उनके वाचक मूल शब्दों से बहुत डरता है। इन शब्दों को वह अपनी जुबान पर लाने से ही कतराता है। इसी कारण कई शब्दों के स्थान पर उदत्त शब्द प्रयोग में आते हैं, जिनसे अमंगल का भाव कम हो सके। उदाहरण के लिए—

सामान्य शब्द	उदात्त शब्द
साँप	कीड़ा
चेचक	माता, शीतला
मौत	देहांत, निधन

ऐसे शब्दों के संदर्भ में, भाषा के शब्दों के अर्थ परिवर्तन भी देखने में आते हैं। आमतौर पर महिलाओं की काँच की चूड़ियाँ टूट जाती हैं। लेकिन इसे 'चूड़ी टूटना' नहीं कहते, (क्योंकि यह भी वैधव्य की आशंका के संदर्भ में मंगलकारक नहीं है), बल्कि 'चूड़ी मौल जाना' कहते हैं। इसी तरह 'दुकान बंद करना' नहीं, 'दुकान बढ़ाना' उदत्त कथन है, 'बत्ती बुझाना' नहीं 'बत्ती बढ़ाना' उपयुक्त शब्द है।

उदात्त कथन केवल अमंगल सूचक प्रयोगों से बचने के लिए ही नहीं, अभद्रता दूर कर शिष्टता लाने के लिए भी किया जाता है। सभ्य समाज में बैठे हुए, हम यह नहीं कहते कि 'हम पेशाब करने जा रहे हैं'। संकेत से 'बाथरूम' का रास्ता पूछ लेते हैं या संकेत से कहते हैं कि हमें 'लघु शंका' के लिए जाना है। बच्चों के संदर्भ में भी हम इसी बात का अन्य ढंग से विवरण

देते हैं—'बच्चे ने गीला कर लिया'। रोचक बात यह है कि उदात्त कथन भी अधिक चलन में आकर अशोभनीय बन जाता है।

प्रश्न 4. शब्दों का वर्गीकरण कीजिए।

अथवा

शब्दों के विभिन्न स्रोतों का वर्णन कीजिए।

उत्तर— हिंदी भाषा के शब्दों का वर्गीकरण तीन प्रकार से किया जा सकता है—

(1) **स्रोत के आधार पर**—स्रोत के आधार पर हिंदी में पाँच प्रकार के शब्द हैं, जो कि इस प्रकार हैं—

(क) तत्सम्—"तत्सम्" शब्द दो शब्दों से मिलकर बना है "तत् + सम" जिसका अर्थ होता है—उसके समान। "उसके समान" से यहाँ तात्पर्य है स्रोत भाषा के समान। हिंदी में बहुत से शब्द संस्कृत से सीधे आ गए हैं और आज तक संस्कृत के ही समान हिंदी में भी प्रयुक्त होते हैं। इस प्रकार के शब्दों को तत्सम् कहा जाता है जैसे—

धर्म	अग्नि	मृत्यु	पुनः	सर्वथा
गुरु	ज्वाला	सर्प	प्रातः	प्रत्यक्ष
क्रूर	विद्युत	रश्मि	दिव्य	पराकाष्ठा
निर्दयी	केंद्र	स्वप्न	भव्य	संतोष

(ख) तद्भव—संस्कृत के वे शब्द हैं, जो परंपरा से विकृत होकर हिंदी भाषा में प्रयुक्त होते हैं। जैसे—

दूध — दुग्ध
छन — क्षण
कान्ह — कृष्ण
मीत — मित्र
खीर — क्षीर
आँसू — अश्रु
साँप — सर्प
दाँत — दंत

(ग) देशज—देशज शब्द वे शब्द हैं जो हिंदी में स्वतः विकसित हुए हैं। इनके मूल अथवा स्रोत रूपों के विषय में पता लगाना कठिन होता है। इस प्रकार के शब्दों के कुछ उदाहरण इस प्रकार हैं—

भोंदू	थप्पड़
भोंपू	टोंटी
अटकल	झंझट
सिलवट	झकझक

(घ) विदेशी शब्द—जो शब्द विदेशी प्रभाव के कारण भिन्न-भिन्न भाषाओं से आ गए हैं, उन्हें विदेशी शब्द कहते हैं। ऐसे शब्दों का संबंध कई भाषाओं से है। जैसे—

अरबी-फारसी-तुर्की से आगत शब्द—

अदालत	सरकार	सुरमा
चपरासी	मुंशी	संदूक
जुर्म	पिस्ता	कैंची
कागज	किशमिश	मसाला
कानून	चाकू	पनीर
दफ्तर	गलीचा	परदा

अंग्रेजी तथा अन्य यूरोपीय भाषाओं से आगत शब्द—

कार्बन	पेस्ट	टाई
ऑलपिन	क्रीम	चॉकलेट
पैन	सिल्क	पाउडर
वायलन	क्लास	सिगरेट
ट्रेन	फ्रॉक	पैंट
बिस्किट	सूट	पेस्ट्री
ग्लास	कोट	स्वेटर

(ङ) संकर शब्द—जब दो भिन्न-भिन्न भाषाओं के शब्दों के मेल से कोई शब्द बनता है तो उसे संकर शब्द कहा जाता है। हिंदी में हमें इस प्रकार के शब्दों के अनेक उदाहरण प्राप्त होते हैं—

बेडौल, खून-पसीना	—	फारसी + हिंदी
टिकिट घर, रेलगाड़ी	—	अंग्रेजी + हिंदी
पानदान, छायादार	—	हिंदी + फारसी
तहसीलदार, फजूल खर्च	—	अरबी + फारसी
जेलखाना, सीलबंद	—	अंग्रेजी + फारसी
लाठी चार्ज, कपड़ा-मिल	—	हिंदी + अंग्रेजी

(2) रचना (व्युत्पत्ति) के आधार पर—शब्दांशों या शब्दों के मेल से नए शब्द बनाने की प्रक्रिया को रचना कहते हैं। शब्द रचना की दृष्टि से शब्द दो प्रकार के होते हैं—मूल शब्द तथा यौगिक शब्द।

(क) मूल शब्द—जिस शब्द के खंडों का कोई अर्थ न हो, उसे मूल शब्द कहते हैं। जैसे—

सुंदर	मकान	आम
सफल	मेज	फल
घर	कुर्सी	पैसा

(ख) यौगिक शब्द—जो शब्द उपसर्ग, प्रत्यय या अन्य शब्दों तथा शब्दांशों के मेल से बनते हैं और जिनके खंडों का कुछ-न-कुछ अर्थ निकलता है, यौगिक शब्द कहलाते हैं। जैसे—

असुंदर	सुंदरता
असफल	सफलता
बेघर	घरवाला
अनपढ़	सुंदरी

(3) प्रयोग के आधार पर—प्रयोग के आधार पर शब्दों को दो वर्गों में बाँटा जाता है—

(क) पूर्ण पारिभाषिक शब्द—पारिभाषिक शब्दों का संबंध किसी विषय–विशेष से होता है, जैसे किसान, कानून, कार्यालय, बैंक आदि से संबंधित क्षेत्रों में प्रयुक्त होने वाले शब्द। पूर्ण पारिभाषिक शब्द वे शब्द हैं जिनका प्रयोग सामान्य व्यवहार में न होकर केवल उस विषय क्षेत्र में ही किया जाता है। जैसे—संज्ञा, सर्वनाम, विशेषण, क्रिया विशेषण आदि शब्द व्याकरण के क्षेत्र के शब्द हैं, इसी प्रकार मिसिल, विज्ञप्ति, प्रभाग, अनुदान, अधिसूचना आदि शब्दों का प्रयोग केवल कार्यालय में प्रयुक्त होने वाली भाषा में ही किया जाता है।

(ख) अर्धपारिभाषिक शब्द—कुछ पारिभाषिक शब्द ऐसे भी होते हैं जिनका प्रयोग अपने विषय क्षेत्र के अलावा सामान्य व्यवहार में भी किया जाता है। ऐसे शब्दों को अर्धपारिभाषिक शब्द कहते हैं। जैसे—

शक्ति	प्रणाली
अक्षर	स्वीकृत
रेखा	हस्ताक्षर
कार्य	द्वंद्व

प्रश्न 5. शब्दों के अर्थ पक्ष पर प्रकाश डालिए।

अथवा

अर्थ के आधार पर शब्दों के भेद बताइए।

अथवा

शब्द और अर्थ के संबंधों का उल्लेख कीजिए।

उत्तर— शब्दों को भाषा में अर्थ का वाहक कहा गया है। शब्दों के माध्यम से हम अपने मन में निहित अर्थ को प्रकट करते हैं। लेकिन शब्द और अर्थ का संबंध तलवार और म्यान की तरह नहीं है। अर्थात् यह नहीं है कि हर शब्द का एक ही अर्थ हो। कहीं एक ही शब्द के अनेक अर्थ होते हैं और कहीं दो तीन शब्दों का एक अर्थ। अर्थ विज्ञान में हम भाषा के अर्थ पक्ष का अध्ययन करते हैं। शब्द और अर्थ के संबंध पर विचार करने के लिए हम उन्हें निम्नलिखित पाँच प्रकारों में विभाजित कर सकते हैं—

अर्थ के आधार पर शब्दों के निम्नलिखित भेद हैं—

(1) समरूपी शब्द—कुछ शब्दों के एक से अधिक अर्थ निकलते हैं, जैसे—

पर	– पंख, लेकिन, ऊपर।
कल	– दूसरा दिन, मशीन, चैन।

मगर – लेकिन, एक प्राणी

मेल – मित्रता, मिलना, मेलगाड़ी

आम – एक फल, सामान्य

(2) **पर्यायवाची**–एक अर्थ को प्रकट करने वाले अनेक शब्दों को पर्यायवाची या समानार्थी शब्द कहते हैं। उदाहरणतया–

शब्द		**पर्यायवाची**
इन्द्र	–	सुरेश, सुरेन्द्र, पुरन्दर, देवराज।
असुर	–	दनुज, दैत्य, राक्षस, दानव, निशाचर।
अनुपम	–	अनोखा, अद्भुत, अनूठा, अतुल, अद्वितीय।
अरण्य	–	वन, जंगल, विपिन, कानन।
कामदेव	–	मदन, मन्मथ, कन्दर्प, मनसिज, कुसुमबाण, मनोज।
आँख	–	नव, लोचन, नेत्र, चक्षू, दृग, अक्षि।
आकाश	–	नभ, मंडल, व्योम, गगन, अम्बर, आसमान, अनन्त।
गंगा	–	जाह्वी, देवनदी, सुरापगा, भागीरथी, त्रिपथगा।
आनन्द	–	आमोद, मोद, प्रसन्नता, हर्ष, उल्लास, मनोरथ
इच्छा	–	आकांक्षा, चाह, कामना, अभिलाषा, मनोरथ।
अग्नि	–	आग, वहि्न, पावक, अनल, ज्वलन, दहन, हुताशन।
कपड़ा	–	पअ, वस्त, वसन, चीर, अम्बर
गृह	–	गेह, घर, निकेतन, भवन, सदन, निलय, आलय।
गधा	–	गर्दभ, खर, धुसर, रासीा, वैशाखनन्दन
अश्व	–	घोड़ा, घोटक, सैंधव, तुरंग
गणेश	–	लम्बोदर, एकदन्त, गजानन, विनायक, गणपति
क्रोध	–	कोप, अमर्ष, मन्यु, रोष, गुस्सा
मनुज	–	मानव, आदमी, मनुष्य, इन्सान।
कमल	–	पद्म, सरोज, जलज, पंकज, अरविन्द, उत्पल, राजीव
किरण	–	मयूख, मारीचि, अंश, कर, रश्मि।
चतुर	–	चालाक, दक्ष, प्रवीण, निपुण, पटु, नागर, होशियार।
चन्द्र	–	चाँद, हिमाँशु, राकापति, शिश, सुधाकर, राकेश।
चोर	–	दस्यु, तस्कर, मोषक, चोट्टा।
पुष्प	–	फूल, सुमन, प्रसून, कुसुम।
जमना	–	सूर्यसता, तरणि–तनुजा, यमुना।
तम	–	अन्धेरा, अंधकार, अप्रकाश, तमिस्र।
सूर्य	–	रवि, दिनकर, भास्कर, प्रभाकर, दिवाकर, सूरज।
दास	–	नौकर, सेवक, अनुचर, चाकर, भृत्य, किंकर।

शब्द संपदा, लोकोक्तिया 9

रात्रि	–	रात, क्षपा, रजनी, रैन, यामिनी, विभावरी।
पति	–	पिय, भर्त्ता, वल्लभ, स्वामी, आर्यपुत्र।
मेघ	–	बादल, वारिद, पयोद, पयोधर, जलधर।
महादेव	–	शंभु, शिव, शंकर, त्रिनयन, चन्द्रशेखर, नीलकंठ।
शिक्षक	–	गुरु, अध्यापक, आचार्य, उपाध्याय।
शेर	–	सिंह, वनराज, मृगराज, पंचमुख, शार्दूल।
दुर्गा	–	चण्डी, शाम्भवी, गौर, सिंहवाहिनी।
ब्रह्मा	–	स्वयंभू, चतुरानन, विधाता, स्रष्टा, कर्त्तार।
देवता	–	अमर, निर्जर, देव, बिबुध, सुर।
बाण	–	तीर, इषु, शर, नाराच, विशिख।
प्रकाश	–	रोशनी, ज्याति, उद्योत, द्युति।
पृथ्वी	–	धरती, जमीन, इला, भूमि, धरा, वसुधा, मेदिनी।
समुद्र	–	सागर, उदधि, पयोनिधि, जलधि।
पुत्र	–	सुत, सुनु,बेटा, लड़का, तनय, आत्मज।
पत्थर	–	पाषाण, पाहन, उपल, अश्म, प्रस्तर।
द्रव्य	–	वित्त, धन, विभूति, सम्पदा, दौलत, धन–सम्पत्ति।
पर्वत	–	पहाड़, भूधर, शैल, अचल, महीधर, गिरि, नग।
पक्षी	–	पंछी, विहंग, विहग, खग, पखेरू, अंडज।
हाथी	–	कुंजर, मतंग, नाग, गज, द्विप, दंती, हस्ती।
पत्नी	–	भार्या, दास, गृहिणी, बहू, वधू, जोरू, वामा, अर्धांगिनी।
नौका	–	नाव, बेड़ी, तरणी, तरी, डोंगी।
पवन	–	वायु, हवा, समीर, अनिल, समीरण, मरूत।
नदी	–	सरिता, तटिनी, निर्झरिणी, तरंगिधी।
मोक्ष	–	मुक्ति, कैवल्य, निर्वाधा, अपवर्ग, परमधाम।
पुत्री	–	सुत, तनया, बेटी, लड़की, आत्मजा, दुहिता।
मछली	–	मत्स्य, शफरी, झष, मीन।
दुःख	–	कष्ट, पीड़ा, व्यथा, देवना, क्लेश, विषाद, संताप।
ईश्वर	–	प्रभु, भगवान, ईश, ब्रह्मा, परमात्मा, परमेश्वर।
पंडित	–	विद्वान, कोविद, सुधी, बुध, मनीषी।
राजा	–	महीप, भूपति, नरपति, नरेश, नरेन्द्र, महीपति।
सर्प	–	साँप, उरग, अहि, भुजंग, व्याल, विषधर, नाग।
बिजली	–	विद्युत, चंचला, चपला, सौदामिनी, दामिनी, तड़ित।
नरक	–	यमपुर, यमालय, यमलोक।
ताल	–	तालाब, तड़ाग, सर, सरोवर, पुष्कर, जलाशय, पद्माकर।

जल – पानी, वारि, तीर, तोय, अंबु, सलिल, अप।
भौंरा – भ्रमर, षट्पद, अलि, द्विरेफ, मधुप, मधुकर।

(3) विलोम शब्द—विपरीत अर्थ वाले शब्द विपरीतार्थक शब्द या विलोम शब्द कहलाते हैं। उदाहरणतया—

शब्द	विलोम	शब्द	विलोम
इष्ट	अनिष्ट	आर्य	अनार्य
अनुज	अग्रज	अथ	इति
आयात	निर्यात	अनुराग	विराग
आकर्षण	विकर्षण	आलोक	अन्धकार
आय	व्यय	आरोह	अवरोह
आहार	निराहार	आदान	प्रदान
आग्रह	दुराग्रह	आर्द्र	शुष्क
आभ्यन्तर	बाह्य	आगत	विगत
अस्त	उदय	आलस्य	स्फूर्ति
अग्र	पश्चात्	अबला	सबला
उपचार	अपचार	उत्तीर्ण	अनुत्तीर्ण
सगुण	निर्गुण	विशिष्ट	सामान्य
क्षम्य	अक्षम्य	ज्ञेय	अज्ञेय
विपन्न	सम्पन्न	जागरण	सुषुप्त
नूतन	पुरातन	निर्दोष	सदोष
घात	प्रतिघात	चर	अचर
छल	निश्छल	जगम	स्थावर
मंगल	अमंगल	विमुख	सम्मुख
तटस्थ	पक्षपाती	गुरु	लघु
क्रय	विक्रय	मनुष्यता	पशुता
निर्दय	सदय	निर्माण	विनाश
निन्दा	स्तुति	निरक्षर	साक्षर
प्रसाद	विषाद	प्रतिव्रता	कुलटा
परकीय	स्वकीय	परतन्त्र	स्वतंत्र
भूगोल	खगोल	कृश	स्थूल
गोचर	अगोचर	सनाथ	अनाथ
मितव्यय	अपव्यय	मिथ्या	सत्य
मौखिक	लिखित	मोक्ष	बन्धन
रक्षक	भक्षक	रात्रि	दिवस

आदर	निरादर	स्वदेश	विदेश
दुष्कर्म	सुकर्म	विकल्प	संकल्प
ह्रस्व	दीर्घ	विश्लेषण	संश्लेषण
विरोध	समर्थन	शूर	कायर
शयन	जागरण	तिमिर	प्रकाश
साकार	निराकार	स्थूल	सूक्ष्म
शुक्ल	कृष्ण	सुयश	अपयश
सरस	नीरस	सजीव	निर्जीव
कुरूप	सुरूप	क्षुद्र	महान्
क्षणिक	शाश्वत्	ऐहिक	पारलौकिक
क्षर	अक्षर	दुराचारी	सदाचारी
कठोर	मृदु	विधवा	सधवा
पंडित	मूर्ख	गुप्त	प्रकट
विकास	ह्रास	यौवन	बुढापा
कृतज्ञ	कृतघ्न	आस्तिक	नास्तिक
प्राचीन	नवीन	देवता	राक्षस
उत्तम	निकृष्ट	विनय	अविनय

(4) अनेकार्थक शब्द—प्रत्येक भाषा में कुछ शब्द ऐसे होते हैं जिनके एक से अधिक अर्थ होते हैं। वे शब्द प्रसंग बदलने पर अलग–अलग अर्थ देते हैं। उदाहरणतया—

और – योजक शब्द, तथा, दूसरा, अधिक।

अपेक्षा – तुलना में, वनिस्पत, आशा, आकांक्षा, आवश्यकता।

सोरंग – सर्प, मोर, जल, हरिण, पपीहा, कोयल, हाथी, कामदेव, सिंह, धनुष।

अक्ष – सूर्य, धुरी, पहिया, रथ, ज्ञान, आँख, , आत्मा, सर्प, कील, रावण का पुत्र।

मित्र – सहयोगी, प्रिय, दोस्त।

अक्षर – वर्ण, विष्णु, सत्य, जल, गगन, शिव, मोक्ष, धर्म, तपस्या, जोशरहित।

भूत – प्राणी, प्रेत, अतीत, काल, मृत शरीर, पंचभूत।

रक्त – खून, लाल, रंग, रंगा हुआ।

वर्ण – जाति, रंग, अक्षर, चार वर्ण (जातियों के)

विधि – रिति, ढंग, भाग्य, ब्रह्मा, शास्त्रीय निय।

दल – पत्र, सोना, समूह, हिस्सा, पक्ष।

अनन्त – ब्रह्म, विष्णु, आकाश, अंतरहित, अंतरिक्ष, सर्पों का राजा।

तात – भाई, बेटा, प्यारा, पिता, पूज्य, मित्र।

अन्तर – अवधि, आकाश, मध्य, छिद्र, व्यवधान, अवकाश।

जीवन – जल, प्राण, जीविका, वायु, परमप्रिय।

चन्द्र – सोना, चन्द्रमा, कपूर, मोर के पंख की चन्द्रिका।
कर्ण – कान, कुन्ती का बड़ा पुत्र।
काम – कार्य, कामदेव, मतलब, प्रयोजन, लालसा, लाभ।
कर – किरण, हाथ, टैक्स, हाथी की सूंड।
कनक – धतुरा, गेहूँ, सोना।
कुल – वंश, सब, केवल, संघ।
गति – चाल, दशा, मोक्ष, हाल।
गुण – शील, सत, रस्सी, धनुष की डोरी, स्वभाव, कौशल।
घन – घना, भारी, बादल, हथौड़ा।
अंक – भाग्य, परिच्छेद, संस्था, गिनती के अंक, नाटक के अंक।
जलज – चन्द्रमा, कमल, मोती, शंख, मछली।
अशोक – एक वृक्ष, राजा अशोक, शोकरहित
ग्रहण – लेना, स्वीकार करना, सूर्य या चन्द्रमा का ग्रास।
आराम – विश्राम, रोग दूर होना, शान्ति, बाग।
श्री – शोभा, लक्ष्मी, सम्पत्ति, धन, वैभव।
हार – पराजय, माला।
कृष्ण – काला, भगवान, कृष्ण।
पानी – आभा, जल, कान्ति, रौनक, चमक, स्वाभिमान।
अज – ब्रह्म, कामदेव, ब्रह्मा, शिव, दशरथ के पिता।
मधु – शहद, शराब, एक दैत्य, वसन्त ऋतु, चैत का महीना।
अर्थ – हेतु, धन, प्रयोजन, ऐश्वर्य।
श्रुति – वेद, काल, किवदन्ती।
वास – निवास, घर, रहना, सुगन्ध।
हरि – हाथी, इन्द्र, सिंह, घोड़ा, विष्णु, मेंढक, यमराज, कोयल, शिव, आग।
रस – नवरस, आनन्द, सार, स्वाद, जल, अर्क, पारा, प्रेम, साहित्य से उत्पन्न रस।

(5) सहप्रयोग–प्रत्येक शब्द एक–दूसरे पर आधारित होते हैं। 'हत्या' कहने पर पुलिस, गिरफ्तार, अदालत, सजा आदि शब्द ध्यान में आते हैं। 'रेगिस्तान' कहने सही गर्मी, ऊँट आदि शब्द ध्यान में आते हैं। एक शब्द का अर्थ स्पष्ट करने के लिए सहप्रयोग करने वाले अन्य शब्दों का उपयोग करना पड़ता है। इसलिए एक शब्द को सीखते समय सहयोगी शब्दों को भी सीखना चाहिए।

सहप्रयोग की शैली की दृष्टि से भी महत्ता है। हम आमतौर पर 'शमा' और 'परवाना' की एक साथ बात करेंगे, 'दिया' और 'परवाना' या 'शमा' और 'कीट' की नहीं। सामान्य बोलचाल में 'हाथ का काम' कहेंगे (हस्त की कला नहीं), साहित्यिक या पारिभाषिक अर्थों में 'हस्तकला' (हाथ की कला नहीं), 'हृदयगति' (दिल की गति नहीं), 'कुटीर उद्योग' (झोपड़ी

उद्योग नहीं), 'विद्युत ऊर्जा' (बिजली ऊर्जा नहीं) आदि प्रयोग में शब्द बदलने की ज्यादा गुंजाइश नहीं है। बदलने पर भाषा में शैलीगत दोष आ जाता है।

भाषा के सही प्रयोग के लिए आवश्यक है कि हम सहप्रयोग के दोषों से बचें। अपनी शब्दावली के विस्तार के लिए चाहिए कि हम शब्दों के सहप्रयोगों का अभ्यास करें और संबद्ध शब्दों का सावधानी से प्रयोग करें।

प्रश्न 6. शब्द निर्माण के क्या आधार हैं? उल्लेख कीजिए।

उत्तर– हम स्वभावतः भाषा–व्यवहार में कम–से–कम शब्दों का प्रयोग करके अधिक–से–अधिक काम चलाना चाहते हैं। भाषा के अपने शब्द भाषा बोलने वाले समाज में सदियों से चले आते हैं। सामाजिक व्यवहार में शब्दों की रचना में काट–छाँट होती रहती है, शब्दों को नये–नये अर्थ मिलते रहते हैं। कुछ पुराने शब्द छूट जाते हैं, कुछ नये शब्द व्यवहार में आ जाते हैं। इस दृष्टि से देखें तो भाषा एक सामाजिक संपदा है। शब्दों का विकास सामाजिक विकास के साथ जुड़ा हुआ है। लेकिन भाषा को व्यवस्थित रूप प्रदान करने में व्याकरण की महत्त्वपूर्ण भूमिका होती है। उसमें प्रयुक्त शब्दों का निर्माण व्याकरण के नियमों के अनुसार ही होता है। अतः हमें शब्द–निर्माण की प्रक्रिया को समझने से पहले शब्द की रचना को समझना होगा।

शब्दों की रचना धातु, उपसर्ग और प्रत्यय के मेल से होती है, लेकिन यह आवश्यक नहीं कि हर एक शब्द में तीनों अंश हों। भाषा के बहुत थोड़े से शब्द अपने मूल में व्यवहृत होते हैं। भाषा उन मूल शब्दों से और कई नये शब्दों की सृष्टि करती है, जैसे–'बच्चा' मूल शब्द है, 'पन' अवस्था सूचित करने के लिए उससे व्युत्पन्न (derived) शब्द है। बच्चा + पन = बचपन। यहाँ 'पन' एक प्रत्यय है जो, अवस्था का अर्थ देता है। इसी तरह प्रत्यय के अन्य उदाहरण देखे जा सकते हैं।

नया + पन = नयापन, बाँका + पन = बाँकपन

'कर' क्रिया रचना में मूल शब्द है, किया, करता, करना, करेगा आदि क्रिया रूप व्युत्पन्न शब्द हैं। एक मूल क्रिया रूप (जिसे व्याकरण में धातु कहा जाता है) से सैकड़ों शब्दों की व्युत्पत्ति होती है। मूल शब्व में प्रत्ययों (suffixes) को जोड़ने से शब्द का निर्माण होता है।

लेकिन हम सहायता होने की अवस्था को 'सहायतापन' या भूखे होने की अवस्था को 'भूखापन' नहीं कह सकते। ये दोनों सही नहीं हैं। अवस्था सूचित करने के लिए यह जरूरी नहीं है कि हर जगह 'पन' प्रत्यय लगाए जाएँ। 'पन' के साथ हिंदी में अवस्था सूचित करने के लिए 'पा' (बुढ़ापा), 'ता' मनुष्यता, 'त्त्व' (महत्त्व) आदि अन्य प्रत्यय भी हैं। एक भाषा–भाषी समुदाय की निश्चित करता है कि कौन–से प्रत्यय किस मूल शब्द के साथ लगाए जाएँगे। इस प्रकार शब्द–निर्माण की य प्रक्रिया समाज द्वारा नियंत्रित होती है। प्रत्यय दो प्रकार के हैं। पहले प्रकार के प्रत्यय हैं–व्युत्पन्न प्रत्यय। व्युत्पन्न प्रत्यय वे हैं, जिससे हम अर्थ में विस्तार करते हैं। ऊपर हमने व्युत्पन्न प्रत्ययों की चर्चा की है। व्युत्पन्न प्रत्यय संज्ञा से संज्ञा, संज्ञा से विशेषण,

विशेषण से संज्ञा आदि शब्दों का निर्माण में काम आते हैं। जब हम व्युत्पन्न प्रत्ययों का प्रयोग करते हैं तो कभी-कभी मूल शब्द में परिवर्तन हो जाता है, जैसे 'बचपन' शब्द में–'बच्चा' का बदला हुआ रूप देख सकते हैं। 'घुड़सवारी' में 'घोड़ा' शब्द का दूसरा रूप देख सकते हैं। व्युत्पन्न प्रत्यय से, वास्तव में नए शब्दों का निर्माण किया जाता है और इससे शब्दावली की वृद्धि होती है। दूसरे प्रकार का प्रत्यय है–रूपात्मक प्रत्यय। इसे नीचे दिए गए उदाहरण की सहायता से समझा जा सकता है। नीचे दो वाक्य दिए गए हैं–

(1) लड़के आए।
(2) लड़कों को बुलाओ।

हम देख सकते हैं कि 'को' लगने के कारण लड़के का रूप लड़कों बन गया। यहाँ 'ओ' प्रत्यय है, लेकिन इस से शब्द के रूप में परिवर्तन हुआ है, अर्थ में कोई परिवर्तन नहीं हुआ।

प्रत्यय कई तरह से लगाए जाते हैं, जैसे कि क्रिया में लिंग, वचन आदि की दृष्टि से विभिन्न प्रत्यय लगते हैं और उनके विभिन्न रूप दिखाई पड़ते हैं, जैसे–करता है, करती है, करते हैं आदि। इनमें हम लिंग, वचन आदि का व्याकरणिक अर्थ तो सूचित करते हैं, लेकिन यहाँ कोई नया अर्थ नहीं जुड़ा है। कुछ भाषाएँ इस प्रकार का रूप परिवर्तन न कर एक ही क्रिया से सभी लिंग, वचन के भेद को प्रकट कर सकती हैं। उदाहरण के लिए, अंग्रेजी में 'आई गो' (दोनों लिंगों में), 'यू गो' (दोनों लिंगों में) 'गो' क्रिया का समान रूप से प्रयोग हुआ है। इस उदाहरण में मूल क्रिया-रूप नहीं बदला है। इस तरह हम कह सकते हैं कि रूपात्मक प्रत्यय कुछ व्याकरणिक अर्थ भले सूचित करते हों, लेकिन इनसे नए शब्दों का निर्माण नहीं होता। प्रत्ययों का प्रयोग दो प्रकार से होता है। कुछ प्रत्यय शब्द के अंत में आते हैं, जैसे–प, पन, त्व आदि। कुछ प्रत्यय शब्द के आरंभ में आते हैं, जैसे–अ + कारण, बे + रहम, ना + पसंद। यहाँ अ, बे, ना आदि विलोमार्थ सूचित करने वाले प्रत्यय हैं, जो शब्द से पहले आते हैं। व्याकरण में इन्हें उपसर्ग कहा जाता है। कुछ विद्वान इन्हें पूर्व-प्रत्यय भी कहते हैं। मूल शब्द के साथ प्रत्यय जोड़ने से हम नए शब्द निर्मित कर सकते हैं और एक भाषा-भाषी समुदाय इसी प्रक्रिया से नए शब्द गढ़ता है। आधुनिक युग में नए-नए विचारों को प्रकट करने के लिए हमें नए शब्दों के निर्माण की आवश्यकता होती है, जैसे हमने 'राष्ट्र' शब्द का प्रयोग शुरू किया तो राष्ट्रीय, अराष्ट्रीय, राष्ट्रीकरण आदि नए शब्दों की भी आवश्यकता पड़ी। यह कार्य अब योजनाबद्ध तरीके से नवगठित संस्थाओं द्वारा भी किया जाने लगा है, जिससे समन्वित रूप में सारे आवश्यक शब्द भाषा की प्रकृति, एकरूपता आदि को ध्यान में रखते हुए निर्मित किए जा सकें। हिंदी में नए शब्दों के निर्माण के लिए शिक्षा मंत्रालय के अधीन एक संस्था कार्य करती है, जिसका नाम है–'वैज्ञानिक तथा तकनीकी शब्दावली आयोग।' यह संस्था विविध विषयों के विद्वानों की सहायता से नए शब्दों का निर्माण करती है और शब्दकोशों के रूप में इन्हें प्रकाशित करती है। हिंदी में शब्द निर्माण के लिए हम ज्यादातर संस्कृत भाषा का सहारा लेते हैं, क्योंकि संस्कृत भाषा में शब्द बनाने की अपार क्षमता है। उदाहरण के तौर पर हम 'आयोग' शब्द ले सकते हैं। यह अंग्रेजी के 'कमीशन' का वाचक शब्द है। लेकिन इस अर्थ में यह संस्कृत में

प्रचलित नहीं था। संस्कृत में योग, संयोग, नियोग आदि शब्द तो थे, लेकिन आयोग नहीं। हमने कमीशन के लिए आयोग शब्द का निर्माण किया और इस अर्थ में यह शब्द चल रहा है। यहाँ निम्नलिखित शब्दों को देखा जा सकता है–

कमिश्नर	आयुक्त
डिप्टी कमिश्नर	उपायुक्त
हाई कमिश्नर	उच्चायुक्त
हाई कमीशन	उच्चायोग आदि।

शब्दावली के निर्माण के लिए आयोग ने कुछ मूलभूत सिद्धांत निर्धारित किए हुए हैं, जिससे संस्कृत से ही नहीं, बल्कि अन्य भाषाओं के प्रचलित शब्दों को भी हिंदी के शब्द–भंडार में स्वीकृत किया जा सके। इस संदर्भ में आयोग ने घोषणा की है कि सबसे पहले प्रचलित शब्दों को ग्रहण किया जाए, चाहें वे हिंदी के हों या अंग्रेजी के या उर्दू के। इस दृष्टि से मिसिल, मसौदा, वाइरस, प्रोटीन आदि शब्द हिंदी में स्वीकृत किए गए हैं। इसके बाद अन्य भारतीय भाषाओं से प्रचलित शब्द लिए जाने का प्रावधान है। प्रचलित शब्द न मिलने पर संस्कृत के आधार पर अन्य शब्द निर्मित किए जाएँगे। यह भी प्रावधान है कि अंतर्राष्ट्रीय शब्दों को यथावत ले लिया जाए और हर नए शब्द के लिए शब्द गढ़ने पर जोर न दिया जाए। इस दृष्टि से अब हिंदी में न्यूट्रॉन, कार्बन, टरबाइन आदि शब्द मूल रूप से स्वीकार कर लिए गए हैं। शब्द लेने के संदर्भ में एक रोचक उदाहरण है–ऑक्सीजन। यद्यपि इसके लिए हमारे पास 'प्राणवायु' शब्द है, फिर भी इससे जुड़े हुए अन्य शब्द बनाने में यह उपयोगी नहीं लगा। इसलिए ऑक्सीजन को ही स्वीकृत कर लिया गया। ऑक्सीजन से हम ऑक्सीकृत, ऑक्सीकरण, ऑक्साइड आदि संबद्ध शब्द बना सकते हैं। इस दृष्टि से शब्द निर्माण में कोई पूर्वग्रह न रखकर प्रयोक्ता और अन्य लोगों की व्यावहारिक सुविधा पर विशेष ध्यान दिया गया है।

प्रश्न 7. शब्द के कितने प्रकार होते हैं तथा इसकी रचना किस प्रकार होती है?

उत्तर– शब्द दो प्रकार के होते हैं–

मूल शब्द–वे शब्द जिन्हें हम और छोटे रूपों या खंडों में बाँट नहीं सकते। जैसे–घर, आँख, देश, काग, जल, प्रेम, शब्द, पास, दौड़, पहुँच, चाल आदि।

व्युत्पन्न शब्द–वे शब्द जो मूल शब्दों में प्रत्यय या अन्य शब्द जोड़ने से बनते हैं।

(1) प्रत्ययों के अर्थ मूल शब्द के अर्थ में विस्तार करते हैं।

उपसर्ग–

दिन	सु 'अच्छा'	सुदिन–अच्छा दिन
चैन	बे 'बिना'	बेचैन–चैन रौंहत

प्रत्यय–

एक	ता 'भाव'	एकता–एक होने का भाव
नया	पन 'अवस्था या स्थिति'	नयापन–नया होने की स्थिति

इस संदर्भ में आगे कुछ उपसर्गों पर प्रकाश डाला गया है। संस्कृत के उपसर्ग : **अति** (अधिक) – अतिवृष्टि, **अधि** (ऊपर) – अधिकार, **अनु** (पीछे) – अनुगमन, **अप** (बुरा) – अपयश, **अव** (बुरा) – अवगुण, **अभि** (अधिक) – अभिनव, **आ** (अपनी तरफ) – आगमन, उत (ऊपर) – उत्क्षेप, **दुः** (बुरा) – दुर्दिन, **निः** (बिना) – निर्भय, **परा** (उलटा) – पराजय, **परि** (चारों ओर का) – परिपूर्ण, **प्रति** (उलटा) – प्रतिपक्ष, **प्र** (अधिक आगे) – प्रगति, **वि** (विशिष्ट) – विज्ञान, **सं** (अच्छा) – संयोग, **सु** (अच्छा) – सुपुत्र, **कु** (बुरा) – कुपत्र। कुछ शब्द भी उपसर्ग की तरह प्रयुक्त हैं। उदाहरण के लिए – **अधः** (अधोगति), अलम् (अलंकार), **चिर** (चिरकाल), **पुरा** (पुरातत्व), **पुनः** (पुनर्जन्म), **सह** (सहगामी), **स्व** (सवजन) आदि।

अरबी–फारसी के उपसर्ग : **ना** = नहीं (नापसंद) **ला** = नहीं (लाचार), **वे** = नहीं (बेचारा), **ब** = सहित (बखूबी), **बे** = बिना (बेमिसाल)। कुछ शब्द भी उपसर्गों की तरह आते हैं। जैसे–**कम** (कम उम्र), **हर** (हरदम), **हम** (हम उम्र), **बद** (बदनाम)। फारसी 'परसर्ग' भी शब्द से पहले आते हैं। **ता** (तक) – **ताजिंदगी** (जिंदगी तक), **दर** (में) – **दरअसल** (असल में), **बा** (से) – **बाकायदा** (कायदे से)।

हिंदी में अपने उपसर्गों का पर्याप्त अभाव है। संस्कृत के उपसर्ग ही मूल रूप में या (बदले हुए) तद्‌भव रूप में हिंदी के शब्दों में आते हैं। जैसे निडर, कुपूत या कपूत, अनजान, अथाह। हिंदी में विशेषण शब्द के पहले आते हैं। इनके अधूरे रूप उपसर्ग की तरह लगते हैं – चौराहा, तिगुना, दुनाली, अधमरा, सतलड़ा, नौगाँव आदि।

कर्त्ता सूचक प्रत्यय : **आर** (सुनार, लुहार), **एरा** (सपेरा, लुटेरा), **हारा** (लकड़हारा, मछुआरा), **बाज** (कलाबाज, धोखेबाज), **गर** (जादूगर, कारीगर), **वाला** (मछलीवाला, केलेवाला), **अक** (पाठक, गायक, मारक), **इया** (रसोइया)।

भाववाचक प्रत्यय : (संज्ञा या विशेषण से) : **ई** (लंबाई, मिठाई, कलाबाजी, जादूगरी), **पा** (बुढ़ापा, मुटापा), आहट (घबराहट, चिकनाहट)।

लघुतासूचक प्रत्यय : डिब्बा–डिबिया, बेटी–बिटिया, खाट–खटिया, कटोरा–कटोरी, पहाड़–पहाड़ी, नद–नदी।

लिंगसूचक प्रत्यय : **ई** (केलेवाली, चाची), **इन** (सुनारिन, मछुआरिन), **नी** (हथिनी, जादूगरनी, शेरनी), **इका** (अध्यापिका, गायिका, बालिका), **बती/मती** (सत्यवती, श्रीमती)।

(2) व्युत्पन्न शब्दों का दूसरा प्रकार वह है, जिसमें दो शब्द मिलते हैं। इस प्रकार से निर्मित शब्द को समस्त पद या सामासिक शब्द की संज्ञा दी जाती है। शब्द–निर्माण में प्रत्ययों की भाँति ही समास रचना का भी विशेष महत्त्व है।

तत्पुरुष समास – जिसमें उत्तर पद प्रधान हो और कर्त्ता को छोड़कर सभी कारकों की विभक्ति का लोप हो, जैसे–

स्वर्गप्राप्त – स्वर्ग को प्राप्त

दीनानाथ – दीनों के नाथ

बहुब्रीहि समास–ऐसा समस्त पद जिसमें कोई पद प्रधान नहीं होता। यह दोनों पदों के अर्थ से भिन्न अर्थ व्यक्त करता है, जैसे–

नीलकंठ = नीला है कंठ जिसका–शिव

हंसवाहिनी = हंस है वाहन जिसका–सरस्वती

चक्रधर = चक्र को धारण करने वाला–कृष्ण

द्वंद्व समास–ऐसा समास जिसमें दोनों पद–प्रधान हों तथा समस्तपद बनाने पर समुच्चय बोधक अव्ययों का लोप हो जाए, जैसे–

भला–बुरा = भला और बुरा;

आगे–पीछे = आगे अथवा पीछे;

पाप–पुण्य = पाप और पुण्य।

प्रतिबिंबित शब्द (echo words)–मान लीजिए बस में एक सहयात्री घबराकर जेब टटोल रहा है। हम उससे पूछेंगे – क्या पैसे–वैसे खो गए? यहाँ 'वैसे' का कोई अर्थ नहीं है, न ही हम सिर्फ 'पैसे' की ही बात कर रहे हैं। यहाँ 'पैसे या इसी तरह की कोई चीज' हमारा अभीष्ट उद्देश्य है। जबकि तनख्वाह लेकर आने वाले से हमारा प्रश्न होगा 'कितने पैसे मिले'? यहाँ 'पैसे–वैसे' का प्रयोग उचित नहीं है। ऐसे शब्दों को हम प्रतिबिंबित शब्द कहते हैं। प्रतिबिंबित शब्द पहले शब्द के अर्थ के संदर्भ में अन्य समान अर्थों का भी समावेश करता है। कुछ अन्य उदाहरण देखिए–

वह कोई काम–वाम नहीं करता (नौकरी, अपना धंधा आदि)

तुम्हें घर–वर मिला कि नहीं (रहने का कोई स्थान)

पुनरुक्त शब्दों की रचना सरल है। इसमें सिर्फ पहला शब्द सार्थक होता है, दूसरा ध्वनि प्रतिबिंब। मूल शब्द के पहले व्यंजन की जगह 'व' रख दीजिए। (पान–वान, दिन–विन)। पहले स्वर हो, तो दूसरे में 'व' जोड़ लीजिए, (आना–वाना, कहीं–कहीं 'ब' – आन–बान)। पहले शब्द में स्वर उ या ऊ हो तो दूसरे शब्द में 'व' न जोड़ें (रुचि–उचि, फूल–ऊल)।

दूसरे प्रकार के पुनरुक्त शब्द वे हैं, जिनमें कहीं दूसरा शब्द 'आ' से बनता है (पी–पाकर, देख–दाखकर, सोच–साचकर, मोड़–माड़कर, बोलबाला) तो कहीं दूसरा शब्द 'ऊ' से बनता है। मार–मूरकर, काट–कूटकर, बाँध–बूँधकर। आपने देखा होगा कि ये सारे क्रिया के शब्द हैं। ऐसे अन्य शब्द रचनाओं के उदाहरण आप स्वयं ढूँढ सकते हैं।

शब्द रचना के संदर्भ में कुछ अन्य प्रमुख प्रकार निम्नलिखित हैं–

पुनरुक्त शब्द–यह द्वंद्व समास की तरह दो शब्दों के योग से बनता है। लेकिन दोनों शब्द समान होते हैं। इन शब्दों का वाक्य में अपना विशिष्ट अर्थ प्रकट होता है। उदाहरण के लिए–

गाँव–गाँव में	अर्थात्	हर गाँव में या सभी गाँवों में
पल–पल	अर्थात्	हर पल, हमेशा
रो–रोकर	अर्थात्	बहुत रोकर
मीठी–मीठी बातें	अर्थात्	बहुत–सी मीठी बातें

चूँकि इन शब्दों में एक ही शब्द दो बार बोला जाता है, इसे कुछ व्याकरण द्विरुक्त (दो बार कहा गया) शब्द भी कहते हैं।

ध्वन्यार्थ व्यंजन (Anomatopoeic) शब्द—हिंदी में कुछ ध्वन्यार्थ व्यंजक शब्दों का भी प्रयोग होता है। इस प्रकार के शब्दों का अलग से कोई अर्थ न होकर उनकी ध्वनियाँ ही उनके अर्थ को व्यंजित करती हैं। उदाहरण के लिए—गड़गड़ाना, खनखनाना, खड़खड़ाना, घड़घड़ाना, टपटप, खटपट, हरहराना आदि शब्दों को लिया जा सकता है। इन शब्दों की उच्चारण ध्वनि ही इनके अर्थ हैं। इस प्रकार के शब्दों के प्रयोग से भाषा में विम्बात्मकता और जीवंतता का संचार होता है। इसे समझने के लिए पंत की कविता का एक उदाहरण काफी सार्थक होगा— 'है चहक रही चिड़ियाँ टी–बी–टी–टुट–टुट' यहाँ 'टी बी टी – टुट टुट' ध्वन्यार्थ व्यंजक शब्द है, जो शैली के सौंदर्य को बढ़ाने में सहायक है।

अनुकरणात्मक शब्द—इस प्रकार से निर्मित शब्दों का आधार अनुकरण होता है। जैसे चम से चमचमाना, चमाचम और चिप से चिपचिपा, चिपचिपाहट आदि। इस प्रकार के शब्दों का संबंध ध्वनि से न होकर प्रकाश और स्पर्श से है। अनुकरणात्मक शब्दों का एक दूसरा भी रूप है, जिसमें दोनों शब्द निरर्थक होकर भी एक निश्चित अर्थ को प्रकट करते हैं। जैसे, झिलमिल, खलबली, सुगबुगाहट, ताम–झाम आदि।

प्रश्न 8. 'मुहावरा' शब्द से क्या तात्पर्य है? इसके विभिन्न प्रकारों व अभिलक्षणों पर प्रकाश डालिए।

अथवा

मुहावरे के प्रमुख अभिलक्षण क्या हैं? स्पष्ट कीजिए।

उत्तर— 'मुहावरा' शब्द अपने मूल रूप में अरबी भाषा 'हे–बाब–रे' धातु से व्युत्पन्न है। इसका अर्थ होता है 'लौटाना'। इसी धातु से 'हाबर' शब्द बनता है, जिसका प्रयोग प्रश्नोत्तर करने, जवाब देने या बातचीत करने के अर्थ में किया जाता है। अरबी में 'हाबर' का क्रियार्थक संज्ञा–रूप 'मुहावरा' बनता है, जिसका फारसी रूपांतर 'मुहावरः' मिलता है। इसी 'मुहावरः' का बोलचाल में स्वीकृत रूप 'मुहावरा' है। हिंदी मुहावरा कोश में इसकी परिभाषा देते हुए कहा गया है—"मुहावरा भाषा विशेष में प्रचलित उस अभिव्यक्तिक इकाई को कहते हैं, जिसका प्रयोग प्रत्यक्षार्थ से अलग रूढ़ लक्ष्यार्थ के लिए किया जाता है।"

हिंदी भाषा में उपलब्ध मुहावरों को कई वर्गों में रखा जा सकता है। इनको विभिन्न वर्गों में रखने के कई आधार हो सकते हैं। जैसे—

- **सादृश्य पर आधारित मुहावरे**—प्रायः बहुत सारे मुहावरे समानता पर आधारित होते हैं। 'हिंदी मुहावरा कोश' (डॉ. भोलानाथ तिवारी) के अनुसार सबसे अधिक मुहावरे सादृश्य पर ही आधारित होते हैं। जैसे—सोने पर सुहागा होना, कुंदन–सा चमकना, कैंची–सी जबान चलाना आदि मुहावरों में सादृश्य विधान बहुत स्पष्ट है। परंतु अनेक मुहावरों में समानता का यह तत्त्व इतना स्पष्ट नहीं होता, जैसे—थूक कर चाटना = ऐसा करना जैसे कोई थूक कर चाट रहा हो; दिमाग सातवें आसमान पर होना = दिमाग का इतना ऊपर उठ जाना जैसे वह सातवें आसमान पर हो; दही

में मूसल का होना = बीच में ऐसे आ जाना जैसे दही में मूसल (अनुपयुक्त) आ गया हो, बीच में आकर मजा ऐसे किरकिरा कर देना, जैसे खाने वाले के सामने परसी सुस्वाद दही में मूसल डाल कर कोई उसका मजा किरकिरा कर दे; दाँत काटी रोटी होना = दोनों में इस प्रकार पटना जैसे वे इतने घनिष्ठ हों कि एक के द्वारा दाँत से काटी रोटी को दूसरा बिना भेदभाव, घृणा–नफरत के खा जाए; दाँत कुरेदने को तिनका न होना = अपना सब कुछ इस प्रकार गँवा देना कि पास में जैसे दाँत कुरेदने के लिए एक तिनका भी न बचा हो। ऐसे ही, गागर में सागर भरना, अंडा सेना, अँधेरे घर का उजाला, अगाड़ी–पिछाड़ी लगाना, ढिंढोरा पीटना आदि मुहावरे भी इसी कोटि में रखे जा सकते हैं।

- **शारीरिक अंगों पर आधारित मुहावरे**—हिंदी में मुहावरों का बहुत बड़ा भाग शरीर के अंगों से संबंधित है। जैसे—सिर हिलाना, आँख मारना, एड़ी घिसना, दाँत निपोरना, दाँतों तले उँगली दबाना, अंतड़ियाँ कुलबुलाना, पेट में चूहे कूदना, आँखों का तारा होना, नाक रगड़ना, कान पर जूँ न रेंगना, हाथ धो बैठना, गर्दन फँसाना, मुँह काला करना आदि। कहना न होगा कि हिंदी मुहावरों का बहुत बड़ा भाग शरीर के अंगों से जुड़ा हुआ है। कोई चाहे तो ऐसे मुहावरों का मनोवैज्ञानिक विवेचन भी कर सकता है। यहाँ हम दिल से संबंधित कुछ मुहावरों को देख सकते हैं, जैसे—दिल आना, दिल उकताना, दिल उतरना, दिल उमड़ना, दिल कचोटना, दिल कड़ा करना, दिल का घाव, दिल का कमल खिलना, दिल का गवाही देना, दिल का बादशाह, दिल साफ होना, दिल की दिल में रहना, दिल की लगी बुझाना, दिल चुराना, दिल छोटा करना, दिल जलना, दिल जलाना, दिल टूटना, दिल थामना, दिल देना, दिल धक्–धक् करना, दिल बढ़ना आदि।

- **असंभव स्थितियों पर आधारित मुहावरे**—हिंदी में ऐसे अनेक मुहावरे प्राप्त होते हैं जिनका आधार कोई असंभव स्थिति होती है। इनका अर्थ व्यंजना के माध्यम से समझा जा सकता है। उदाहरण के लिए पत्थर पर दूब उगाना, बालू में तेल पैदा करना, आसमान के तारे दिखाना, छट्ठी का दूध याद कराना, जान हथेली में लेना, हवा में गाँठ बाँधना, पानी में आग लगाना, दिन में तारे दिखाई देना। आदि।

- **कथाओं पर आधारित मुहावरे**—ऐसे मुहावरों के मूल में कोई–न–कोई कहानी प्रचलित होती है, जिनसे मुहावरों का जन्म होता है। जैसे—अपने पाँव पर आप कुल्हाड़ी मारना, टेढ़ी खीर होना, एक और एक ग्यारह होना आदि।

- **प्रतीकों पर आधारित मुहावरे**—कुछ मुहावरे प्रतीकों पर भी आधारित होते हैं। ऐसे मुहावरों में प्रतीकात्मकता ढल जाती है। जैसे—डेढ़ पसली का आदमी होना, ढाई चावल की खीर पकाना, ढाई दिन की बादशाहत चलाना, ढाई माशे का आदमी होना। यहाँ हर कहीं 'डेढ़' और 'ढाई' नगण्यता के प्रतीक रूप में प्रयुक्त हुआ है।

- **घटना पर आधारित मुहावरे**—ऐसे मुहावरों के मूल में कोई–न–कोई घटना होती है। जैसे—'आम के दाम चलाना', 'एक लाख का सवा लाख होना' आदि।

इनके अतिरिक्त मुहावरों का वर्गीकरण कभी स्रोत के आधार पर (जैसे संस्कृत से आए, फारसी से आए, अंग्रेजी से आए मुहावरों के रूप में) तो कभी विषय-वस्तु के आधार पर (जैसे स्वास्थ्य विषयक मुहावरे, युद्ध विषयक मुहावरे आदि के रूप में), कभी क्षेत्र विशेष के आधार पर (जैसे खेल के क्षेत्र में प्रयुक्त होने वाले मुहावरे, सेना के क्षेत्र में प्रयुक्त मुहावरे, दलाली के क्षेत्र में प्रयुक्त मुहावरे) तो कभी प्रयोगकर्त्ताओं के आधार पर (जैसे स्त्रियों द्वारा प्रयुक्त मुहावरे) भी किया जाता है।

मुहावरे के प्रमुख अभिलक्षण

- मुहावरा अपने भाषा-भाषी समुदाय की विशिष्ट पहचान होता है। अतः यह भाषा-विशेष का होता है। इसे सभी भाषाओं के सामान्य संबंध के बतौर प्रस्तुत नहीं किया जा सकता।
- मुहावरा अपने-आप में एक अभिव्यक्तिमूलक इकाई होता है, जिसमें एक से अधिक शब्द होते हैं। साथ ही एक क्रिया का भाव इसके साथ जुड़ा रहता है।
- मुहावरों में कोशार्थ से जुड़े हुए लक्ष्यार्थ का प्रयोग होता है अर्थात् मुहावरों का शाब्दिक अर्थ ग्रहण न करके उसका विशिष्ट अर्थ लक्षण के माध्यम से ग्रहण करना चाहिए।
- मुहावरों के साँचे में विन्यस्त निश्चित शब्दों को किसी भी तरह बदला नहीं जा सकता है। ऐसा करने से मुहावरे का स्वरूप नष्ट हो जाता है और मुहावरा, मुहावरा नहीं रह जाता। उदाहरण के लिए 'पानी-पानी होना' को 'जल-जल होना' या 'आसमान से बातें करना' को 'गगन से बातें करना' नहीं कहा जा सकता।
- मुहावरे प्रयुक्त होते ही वाक्य के साँचे में ढल जाते हैं। वे वाक्य-रचना के अभिन्न अंग बन जाते हैं। इनका अपना अलग से अस्तित्व नहीं होता। वाक्य में प्रयुक्त होकर ही ये पूर्णता ग्रहण करते हैं।

प्रश्न 9. मुहावरों के महत्त्व पर प्रकाश डालिए।

उत्तर— भाषा में मुहावरों के प्रयोग की महत्ता को निम्नलिखित रूप में समझा जा सकता है—

- मुहावरे भावाभिव्यक्ति में सहायक होते हैं। इनके प्रयोग से कथन में सूक्ति जैसी मार्मिकता और संप्रेषणीयता आ जाती है।
- मुहावरे का प्रयोग करके हम कम शब्दों में अधिक अर्थ को व्यक्त कर सकते हैं।
- मुहावरों से कथन में सौंदर्य का समावेश हो जाता है क्योंकि अनेक मुहावरों में अलंकारों का सहज प्रयोग मिलता है। जैसे लाल अंगारा होना, आग-बबूला होना, पाँव भारी होना, पानी में आग लगाना, पलकें बिछाना, तिनके का सहारा — में उपमा, रूपक, वक्रोक्ति और अतिशयोक्ति का प्रयोग दृष्टव्य है।
- कटाक्ष और व्यंग्य के लिए मुहावरे अचूक रामबाण की तरह सहायक होते हैं।

इस प्रकार प्रवाहपूर्ण सहज भाषा के लिए मुहावरों का प्रयोग आवश्यक है। इनसे भाषा में प्रभावोत्पादकता और भावों की स्पष्टता लाने में सहायता मिलती है।

प्रश्न 10. लोकोक्ति का अर्थ स्पष्ट करते हुए इसके प्रमुख अभिलक्षणों पर सोदाहरण प्रकाश डालिए।

उत्तर– लोकोक्तियाँ समाज के अनुभवों के सूत्रलेख हैं। बेकन ने ठीक ही कहा है कि किसी राष्ट्र की प्रतिभा, विदग्धता एवं अंतरात्मा का दर्शन उसकी कहावतों के द्वारा ही होता है। संस्कृत, पालि, प्राकृत, अपभ्रंश साहित्य में लोकोक्तियों का पर्याप्त प्रयोग मिलता है।

'लोकोक्ति' का सीधा अर्थ है–लोक की उक्ति, अर्थात् यह लोक में प्रचलित उक्ति है। अपने मूल रूप में इस शब्द का प्रयोग संस्कृत में मिलता है। वहाँ 'लोकोक्ति' अपने अर्थ–विस्तार के साथ मिलती है। पर बाद में सीमित रूप में इसका प्रयोग पंचतंत्र में प्राप्त होता है। काव्य–शास्त्र के आलंकारिक ग्रंथों में 'लोकोक्ति' एक अलंकार के रूप में भी प्रयुक्त हुई है। 'कुवलयानंद' और 'भाषा–भूषण' में इसका उल्लेख मिलता है। पर 'लोकोक्ति' का सामान्य अर्थ लोक की उक्ति ही है, जिसका पर्याय कहावत है।

लोकोक्ति ऐसी उक्ति होती है, जिसमें उसका रचनाकार अज्ञात होता है। इसलिए इसकी प्रसिद्ध अंग्रेजी परिभाषा है A proverb is a saying without an author–अर्थात् लोकोक्ति ऐसा कथन है, जिसका रचयिता नहीं होता।

अरबी भाषा में एक बड़ी प्रसिद्ध उक्ति है कि "जैसे भोजन में नमक, वैसे ही भाषा में कहावतें"। अरबी की एक दूसरी कहावत में लोकोक्ति को 'शब्दों का दीपक' माना गया है। जापानी भाषा में इसे 'प्रभावशाली वाक्य' कहा गया है। पौलिश भाषा में 'लोकोक्ति' को 'पगडंडी का शब्द' या 'जन–साधारण की उक्ति' कहते हैं। तमिल भाषा में मान्यता है कि स्वर्ग और पृथ्वी का नाश हो सकता है, लेकिन लोकोक्तियों का नाश नहीं हो सकता।

बृहत् हिंदी लोकोक्ति कोश में लोकोक्ति की परिभाषा देते हुए कहा गया है, "विभिन्न प्रकार के अनुभवों, पौराणिक तथा ऐतिहासिक व्यक्तियों एवं कथाओं, प्राकृतिक नियमों और लोक विश्वासों आदि पर आधारित चुटीली, सारगर्भित, संक्षिप्त, लोक–प्रचलित ऐसी उक्तियों को लोकोक्ति कहते हैं, जिनका प्रयोग किसी बात की पुष्टि या विरोध, सीख तथा भविष्य–कथन आदि के लिए किया जाता है।"

लोकोक्तियों के प्रमुख अभिलक्षण–लोकोक्तियों के प्रमुख अभिलक्षण इस प्रकार हैं–

(1) समय के लंबे फैलाव के बावजूद लोकोक्ति के स्वरूप में कोई परिवर्तन नहीं होता। व्याकरण के नियम भी लोकोक्ति पर लागू होना आवश्यक नहीं है। इसलिए लिंग, वचन, काल आदि की दृष्टि से भाषा में प्रयुक्त होते समय लोकोक्ति के स्वरूप में कोई परिवर्तन नहीं हो पाता है। इस दृष्टि से मुहावरे में तो परिवर्तन हो जाता है, पर लोकोक्ति में कभी कोई परिवर्तन नहीं होता। उदाहरण के लिए "न ऊधो का लेना, न माधो का देना" एक लोकोक्ति है। अब हम इसका चाहें जिस रूप में व्यवहार करें, किंतु यह लोकोक्ति ज्यों–की–त्यों ही रहेगी। इसमें किसी भी शब्द को विकृत नहीं किया जा सकता। इसके विपरीत "नौ–दो ग्यारह होना" जैसा मुहावरा अपने संदर्भ के अनुरूप लिंग, वचन, काल आदि की दृष्टि से परिवर्तित हो जाता है। जैसे–

(क) पुलिस को देखकर चोर नौ–दो ग्यारह हो गया।

(ख) माली को देखते ही बच्चे नौ–दो ग्यारह हो गए। आदि।

(2) लोकोक्ति अपने आप में पूर्ण होती है। भले ही व्याकरण की दृष्टि से उसका स्वरूप पूरे वाक्य का न हो, किंतु अभिव्यक्ति की दृष्टि से इसमें परिपूर्णता होती है। इसलिए यह एक पूर्ण कथन या प्रोक्ति के रूप में उपस्थित होती है। "अंधेर नगरी चौपट राजा, टके सेर भाजी टके सेर खाजा"–यह एक लोकोक्ति है, जो वाक्य–रचना के सामान्य नियमों को पूरा न करने पर भी अपने–आप में अभिव्यक्ति की दृष्टि से पूर्ण है।

(3) लोकोक्तियाँ संक्षिप्त हुआ करती हैं। यह इतनी कसी हुई होती हैं कि इनका कोई भी शब्द बेमानी नहीं होता, जिसे निकाल दिया जा सके। "धोबी का कुत्ता न घर का न घाट का" जैसी लोकोक्ति में से किसी भी शब्द को हम निकाल नहीं सकते। यही कारण है कि लोकोक्तियों को 'गागर में सागर' भरना भी कहा जाता है।

(4) लोकोक्ति ऐसे अनुभव को समेटती है, जो बहु–जातीय, बहु–देशीय, बहु–क्षेत्रीय और बहु–कालिक होते हैं। इसलिए बहुत सारी लोकोक्तियाँ भाषा और देश की सीमा को तोड़कर अपने मूल व्यापक भाव में एक ही होती हैं। हिंदी की लोकोक्ति–"नया नौ दिन पुराना सौ दिन" और अंग्रेजी की लोकोक्ति "ओल्ड इज गोल्ड" जैसी लोकोक्तियाँ यह सिद्ध करती हैं कि लोकोक्ति में मनुष्य की मूलभूत संवेदना, भाव और चिंतन विद्यमान होता है जिसे काल, जाति और क्षेत्र की सीमा में बाँधकर नहीं रखा जा सकता।

(5) लोकोक्तियाँ सारगर्भित और साभिप्राय होती हैं। इसे लोकोक्ति का प्राण–तत्त्व कहा जा सकता है। उसके लोक–प्रचलित होने के मूल में उसकी यह विशेषता बहुत महत्त्वपूर्ण है। यही सार्थकता संदर्भ को नियंत्रित करने की शक्ति देती है।

(6) लोकोक्तियाँ सत्य का उद्घाटन करने वाली होती हैं। उनकी कथन शैली आकर्षक होती है, जिसमें सजीवता विद्यमान रहती है। वास्तव में यह उसकी सजीवता ही है, जिसके कारण वह लोगों की जुबान पर चढ़ जाती है और सही संदर्भ में याद आती है। यदि किसी लोकोक्ति में सजीवता नहीं होगी तो समय के साथ वह समाप्त हो जाएगी।

(7) लोकोक्तियों की एक विशेषता उसका लोकप्रिय होना है। वास्तव में यह कथन की उपयोगिता है, जो उसे लोकप्रियता देती है। यद्यपि एक भाषा–भाषी समाज की सारी लोकोक्तियाँ एक जैसी लोकप्रिय नहीं हो सकती हैं, फिर भी समाज–विशेष के जीवन–दर्शन से जुड़ी होने के कारण उसमें लोकप्रियता आती जाती है।

(8) लोकोक्तियाँ चुटीली होती हैं। अपने पैनेपन के कारण लोक–मानस में यह ऐसी धँस जाती हैं कि निकल नहीं पातीं। यही कारण है कि अपनी किसी बात को सिद्ध करने या प्रभावशाली बनाने के लिए हम किसी लोकोक्ति का ही सहारा लेते हैं।

प्रश्न 11. लोकोक्तियाँ कितने प्रकार की होती हैं?

उत्तर– हिंदी भाषा में प्राप्त होने वाली लोकोक्तियों को कई वर्गों में विभाजित किया जा सकता है। जो कि इस प्रकार है–

(1) काल पर आधारित लोकोक्तियाँ—काल के आधार से यह ज्ञात होता है कि लोकोक्ति किस काल की है? वह अत्यंत प्राचीन है, मध्यकालीन है या आधुनिक संदर्भों में प्रयुक्त होने के कारण आधुनिक है? काल के ही आधार पर यह भी तय किया जा सकता है कि लोकोक्ति सार्वकालिक है, एक-कालिक है या किसी विशेष काल से संबंध रखती है। जैसे—"कहाँ राजा भोज कहाँ गंगू तेली" तथा "अंधेर नगरी चौपट राजा, टके सेर भाजी टके सेर खाजा" जैसी कहावतें किसी विशिष्ट काल से संबंध रखती हैं। इसी प्रकार "घर का भेदी लंका ढाए" रामायण कथा के अत्यंत प्राचीन संदर्भ की ओर संकेत करती है।

(2) स्थान पर आधारित लोकोक्तियाँ—स्थान या भौगोलिकता का आधार लोकोक्तियों को किसी क्षेत्र या देश-विशेष से जोड़ता है। सार्वभौमिक सत्य को व्यक्त करने वाली लोकोक्तियाँ तो हर देश में मिल जाती हैं। जैसे—

अंग्रेजी—While in Rome do as Romans do

हिंदी—"जैसा देश वैसा भेष"

अंग्रेजी—Two and two makes four

हिंदी—'एक और एक ग्यारह होते हैं' आदि।

परंतु कुछ लोकोक्तियाँ मूल रूप से अपने क्षेत्र-विशेष से ही संबद्ध होती हैं, जिनका प्रयोग हर भाषा में संभव नहीं होता। उदाहरण के लिए रूस में एक लोकोक्ति है, जिसका हिंदी रूपांतर है—"बिना भगवान रास्ता आसान"–किंतु भारत में यह लोकोक्ति नहीं चल सकती। हमारे यहाँ तो इसके विपरीत ईश्वर से संबंधित कई लोकोक्तियाँ मिलती हैं।

"जाको राखे साइयाँ मार सकै नहिं कोय।"

"राम जी की माया, कहीं धूप तो कहीं छाया।" आदि।

(3) विषय पर आधारित लोकोक्तियाँ—विषय के आधार पर लोकोक्तियों का वर्गीकरण काफी मिलता है। नीति, व्यवहार, स्वास्थ्य, धर्म-व्यापार, कृषि, जाति, खानपान, पशु, बालक जैसे अनेक विषय इसमें आ सकते हैं, जिनके आधार पर लोकोक्तियों का वर्गीकरण किया जा सकता है। उदाहरण के लिए कुछ लोकोक्तियाँ निम्नलिखित हैं—

 (क) आम के आम गुठलियों के दाम (कृषि)
 (ख) हाथी के दाँत खाने के और, दिखाने के और (पशु)
 (ग) गुड़ खाए तो गुलगुलों से क्या परहेज (खान-पान)।

प्रश्न 12. मुहावरे और लोकोक्तियों में अंतर स्पष्ट कीजिए।

उत्तर— मुहावरे और लोकोक्तियों में अंतर निम्न प्रकार से है—

(1) मुहावरों में वाक्य की पूर्णता नहीं होती है। जैसे 'नौ-दो ग्यारह होना', 'आँख लगना'। ये सभी मुहावरे हैं और अपने आप में अपूर्ण हैं। वास्तव में मुहावरे तब पूर्ण होते हैं जब हिंदी की वाक्य-रचना इन्हें अनुकूलित करती है। इसके विपरीत, लोकोक्तियाँ अपने-आप में पूर्ण होती हैं। भाषा में प्रयोग की दृष्टि से उसकी अपनी सत्ता सदैव विद्यमान रहती है।

जैसे—"आम के आम गुठलियों के दाम" प्रयोग में कुछ घटाया या बढ़ाया नहीं जाता। यह इसी रूप में ही रहता है।

(2) मुहावरे जब वाक्य-रचना में ढल जाते हैं तब उनमें लिंग, वचन, पुरुष आदि के अनुरूप परिवर्तन आते हैं। किसी भी मुहावरे को लीजिए। उसका प्रयोग विभिन्न लिंग, वचन, पुरुष के अनुरूप किया जा सकता है। यह अंतर अपने-आप स्पष्ट हो जाता है किंतु लोकोक्तियों में इस प्रकार का कोई परिवर्तन नहीं होता है। उदाहरण के लिए दो नमूने इस प्रकार हैं—

मुहावरा—"अंग अंग फूले न समाना"
वाक्य—परीक्षा का परिणाम देखकर मोहन का *अंग-अंग फूले नहीं समाया।*
लोकोक्ति—"घर का भेदी लंका ढावै"
वाक्य—विभीषण के भेद खोलने से ही रावण का अंत हुआ, नहीं तो उसको मारना आसान काम नहीं था। किसी ने ठीक ही कहा है—घर का भेदी लंका ढावै।

(3) मुहावरों का अंत प्रायः 'ना' से होता है, किंतु लोकोक्तियों के लिए ऐसी कोई अनिवार्यता नहीं है।

(4) लोकोक्ति में जीवंत अनुभव या अनुभूत सत्य को व्यक्त किया जाता है, जबकि मुहावरे में क्रिया, स्थिति या दिशा की अभिव्यक्ति होती है।

(5) लोकोक्ति के जरिए किसी कथन का समर्थन या खंडन होता है, किंतु मुहावरों के द्वारा प्रायः सामान्य क्रिया की पूर्ति होती है।

(6) मुहावरे अतिशयोक्ति नहीं होते हैं, किंतु लोकोक्तियाँ अतिशयोक्ति बन जाती हैं। इसलिए मुहावरों को "मुक्त", परंतु लोकोक्तियों को "बद्ध" कहा जाता है।

(7) लोकोक्तियों में व्यंजना की गूँज तथा अनुगूँज होती है, पर मुहावरों का आधार प्रायः लक्षणा होती है।

(8) मुहावरे तर्कपूर्ण नहीं होते। दूसरे शब्दों में वे अर्थ की दृष्टि से स्वीकार करने योग्य नहीं होते हैं। जैसे—"पत्थर पर दूब उगना", "बालू से तेल निकालना"। यहाँ अर्थ की अस्वीकार्यता काम करती है, किंतु लोकोक्तियाँ तर्कपूर्ण भी होती हैं और अतर्कपूर्ण भी।

प्रश्न 13. मुहावरों और कहावतों के अर्थ और रचना पर प्रकाश डालिए।

उत्तर— जैसा कि ज्ञात है कि शब्दों की रचना भाषा-भाषी समुदाय करता है। व्यक्ति अपनी तरफ से नए शब्द नहीं बना सकता। यह बात मुहावरों और कहावतों पर भी लागू होती है। शब्दों के बारे में हमने चर्चा की है कि इनका अर्थ यादृच्छिक होता है। इसी तरह मुहावरों में भी अर्थ पूर्व निश्चित होता है। 'लाल-पीला होना' का अर्थ 'क्रोध करना है'। हम चाहें तो भी दूसरे अर्थों में (ईर्ष्या करना, शर्मिंदा होना आदि) इसका प्रयोग नहीं कर सकते। 'एक अनार सौ बीमार' का अर्थ है, एक वस्तु के लिए कई लोगों का आकांक्षी होना। हम इसका प्रयोग 'इलाज के लिए उपयुक्त वस्तु' के अर्थ में करना चाहें, तो यह असंभव है।

यदि शब्दों की बात करें तो इनकी रचना सुनिश्चित होती है। जिस तरह हम शब्दों की रचना में परिवर्तन नहीं कर सकते, वैसे ही मुहावरों और कहावतों की रचना में भी अनचाहा परिवर्तन नहीं कर सकते। 'लाल–पीला होना' का रूप 'पीला–लाल होना' नहीं हो सकता। वक्ता या लेखक द्वारा निर्मित वाक्य में प्रयुक्त क्रिया में थोड़ा परिवर्तन संभव है। 'काम बिगड़ना' को पर्याय का उपयोग करते हुए 'कार्य बिगड़ना' नहीं कर सकते। 'कोयले की दलाली में हाथ काला' को 'कोयले की दलाली में काला हाथ' नहीं कहा जा सकता या 'कोयले की दलाली में हाथ काला हो जाता है' नहीं कहा जा सकता।

Feedback is the breakfast of Champions.

Ken Blanchard

You can Help other students.
"Inform any error or mistake in this book."

We and Universe
will reward you for Your Kind act.

Email at : feedback@gullybaba.com
or
WhatsApp on 9350849407

अध्याय 2
संवाद शैली, वाक्यगत संरचनाएँ और शैलियाँ, अशुद्धियाँ एवं शोधन

भूमिका

दो या अधिक व्यक्तियों द्वारा आपस में की जाने वाली बातचीत को वार्तालाप या संवाद कहते हैं और यह बातचीत वाक्यों में होती है। वाक्य शब्दों से बनता है और शब्दों के अपने अर्थ वाक्य को पूर्ण अर्थ प्रदान करते हैं। जब हम बात करते हैं या लिखते हैं तो एक के बाद एक कई वाक्यों का प्रयोग करते हैं। वाक्य में आए अलग-अलग शब्दों के अपने अर्थ तो होते हैं, लेकिन पृथक् शब्दों से संदेश या मंतव्य संप्रेषित नहीं होता। वाक्य में प्रयुक्त शब्द 'पद' कहलाता है। शब्द जब वाक्य में इस्तेमाल होते हैं, तब वे 'पद' बनकर ही इस्तेमाल होते हैं। जब वाक्य में एक से अधिक पद परस्पर मिलकर या बँधकर एक इकाई बनाते हैं तो उस संयुक्त इकाई को 'पदबंध' कहते हैं। वाक्य में अनेक पदबंधों के मिलने से उपवाक्यों की रचना होती है।

प्रश्न 1. वाक्य किसे कहते हैं? वाक्य में किस प्रकार के वाक्यांश अनिवार्य माने जाते हैं? उदाहरण सहित बताइए।

अथवा

वाक्य क्रम पर संक्षिप्त टिप्पणी लिखिए।

उत्तर– ऐसा सार्थक शब्द–समूह जो व्यवस्थित हो तथा पूरा आशय प्रकट कर सके, वाक्य कहलाता है। उदाहरणतया–राम ने पुस्तक पढ़ी।

यह एक शब्द–समूह है, जो कि सार्थक है और व्याकरण के नियमानुसार व्यवस्थित है तथा पूरा आशय प्रकट कर रहा है।

वाक्य शब्दों से बनता है और शब्दों के अपने अर्थ वाक्य को पूर्ण अर्थ प्रदान करते हैं। लेकिन वाक्य शब्दों का ढेर नहीं है। किन्हीं भी आठ–दस शब्दों को एक जगह रख देने से वाक्य नहीं बन जाता। जैसे..... राम, खाना, पैसा, शाम, उधार, लेना, माँगना। इन आठ–दस शब्दों से कोई भी निश्चित अर्थ ध्वनित नहीं होता। इस कारण यह आवश्यक है कि वाक्य में आने वाले शब्द किसी क्रम में एक दूसरे के साथ इस प्रकार जुड़ें, जिससे पूर्ण अर्थ प्रकट हो। वास्तव में शब्द और वाक्य के बीच एक और कड़ी है, जिसे वाक्यांश कहते हैं। शब्द वाक्यांश के रूप में ही वाक्य में प्रयुक्त होते हैं। पूर्ण अर्थ प्रकट करने के लिए वाक्य में किसी कर्त्ता का होना अनिवार्य है और उसके क्रिया–व्यापार का उल्लेख आवश्यक है। यही वाक्यांश है, जिसे क्रमशः हम कर्त्ता और क्रिया वाक्यांश कहते हैं। एक वाक्य में कम–से–कम दो वाक्यांश जरूरी हैं और क्रिया व्यापार के संदर्भ में अन्य बहुत से अर्थों को प्रकट करने के लिए और वाक्यांश जोड़ सकते हैं।

वाक्य में निम्नलिखित प्रकार के वाक्यांश अनिवार्य माने जाते हैं।

(1) अकर्मक वाक्य	राम		लिखता है।
	कर्ता		*क्रिया*
(2) सकर्मक वाक्य राम	पुस्तक		पढ़ रहा है।
	कर्ता	*कर्म*	*क्रिया*
(3) गंतव्य सूचक वाकय	वह	विद्यालय	गया।
	कर्ता	*गंतव्य*	*क्रिया*
(4) द्विकर्मक वाक्य राम ने	श्याम	को	पुस्तक दी।
	कर्ता	*कर्म कर्म*	*क्रिया*
(5) पूरक वाक्य	मुझे	बुखार	है
	कर्ता	*पूरक*	*क्रिया*
(6) कर्म पूरक वाक्य	मैंने	श्याम को	अध्यापक बनाया
	कर्ता	*कर्म*	*कर्मपूरक क्रिया*

ऐच्छिक वाक्यांश–वाक्य के अनिवार्य वाक्यांशों के अतिरिक्त आमतौर पर अन्य सूचनाओं के लिए जिन वाक्यांशों का प्रयोग होता है, उन्हें ऐच्छिक वाक्यांश कहते हैं। प्रमुख ऐच्छिक वाक्यांश निम्नलिखित है–

(1) स्थानवाचक—अंदर से, बाहर से , मैदान में, घर में, दीवार पर आदि।

(2) समयवाचक—सुबह को, शाम को, कल से, परसों से, शाम को, ठीक आठ बजे आदि।

(3) कारण वाचक—कलम से, चाकू से, हाथ से, बस के द्वारा आदि।

(4) प्रयोजन वाचक—राम के लिए, काम के लिए, पैसे के लिए।

वाक्य क्रम—हर वाक्य का एक सहज क्रम होता हैं। जैसा कि वाक्य के प्रकारों में देखा जा सकता है। उनका सामान्य क्रम यही है। जहाँ तक ऐच्छिक वाक्यांशों का प्रश्न है – हिंदी में इस संदर्भ में कुछ स्वतंत्रता है। क्रिया से पूर्व इन वाक्यांशों को हम बदले हुए क्रम में रख सकते हैं। उदाहरण के लिए—

(1) कल शाम को मैंने एक फिल्म देखी।

(2) मैंने कल शाम को एक फिल्म देखी।

(3) मैंने एक फिल्म कल शाम को देखी।

इस तरह हम देखते हैं कि सामान्य रूप से अनिवार्य घटकों का एक क्रम होता है और ऐच्छिक घटक इनके साथ अधिक स्वतंत्र क्रम में आते हैं। एक वाक्यांश में एक या अधिक शब्द होते हैं। कुछ शब्द निश्चित वाक्यांश प्रकार के साथ ही आ सकते हैं। जैसे ने कर्त्ता के साथ (कर्त्ता ने) ही जाएगा और क्रिया में सहायक क्रिया है? आदि आएँगे। एक वाक्यांश के भीतर भी शब्दों का विस्तार संभव है। लड़के को कर्म वाक्यांश है, अर्थात् इसमें ये दोनों शब्द अनिवार्य हैं। इसके साथ कई अतिरिक्त शब्द जोड़े जा सकते हैं, जिससे वाक्यांश का विस्तार हो। इसी वाक्यांश का विस्तार होगा – मेरे छोटे लड़के को आदि। वाक्यांश का एक और प्रकार्य है। वाक्यांश कुछ और व्याकरणिक सूचनाएँ देते हैं, उदाहरण के लिए – क्रिया वाक्यांश में कर्त्ता के लिंग, वचन आदि की सूचना होती है और क्रिया व्यापक के संदर्भ में उसके बल, अर्थ (mood) आदि की सूचना भी होती है।

प्रश्न 2. वाक्य पदक्रम किसे कहते हैं? उदाहरण सहित बताइए।

अथवा

बोलचाल की भाषा में वाक्य में सामान्य पदक्रम में क्या परिवर्तन होता है? इस परिवर्तन का कारण क्या है?

उत्तर— व्याकरणिक नियम के अनुसार हर वाक्य एक सहज क्रम में लिखा जाता है। बोलचाल की भाषा में पदक्रम में आवश्यकता के अनुकूल परिवर्तन भी किया जाता है।

उदाहरण—

सामान्य पदक्रम – बैंगलोर सुंदर है ना

परिवर्तित पदक्रम – है न बैंगलोर सुंदर

इस परिवर्तन का कारण और परिवर्तित पदक्रम में क्रिया को आगे लाने का कारण यही है कि वार्तालाप में हम न केवल सूचनाएँ देते हैं बल्कि महत्त्वपूर्ण सूचनाओं को प्रमुखता देते हैं।

प्रमुखता देने के लिए आमतौर पर क्रिया को वाक्य के शुरू में ले आते हैं। अर्थात् यहाँ हम क्रिया को प्रमुखता देते हैं। इस प्रक्रिया को 'अग्रप्रस्तुति' कहा जाता है। उदाहरण के लिए– यदि आप मकान तलाश कर रहे हैं और बहुत कोशिशों के बाद आप को मकान मिला है तो आप घर आकर कहते हैं.... 'मिल गया मकान।'

यहाँ मिलने की बात पर बल है। मकान का मिलना नई सूचना है जबकि मकान (शब्द) पहले से परिचित सूचना है। इस तरह नई सूचना को आगे प्रस्तुत करना 'अग्रप्रस्तुति' है। सामान्य बोलचाल में व्यक्ति सामान्य वाक्य क्रम में अक्सर पूरा वाक्य नहीं बोलता। कभी–कभी उत्तर में सिर्फ एक ही शब्द से काम चला लिया जाता है।

उदाहरण के लिए–

(1) आप ने उन्हें कितने रुपए दिए थे?

(2) चार

यहाँ सिर्फ उस एक शब्द का उच्चारण है, जो वास्तव में अपेक्षित नई सूचना है। इसी प्रकार व्यक्ति कभी–कभी अपनी ओर से वाक्य को अधूरा छोड़ देता है या कुछ बातें श्रोता के समझने हेतु छोड़ देता है। जैसे–

'तुम मेरे पैसे कल शाम तक लौटा देना नहीं तो..........।

'हम जा तो सकते थे लेकिन ....।

कभी–कभी श्रोता द्वारा वाक्ता को वाक्य के आधे में ही रोक दिया जाता है और वह अपनी ओर से उसके कथन को पूरा कर देता है। इसके दो कारण हो सकते हैं। वह या तो वक्ता के कथन को समझ चुका है और वक्ता के अनुसार ही वाक्य को पूरा करता है या कभी श्रोता वक्ता को वाक्य पूरा करने का अवसर दिए बिना उससे भिन्न कथन को अपनी ओर से जोड़ देता है।

उदाहरण के लिए–

(1) 'यदि वे लोग दस मिनट के भीतर न आए..........'

(2) 'तो हम लोग चल देंगे यही कहना चाह रहे थे ना'

प्रश्न 3. अनुतान से आप क्या समझते हैं? अनुतान बदलने से वाक्य में क्या परिवर्तन होता है?

उत्तर– 'बोलने के ढंग' या 'लहजे' को अनुतान कहते हैं। अनुतान बदलने से वाक्य में कोई परिवर्तन नहीं होता लेकिन उसके अर्थ एवं आशय में परिवर्तन हो जाता है।

हिंदी में अनुतान परिवर्तन से एक ही वाक्य विभिन्न अर्थों में ग्रहण किए जाते है। इस दृष्टि से हिंदी में "अनुतान" स्वनिमिक स्तर की खंडेतर ध्वनि है।

उतार–चढ़ाव या आरोह–अवरोह की दृष्टि से हिंदी में अनुतान के तीन स्तर मिलते हैं– उच्च, निम्न तथा सम। उदाहरण के लिए, हिंदी में "शीला डॉक्टर है" वाक्य तीन भिन्न प्रकार के अनुतानों से यदि उच्चरित किया जाए तो तीन भिन्न प्रकार के अर्थ देता है जैसे–

(1) शीला डॉक्टर है।

(सामान्य सूचनार्थक वाक्य के रूप में)

(2) शीला डॉक्टर है?

(प्रश्न सूचक वाक्य के रूप में)

(3) शीला डॉक्टर है!

(आश्चर्य सूचक वाक्य के रूप में)

कहने का तात्पर्य यही है कि हिंदी में अनुतान स्वनिमिक कोटि की खंडेतर ध्वनि है जो वाक्य के अर्थ को परिवर्तित कर देने की क्षमता रखती है।

प्रश्न 4. अनुतान का भाषा में क्या महत्त्व है? स्पष्ट कीजिए।

उत्तर— अनुतान से हम सामान्य बोलचाल में अपने विविध मनोभावों को कुशलतापूर्वक प्रकट करते हैं। वास्तव में हम सूचना देने का कार्य बहुत कम करते हैं। सामान्य बोलचाल में हम सूचनाओं के संदर्भ में अपने विभिन्न मनोभावों को प्रकट करते हैं। ये मनोभाव दूसरे व्यक्ति के कथन के संदर्भ में और सार्थक हो जाते हैं। यानी दूसरे व्यक्ति के कथन के संदर्भ में आप नाराज होते हैं या सहमत होने का नाटक करते हैं। इसी प्रकार एक वक्तव्य में व्यक्ति फुसलाना, धमकी देना, क्षमा माँगना, चापलूसी करना, अपनी दीनता प्रकट करना या अपना अधिकार जताना आदि कई अर्थ पक्षों को लेकर चलता है। ये सारे अर्थ अनुतान से प्रकट होते हैं। लेकिन एक ही वाक्य से इतने सारे मनोभाव कैसे प्रकट हो सकते हैं। सूचना और प्रश्न के अतिरिक्त हमारे पास सिर्फ एक अनुतान है और वह इन सारे भावों को एक साथ कैसे लेकर चलता है? इसकी जानकारी आपके लिए रोचक और उपयोगी होगी।

मनोभावों को प्रकट करने के लिए अनुतान के साथ–साथ आवाज ऊँची करना, शब्दों पर बल देना, चेहरे के आंगिक भावों को प्रकट करने से अभिप्रेत स्पष्ट हो जाता है। जब हम गुस्से में बात करते हैं तो आवाज तेज करते हैं, दीनता की बात करते हैं तो आवाज धीमी करते हैं, गाली देने पर गाली शब्द पर जो देते हैं किंतु मित्र को परिहास में गाली देने पर उच्चारण लंबा कर लेते है। श्रोता इन सभी गुणों को पहचानता है और उसी के अनुरूप वह वार्तालाप को आगे बढ़ाता है। उदाहरण—

वह भी इन मनोभावों पर अक्सर टिप्पणी करता है।

श्रोता—'तेवर क्यों दिखा रहे हो? आवाज ऊँची करने की जरूरत नहीं। मैं तुमसे नहीं डरता।'

इस कथन में श्रोता दूसरे आदमी के क्रोध को पहचानता है, लेकिन अपना अधिकार जताने की कोशिश करता है। ऐसे कथन वार्तालाप के वास्तविक संदर्भ को पहचानने में पाठक की सहायता भी करते हैं। जी.पी.एच. की पुस्तकों का मुख्य उद्देश्य ज्ञान के साथ–साथ अच्छे नम्बर दिलाना है।

प्रश्न 5. संप्रेषण का उद्देश्य क्या होता है?

उत्तर— सामान्य बातचीत में दूसरे व्यक्ति के कथन में दिए हुए उद्देश्य को भी हम पहचानते हैं और 'जब माँ बच्चे से कहती है कि सूरज ढल गया है तो इसका तात्पर्य यह है कि बच्चों को पढ़ने के लिए बैठना चाहिए।'

इस आशय को समझने वाले व्यक्ति उसी के अनुसार कार्य करते हैं या प्रति-वक्तव्य करते हैं। संदर्भ को न समझने वाला व्यक्ति इस वार्तालाप के अर्थ को नहीं समझेगा।

इसी प्रकार किसी वक्तव्य का प्रतिवक्तव्य भी छिपा हुआ अर्थ लिए होता है, उदाहरण के लिए—एक प्रश्न नीचे और उसके संभावित उत्तर में छिपे हुए अर्थ दिए गए हैं जो इस प्रकार हैं—

(1) अरे सारी मिठाई कहाँ चली गई?
(2) अभी गोपाल कमरे में गया था। (अर्थात् उसने सारी मिठाई खा ली होगी)
(3) हाँ, मैंने ही खा ली है। (अर्थात् मुझ पर बेकार संदेह किया जा रहा है)

प्रश्न 6. 'वाक्य से ऊपर के स्तर' से आप क्या समझते हैं?

अथवा

प्रोक्ति किसे कहते हैं?

उत्तर— व्याकरण में आमतौर पर सिर्फ वाक्य की संरचना तक का ही विश्लेषण किया जाता है। लेकिन भाषा वास्तव में अकेले वाक्यों तक सीमित नहीं है। हम अपने विचारों को किसी क्रम में कई वाक्यों द्वारा प्रकट करते हैं। इन वाक्यों का एक-दूसरे से संबंध होता है, जिसे अक्सर हम इसलिए, लेकिन, हालाँकि आदि संयोजकों द्वारा जोड़ते हैं। यदि ये संयोजक सही न हों तो कुल मिलाकर सही तात्पर्य समझ में नहीं आ सकता।

उदाहरण—

'पानी बरस रहा था, चूँकि मैं बाहर नहीं जा सकता था।'

इस कथन में संयोजक 'चूँकि' से दो बातों को जोड़ा गया है। लेकिन कुल मिलाकर कोई अर्थ नहीं निकलता, क्योंकि संयोजक का इस्तेमाल सही ढंग से नहीं किया गया। इस वाक्य का सही रूप हो सकता है—

'चूँकि पानी बरस रहा था, मैं बाहर नहीं जा सकता था।'

इस प्रकार वाक्य के स्तर से ऊपर एक विस्तृत पाठ को 'प्रोक्ति' कहा जाता है, जिसका विश्लेषण हम पूरे पाठ के संदर्भ में कर सकते हैं। सामान्य रूप से वार्तालाप में भी एक-दूसरे के कथन के संबंध को हम प्रोक्ति के संदर्भ में देख सकते हैं। प्रोक्ति शब्द आपको कठिन लग सकता है लेकिन समझने में यह इतना कठिन नहीं है। इसे आप यूँ समझ सकते हैं कि यदि रेडियो पर एक निबंध लिखा गया हो तो उस पूरे निबंध का पाठ या वस्तु प्रोक्ति है। इस निबंध में सारी बातें रेडियो के कार्य, उपयोग आदि के इर्द-गिर्द ही होंगी। इसी तरह से एक कविता या कहानी या उपन्यास कुल मिलाकर एक प्रोक्ति (discourse) है। ऐसे पाठ की संरचना के विश्लेषण में हम वाक्यों में क्रमबद्धता, संयोजन आदि बातों को देख सकते हैं।

प्रश्न 7. विराम चिह्न से क्या तात्पर्य है? कुछ महत्त्वपूर्ण विराम चिह्नों का उल्लेख कीजिए।

उत्तर— बातचीत करते समय बीच–बीच में साँस लेने, किसी कथन पर बल देने, समझाने आदि के लिए रुकना पड़ता है, इसे विराम कहा जाता है। इस विराम करने की प्रक्रिया को व्यक्त करने के लिए कुछ लिखित संकेत (चिह्न) निश्चित किए गए हैं। इन्हें विराम चिह्न कहते हैं। किसी भी भाषा के पूर्ण ज्ञान एवं सही प्रयोग के लिए विराम चिह्नों का अत्यधिक महत्त्व होता है। बिना विराम चिह्नों के भाषा को समझना कठिन कार्य है। उदाहरणतया—

मैंने, भागते हुए साँप को मारा।

मैंने भागते हुए, साँप को मारा।

उपर्युक्त वाक्यों में प्रथम वाक्य में 'मैंने' शब्द पर बल दिया गया है, जबकि दूसरे वाकय में 'भागते हुए' शब्द पर बल दिया गया है। इससे दोनों वाक्यों के अर्थ में परिवर्तन आ गया है। हिन्दी में निम्नलिखित विराम–चिह्नों को स्थान दिया गया है।

(1) पूर्ण विराम (।)

नई कविता और उपन्यासों में अब लुप्तप्राय होने के बावजूद पूर्ण विराम–चिह्न का अपना महत्त्व है। यह किसी कथन के पूर्ण होने पर, अप्रत्यक्ष प्रश्नों के अंत में तथा कविता में छंद के चरण में आता है।

(क) विस्मयादिबोधक तथा प्रश्नवाचक वाक्यों को छोड़कर प्रत्येक वाक्य के समाप्त होने पर

शराब शरीर और आत्मा का नाश करती है।

(ख) अप्रत्यक्ष प्रश्नों के अंत में

तुम्हें क्या बताऊँ कि मैं क्या चाहता हूँ।

(ग) काव्य अथवा कविता में छंद के चरण के अंत में

रहिमन नीचन संग बीस लगत कलंक न काहि।

विशेष—कुछ लोग अब पाई (।) के स्थान पर अंग्रेजी के फुलस्टॉप (.) का प्रयोग करने लगे हैं। जैसे–वह नहीं आएगा, कल मैं चला जाऊँगा, परंतु यह प्रयोग मान्य नहीं है।

(2) प्रश्नसूचक (?)

यह मुख्यतः निम्नलिखित स्थानों पर आता है—

(क) प्रश्नसूचक वाक्यों में

आपको क्या चाहिए?

(ख) संदेह या अनिश्चय की स्थिति में यह चिन्ह कोष्ठक में प्रयुक्त होता है।

तस्कर देश–सेवक (?) होता है।

(3) विस्मयसूचक या संबोधन (!)

(क) विस्मय (आश्चर्य आदि) का बोध कराने वाले दो पदबंधों अथवा वाक्यों के अंत में आता है; जैसे

वाह! आप भी खूब हैं।

(ख) संबोधन के लिए

राम! तुम अब पढ़ो

(4) अल्पविराम (,)

पूर्ण विराम का प्रयोग वाक्य के अंत में होता है, जबकि अल्पविराम का प्रयोग वाक्य के बीच होता है। अन्य विराम–चिह्नों की अपेक्षा अल्पविराम का प्रयोग बहुत अधिक होता है। इसके कुछ महत्त्वपूर्ण नियम इस प्रकार हैं–

(क) एक स्थान पर प्रयुक्त समान शब्दों और वाक्यों को अलग करने के लिए

राम, श्याम, मोहन और गोपाल खेल रहे हैं।

(ख) उपवाक्यों को अलग करने के लिए

जो परिश्रमी होते हैं, वही लक्ष्मी प्राप्त कर सकते हैं।

(ग) यह, वह, तब, तो आदि के स्थान पर

जब मेरा मित्र आया, मैं सो रहा था।

(घ) संबोधन को शेष वाक्य से अलग करने के लिए

मित्रों, आज मैं आपसे विदा ले रहा हूँ।

(ङ) अभिवादन, समापन, पता, दिनांक आदि के लिए

अभिवादन में – पूज्य चाचाजी, प्रिय मित्र

(च) हाँ या नहीं के पश्चात्

हाँ, मैं यह काम अवश्य करूंगा।

(छ) उद्धरण से पहले

रमेश बोला, ''तुमने जो कुछ कहा, ठीक है।''

(ज) वाक्य में प्रयुकत शब्द–युग्मों को एक–दूसरे से अलग करने के लिए

हानि–लाभ, दुख–सुख, यश–अपयश सब भाग्य पर निर्भर हैं।

(5) अर्द्धविराम (;)

जहाँ अल्पविराम से कुछ अधिक तथा पूर्णविराम से कुछ कम रूकने की आवश्यकता हो, वहाँ 'अर्द्धविराम' का प्रयोग होता है। उदाहरण के लिए–

डट कर परिश्रम करो; परीक्षा निकट है।

आलस्य मनुष्य का शत्रु है; इससे दूर हो।

कई स्थलों पर एक ही वाकय के अंतर्गत ऐसे स्थल आ जाते हैं, जहाँ कहीं 'थोड़ा कम' तथा कहीं 'थोड़ा अधिक' रूकना होता है। ऐसे थोड़ा अधिक रुकने के स्थलों पर अर्द्धविराम का प्रयोग होता है। यह अंतर इतना सूक्ष्म होता है कि कुशल भाषाविद् ही इसका प्रयोग कर सकते हैं। अर्द्धविराम के कुछ प्रयोग–स्थल निम्नलिखित हैं–

समानाधिकरण वाक्यों में – महात्मा गाँधी ने देश को स्वतंत्र कराने के लिए असहयोग आंदोलन चलाया; सत्य और अहिंसा के अस्त्रों का प्रयोग किया; देश के समक्ष पूर्ण स्वराज्य का लक्ष्य रखा।

मिश्र तथा संयुक्त वाक्यों में विरोध या विपरीतता का भाव प्रकट करने के लिए वह कष्ट सहता रहा; लोग आनंद लेते रहे।

कारणवाचक क्रियाविशेषण में – जब कारणवाचक क्रियाविशेषण उपवाक्य का मुख्य उपवाक्य में निकट–संबंध नहीं दिखाई देता, तो वहाँ अद्धविराम का प्रयोग होता है। उदाहरणत–

वायु–दबाव से साबुन का एक बुलबुला भी नहीं फूटता; क्योंकि हवा का बाहरी दबाव बुलबुले के भीतरी दबाव से कट जाता है।

(6) रेखिक, निर्देशक–चिह्न (–)

निर्देशक–चिह्न का प्रयोग आगे आने वाले विवरण को संकेतित करने के लिए होता है, जैसे–

हमारे कॉलेज में निम्नलिखित प्राध्यापक हैं–

वाक्य के प्रवाह में आगे आने वाली संज्ञा को संकेतित करने के लिए भी निर्देशक–चिह्न का प्रयोग होता है। जैसे

हिन्दी साहित्य के सूर्य–सूरदास जन्मांध थे।

(7) उपविराम या अपूर्ण विराम (:)

इस चिह्न का प्रयोग भी निर्देशक–चिह्न की भाँति होता है। प्रायः शीर्षकों में इसका प्रयोग अधिक होता है। जैसे–

प्रेमचंद : एक अध्ययन

(8) विवरण चिह्न (–)

इस चिह्न का प्रयोग भी निर्देशक–चिह्न के समान आगे दिए जाने वाले विवरण के लिए होता है। निर्देशक–चिह्न उन सभी स्थलों पर प्रयुक्त हो सकता है, जहाँ विवरण–चिह्न का प्रयोग होता है। इसलिए धीरे–धीरे विवरण–चिह्न का प्रयोग कम होता जा रहा है। विवरण–चिह्न के कुछ प्रयोग देखिए–

द्वंद्व तथा तत्पुरुष समास में

सुख–दुख, हानि–लाभ, माता–पिता, वन–गमन, राज–मुकुट

तुलनात्मक सा, सी, से से पहले

तुम–रा, राम–सा, सीता–सा।

मध्य के अर्थ मे

रावण–अंगद संवाद, भरत–बाहुबलि युद्ध, राम–रावण युद्ध।

द्वित्य तथा शब्द–युग्म में

कभी–कभी, घाट–घाट, रग–रग, खेलते–खेलते, उठते–गिरते।

संख्याओं और उनके अंशो के मध्य

एक–तिहाई, एक–चौथाई

(9) संक्षेप–सूचक या लाघव–चिह्न (०)

एन.पी. सती (नंदा प्रसाद सती)

(10) अवतरण या उद्धरण–चिह्न (“ ”)

(क) किसी व्यक्ति के कथन को मूल रूप से उद्धृत करने के लिए
तिलक ने कहा, "स्वतंत्रता हमारा जन्मसिद्ध अधिकार है।"
(ख) किसी पुस्तक या लिखित सामग्री से कुछ अंश मूल रूप में उद्धृत करते समय–एक प्रसिद्ध अर्थशास्त्री कहता है, "आवश्यकता आविष्कार की जननी है।"
गीता का वचन है, "कर्म करो, किंतु फल की इच्छा न रखो।"
(ग) किसी के उपनाम, लेख, कविता, पुस्तक के शीर्षक आदि को उद्धृत करते सयम
रामधारी सिंह "दिनकर"
आजकल इकहरे उद्धरण–चिह्न का प्रयोग प्रचलित है। जैसे
'गीता' एक धार्मिक ग्रंथ है।

(11) कोष्ठक ( )
(क) कोष्ठक–चिह्न प्रायः वाक्य के मध्य में आता है। कोष्ठक में ऐसी जानकारियाँ रखी जाती हैं, जो मुख्य वाक्य का अंग होते हुए भी उनसे पृथक् की जा सकती हैं; या उनमें पाठकों की सुविधार्थ अतिरिक्त जानकारी दी जाती है। जैसे
कालिदास (संस्कृत के महाकवि) को सभी जानते हैं।
(ख) नाटकीय स्थितियों में भाव–मुद्राओं का परिचय भी कोष्ठक में दिया जाता है। जैसे–
राजा (उदास होकर) – अब क्या होगा?

(12) त्रुटिपूरक या हंसपद (ॄ)
जब लिखने में कुछ छूट जाता है, तब इस चिह्न का प्रयोग होता है। जैसे–
चिंतन
दूसरों का ॄ करने वाले महापुरुष कहलाते हैं।
(क) लोप निर्देश.................
यथा– वह ईमानदार है, सज्जन और................।
(ख) समानता–सूचक –
यथा–परिवार – घर के सभी सदस्य

प्रश्न 8. एक अच्छे वार्तालाप में कौन-से गुण होने चाहिए?
उत्तर— एक अच्छे वार्तालाप (संवाद) में निम्नलिखित गुण होने चाहिए—

- बातचीत में कोई दुराव-छुपाव नहीं होता। अतः सच्ची बात सीधे-सादे अंदाज में कह देनी चाहिए।
- बातचीत दिल से होनी चाहिए, दिमाग से नहीं। क्योंकि बहुत सोच-समझकर की गई बातचीत बनावटी तथा नीरस होती है।
- बातचीत रिश्तों के अनुसार होनी चाहिए। जैसे बड़ी के साथ पूज्य भाव, छोटों के साथ स्नेह भाव, दोस्त के साथ दोस्ती, दुश्मन के साथ दुश्मनी व्यक्त होनी चाहिए।
- बातचीत में संबोधन रिश्ते के अनुसार होने चाहिए। प्यारा-सा संबोधन पाकर दुश्मन की दुश्मनी भी पिघल सकती है।

- बातचीत में खुलापन होना चाहिए। उसमें अनुशासन नहीं होना चाहिए।
- बातचीत अवसर के अनुसार होनी चाहिए : जैसे सुख में खुशी, गम में शोक और क्रोध में उग्रता होनी चाहिए।

प्रश्न 9. वार्तालाप में अनुतान, बलाघात एवं कोडमिक्सिंग के महत्त्व पर प्रकाश डालिए।

उत्तर— ऐसा देखा गया है कि वार्तालाप में अक्सर कहीं पर अंग्रेजी के शब्दों या वाक्यों का बीच–बीच में खुला प्रयोग किया जाता है (कोडमिक्सिंग), कहीं पर शब्दों का उच्चारण बदल जाता है, कहीं बातों में अनुतान एवं बलाघात का प्रयोग किया जाता है।

अनुतान—हम अपने विभिन्न मनोभावों को प्रकट करने के लिए वार्तालाप में अनुतान का प्रयोग करते हैं। निम्नलिखित कथनों को देखें—

(1) 'वाह! यह तो अच्छी खबर दी आपने।' (आश्चर्य)

(2) 'क्या कहा, पुरी? वह भी कोई जगह है।' (असहमति)

(3) 'पापा, जयपुर चलिए ना'। (अनुरोध)

(4) 'क्या जगह चुनी है, गर्मियों में जयपुर मरना है क्या?' (असहमति

(5) ओ हो! इसमें इतनी बहस करने की क्या जरूरत है? (खीज)

हम देख सकते हैं कि कैसे इन वाक्यों में लहजे या अनुतान के द्वारा विभिन्न मनोभावों को प्रकट किया गया है। पहले वाक्य में आश्चर्य के साथ–साथ प्रसन्नता भी व्यक्त हो रही है। इसे अगर ऐसे कहा जाता कि 'यह अच्छी खबर दी आपने' तो लहजा बदलने के साथ ही इस वाक्य का आशय भी बदल जाता। कभी–कभी अनुतान बदलने के साथ वाक्य में पदक्रम में भी परिवर्तन हो जाता है। अर्थात् कुछ शब्द वाक्य से छूट जाते हैं या जुड़ जाते हैं। अन्य वाक्यों को भी देखें कि अनुतान द्वारा उनमें किस प्रकार आश्चर्य, असहमति, अनुरोध एवं खीज जैसे मनोभावों को प्रकट किया गया है। इस प्रकार बोलने के ढंग में उतार–चढ़ाव से, शब्दों को ऊँचा या धीमा बोल कर हम वार्तालाप में अपने मनोभावों को व्यक्त करते हैं।

बलाघात—वार्तालाप में बलाघात का अत्यधिक महत्त्व है। बलाघात से तात्पर्य है – शब्द पर बल देना। हम जिन शब्वों पर बल देते हैं, उसके द्वारा हम नई सूचना देते हैं। जैसे—

राज—पापा, जयपुर चलिए ना!

पापा—गर्मियों में जयपुर! मरना है क्या?

कोडमिक्सिंग—जब एक भाषा में बातचीत करते हुए बीच–बीच में दूसरी भाषा के शब्दों, वाक्यों का प्रयोग हो तब इसे 'कोडमिक्सिंग कहा जाता है। वक्ता इसे जानबूझकर प्रयोग नहीं करता, उसका एक मात्र उद्देश्य होता है – अपनी बात को दूसरों तक पहुँचाना। इसका प्रमुख कारण होता है—

(1) हिंदी भाषा में उस भाषा के शब्दों का हू–ब–हू प्रचलन।

(2) अंग्रेजी भाषा की अंतर्राष्ट्रीय स्वीकृति।

(3) अंग्रेजी शिक्षा–दीक्षा।

उदाहरणार्थ–

(क) आप कोई अच्छा प्लेस सजेस्ट करें।

(ख) मुझे शॉपिंग भी करनी है, वहीं।

इन संवादों को बोलते हुए जयपुर, गर्मियों तथा पहाड़, इन शब्दों पर बल दिया गया है। क्योंकि ये तीनों शब्द नई सूचना देते हैं। इस प्रकार वार्तालाप में नई सूचना देने के लिए भी या कभी–कभी विशेष बात को महत्त्व देने के लिए भी शब्दों और वाक्यों पर बल दिया जाता है।

प्रश्न 10. वार्तालाप में प्रांतीय विशेषता एवं हिंदी शैली/उर्दू शैली के महत्त्व की चर्चा कीजिए।

उत्तर– प्रांतीय विशेषताएँ–सभी प्रांतों में हिंदी भाषा नहीं बोली जाती। हर प्रांत की अपनी–अपनी एक भाषा या बोली है और वैसे भी भाषा एवं बोली का स्वरूप कुछ दूरी पर परिवर्तित हो जाता है। इसी कारण मनीष, मनीस बनता है, मिश्र, मिश्रा व मिसरा बन जाते हैं।

निष्कर्षत: संवादों में निम्न विशेषताएँ होनी चाहिए–

- संवाद संक्षिप्त होने चाहिए तभी प्रभावोत्पादकता आ सकती है।
- स्वाभाविकता संवादों की बहुत बड़ी विशेषता मानी जाती है।
- संवाद सरल, सुबोध एवं रुचिकर होने चाहिए। कठिन उबाऊ व अस्वाभाविक संवाद वार्तालाप में व्यवधान डालते हैं।
- संवाद कथा–विकासक, वातावरण–निर्माणक एवं चरित्रोद्घाटक होने चाहिए।
- संक्षिप्तता, भाषाई–स्पष्टता, स्वाभाविकता, अर्थ–गंभीरता, प्रसंगानुकूलता संवादों की अनिवार्य विशेषताएँ होती हैं।

हिंदी शैली/उर्दू शैली–कुछ लोग हिंदी लिखते या बोलते समय अरबी–फारसी, तुर्की के शब्दों का अधिक इस्तेमाल करते हैं और कुछ लोग संस्कृतनिष्ठ तत्सम शब्दों का अधिक इस्तेमाल करते हैं। सुविधा के लिए इसे हिंदी शैली (संस्कृतनिष्ठ तत्सम शब्दों का अधिक प्रयोग) और उर्दू शैली (अरबी–फारसी, तुर्की के शब्दों का अधिक प्रयोग) भी कह दिया जाता है। जहाँ तक हिंदी भाषा में बातचीत करने का सवाल है ये दोनों शैलियाँ सही हैं। वैसे आमतौर पर बातचीत में इन दोनों का मिला–जुला रूप ही देखने को मिलता है। इसलिए उर्दू के ऐसे शब्दों से परहेज नहीं करना चाहिए जो सामान्य रूप से स्वीकृत एवं प्रचलित हों। उदाहरण के लिए, निम्नलिखित शब्दों को देखा जा सकता है, जिन में दोनों रूप सही एवं सर्वमान्य हैं–

उर्दू	**हिंदी**	**उर्दू**	**हिंदी**
जरूरत	आवश्यकता	मजबूरी	विवशता
दाखिला	प्रवेश	ख्वाब	स्वप्न
कोशिश	प्रयास	जिंदगी	जीवन
लफ्ज	शब्द	गुफ्तगु	बातचीत

| एहसास | महसूस | सही | ठीक |
| दिमाग | मस्तिष्क | | |

विद्यार्थीगण **GPH** की पुस्तकें क्यों चुनते हैं?

- विश्वविद्यालयों/परीक्षा बोर्डों/संस्थानों द्वारा निर्धारित पाठ्यक्रमों का पूर्ण समावेश।
- आसानी से समझी जा सकने वाली भाषा तथा प्रारूप (फॉर्मेट) जिससे विद्यार्थियों को थोड़े समय में परीक्षा की तैयारी करने में सहायता मिलती है।
- हमारी पुस्तकें परीक्षा को ध्यान में रखकर प्रश्न-उत्तर शैली में तैयार की जाती हैं जिससे विद्यार्थीगण सही उत्तर को तुरंत समझ पाते हैं।
- पिछले वर्षों के प्रश्न-पत्रों को हल करके शामिल किया जाता है ताकि विद्यार्थीगण को परीक्षा के उस खास ढाँचे को समझने में सहायता मिल सके और वे परीक्षा की तैयारी बेहतर ढंग से कर सकें।
- दोनों छमाहियों (जून-दिसम्बर) के प्रश्न-पत्रों को हल करके पुस्तक में शामिल किया जाता है।
- आँकड़ों में जब भी कोई परिवर्तन होता है तो उसे अपडेट कर दिया जाता है।
- पुनरावृत्त (रिसाइकल किए गए) कागज का प्रयोग।
- सुविधाजनक आकार तथा उचित मूल्य।
- अपने सामाजिक दायित्वों के अनुरूप हम बेची गई प्रत्येक पुस्तक से समाज/संस्थाओं/एन.जी.ओ./वंचितों को सहयोग देते हैं।

अध्याय 3
सरकारी पत्राचार तथा टिप्पण और प्रारूपण

भूमिका

पत्र हमारी रोजमर्रा की जिंदगी का एक जरूरी हिस्सा हैं। हमारे जीवन के बहुत से कामकाज पत्रों के माध्यम से चलते हैं। पत्र से हम बहुत दूर बैठे किसी व्यक्ति से भी संपर्क कर सकते हैं। इसके माध्यम से हम ऐसी विस्तृत सूचनाएँ भेज सकते हैं, जिन्हें मौखिक रूप से भेजना संभव नहीं है। इसके अलावा पत्र में दी गई सूचना एक लिखित दस्तावेज होती है। आवश्यकता पड़ने पर उसे फिर से देखा जा सकता है तथा उसका हवाला दिया जा सकता है। शासकीय मामलों में इसका पर्याप्त महत्त्व होता है। सरकारी कामकाज के संचालन में पिछले पत्र सूचना, संदर्भ, उदाहरण या प्रमाण के रूप में काम आते हैं। व्यक्तिगत या सामान्य पत्र भी कभी-कभी सार्वजनिक महत्त्व के होते हैं।

प्रश्न 1. पत्र लेखन के विभिन्न प्रकारों की विवेचना कीजिए।

उत्तर– पत्र लेखन सभ्य समाज की एक कलात्मक देन है। यह दो तरह का होता है–औपचारिक और अनौपचारिक। हमारे जीवन में व्यवहार के कई पक्ष होते हैं। अपने विद्यालय में अध्यापक से या अपने कार्यालय में अपने अधिकारी से बातचीत करने का हमारा तौर–तरीका वह नहीं होता जो अपने घर में या अपने दोस्तों से बातचीत करते समय होता है। जिस तरह हमारे मौखिक संप्रेषण तथा व्यवहार के दो रूप हैं, उसी तरह हमारे लिखित संप्रेषण के भी दो रूप होते हैं। विशेष रूप से पत्र–व्यवहार में ये रूप काफी स्पष्ट होते हैं। अतएव, पत्र भी दो प्रकार के होते हैं–

(1) अनौपचारिक पत्र–ये व्यक्तिगत पत्र होते हैं। इनकी भाषा सरल होती है। आपस में सुख–दुख, बातचीत, समस्या या समस्याओं का समाधान इन पात्रों में होता है। पत्र लिखने के लिए कुछ बातों का ध्यान अवश्य रखना पड़ता है, जैसे–

(क) ऐसे पत्रों में लिखने वाले का पता व तारीख सबसे ऊपर दायीं ओर लिखी जाती है।

(ख) बायीं ओर पत्र पाने वाले का सम्बोधन होता है, जो सम्बन्ध विशेष के अनुसार प्रयोग किया जाता है, जैसे–आदरणीय, प्रिय आदि।

(ग) अभिवादन के रूप में नमस्कार, प्रणाम, स्नेह आदि का प्रयोग अभिवादन पाने वाले की आयु व संबंध को ध्यान में रखकर लिखा जाता है।

(घ) पत्र का आरंभ कुशलता के साथ व फिर मुख्य विषय को लिखा जाता है। इस पत्र की विविधता पर कोई पाबन्दी नहीं होती है।

(ङ) अंत में स्वनिर्देश लिखा जाता है, जो सम्बन्ध के अनुसार होता है और फिर पत्र लिखने वालो अपने हस्ताक्षर करता है।

(च) यदि कोई बात रह जाती है, तो वह पुनश्च में लिख दी जाती है।

अनौपचारिक या व्यक्तिगत पत्र का नूमना

1. 3435/6
सफदरजंग कॉलोनी
दिल्ली
26.5.2007

2. प्रिय............

3. बहुत सा स्नेह

4. पत्र का मूल भाग.............

5.

7. तुम्हारी दीदी,..........

6. पुनश्चः ....

(2) औपचारिक पत्र—औपचारिक पत्र तब लिखे जाते हैं, जब लोग या तो व्यक्तिगत रूप से बहुत परिचित नहीं होते या फिर जिनके बीच संबंध काफी औपचारिक होते हैं। औपचारिक पत्र कई तरह के होते हैं, जैसे—

(क) व्यावहारिक पत्र,
(ख) विविध संस्थानों के प्रधान और समाचार पत्रों के संपादक से अनुरोध या शिकायत के पत्र,
(ग) आवेदन पत्र,
(घ) सामान की खरीद के पत्र,
(ङ) सरकारी पत्र।

उपर्युक्त सभी तरह के औपचारिक पत्रों की भाषा-शैली और लेखन पद्धति विशिष्ट और निश्चित होती है। हालाँकि इसमें समय-समय पर परिवर्तन होता रहता है। फिर भी इसका रूपाकार लगभग सुनिश्चित होता है। इस दृष्टि से हर प्रकार का औपचारिक पत्र लिखने का एक खास तरीका होता है। फिर भी कुछ बातें ऐसी हैं जो सभी औपचारिक पत्रों पर समान रूप से लागू होती हैं। औपचारिक पत्र लंबे नहीं लिखे जाने चाहिए, क्योंकि पत्र चाहे वह व्यापार से संबंधित हो या शासकीय कामकाज से, पढ़ने वाले के पास बहुत अधिक समय नहीं होता। इसलिए अपनी बात को संक्षेप में तथा स्पष्ट भाषा में कहना जरूरी होता है। ऐसे पत्र में प्रमुख मुद्दों का उल्लेख होता है, जिनका विस्तार से विश्लेषण नहीं किया जाता। इसलिए ऐसे पत्र का आकार एक या अधिक से अधिक दो टंकित पृष्ठों से ज्यादा नहीं होना चाहिए। पत्र में कही गई बात में यथातथ्यता और उचित क्रम निर्वाह भी जरूरी है ताकि पढ़ने वाला उसे सहजता से समझ सके।

औपचारिक पत्रों का रूपाकार सुनिश्चित होता है। उसमें व्यक्तिगत पत्रों जैसी विविधता नहीं होती और उसे मनमाने ढंग से बदला नहीं जा सकता। औपचारिक पत्र व्यवहार कई तरह के होते हैं और हर तरह के पत्र व्यवहार की अपनी पद्धति होती है।

आवेदन पत्र—ये कई प्रकार के हो सकते हैं। जैसे—नौकरी के लिए, छुट्टी के लिए, छात्रवृत्ति के लिए, किसी अनुमति या सुविधा को पाने के लिए। ऊपर बायीं ओर सेवा में, फिर अधिकारी का नाम, पदनाम, सम्बोधन के रूप में महोदय, श्रीमान आदि लिखा जाता है। फिर विषय और फिर निवेदन के बाद मुख्य विषय लिखा जाता है। शिष्टाचार के रूप में सधन्यवाद आदि शब्द का प्रयोग होता है। अन्त में लिखने वाला हस्ताक्षर करता है। बायीं ओर तारीख लिखी जाती है।

औपचारिक पत्र (नौकरी के लिए) का नमूना

1. सेवा में
2. प्रबन्ध निदेशक,
   इंजीनियर्स इंडिया लिमिटेड
   पार्लियामेंट स्ट्रीट
   दिल्ली-110001

3. महोदय
4. मूल विषय :
   नाम:
   पता:
   शैक्षिक योग्यता
   अनुभव सम्बन्धी सूचना.............
   अन्य सूचना..........
5. सधन्यवाद

                              6. भवदीय,
                              7. मुकेश कुमार
                                 20/33 वजीरपुर,
                                 दिल्ली–110052

8. दिनांक..........

विशेष अनुमति के लिए आवेदन पत्र का नमूना

1. सेवा में
2. प्रधानाचार्य,
   राजकीय महाविद्यालय
   भोपाल
3. महोदय
4. निवेदन है कि मैं श्री राम भारतीय कला केन्द्र, दिल्ली द्वारा आयोजित संगीत प्रतियोगिता में भाग लेना चाहती हूँ। इसके लिए मुझे दिनांक 21.5.07 से 23.5.07 तक आयोजित हो रहे कार्यक्रम में भाग लेने की अनुमति प्रदान करने की कृपा करें।
5. सधन्यवाद,

                              6. भवदीया
                              7. प्रिया चौधरी
                                 प्राध्यापिका संगीत एवं कला
                                 विभाग
                                 राजकीय महाविद्यालय
                                 भोपाल–462001

8. 20.12.06

व्यावसायिक अथवा व्यापारिक पत्र–ये लेटर हैड पर लिखे जाते हैं। ये पत्र काफी समय तक चलते हैं, इसलिए इनमें संख्या लिखना आवश्यक होता है। जिसे पत्र लिखा जाता है, उस संस्था या व्यक्ति का नाम नीचे लिखा जाता है। दायीं ओर तारीख व सम्बोधन में 'प्रिय

महोदय' का प्रयोग किया जाता है। फिर मूल विषय आता है। स्वनिर्देश में 'भवदीय' का प्रयोग होता है। अन्त में भेजने वाले के हस्ताक्षर होते हैं। साथ में कागजात की सूची भी होती है।

व्यावसायिक पत्र का नमूना

1. गुल्लीबाबा प्रकाशन
(प्रकाशक एवं पुस्तक विक्रेता)
2525/193, ओंकार नगर, दिल्ली

2. पत्र सं. हि./2020/88
दि. 25.03.20

3. प्रकाशन प्रबन्धक
हिंदी ग्रंथ अकादमी
25, बंगला रोड़
दिल्ली–110007

4. प्रिय महोदय

5. मुख्य विषय..............

6. भवदीय

7. अरुण वर्मा
यूनिवर्सिटी प्रकाशन

8. संलग्न :
पुस्तक सूची

सरकारी पत्राचार–सरकारी या शासकीय पत्राचार औपचारिक पत्र–व्यवहार का एक अन्य रूप है। यह पत्राचार या पत्र–व्यवहार सरकार के विभिन्न विभागों के बीच तथा सरकारी और अन्य संस्थाओं के बीच होता है। हम जानते हैं कि भारतीय शासन प्रणाली मंत्रिमंडलीय शासन प्रणाली है। इसगें शासन व्यवस्था का कार्य विभिन्न मंत्रालयों को बाँट दिया जाता है। काम का यह बँटवारा प्रधानमंत्री की सलाह से राष्ट्रपति करते हैं। प्रत्येक मंत्रालय का कार्यभार एक या एक से अधिक मंत्रियों को सौंप दिया जाता है। मंत्रालय की प्रशासनिक जिम्मेदारी सचिव की होती है। मंत्रालय के कार्य के विस्तार को देखते हुए उसे विभिन्न विभागों, स्कंधों, प्रभागों, शाखाओं और अनुभागों में बाँट दिया जाता है। इनके कार्य को देखने के लिए विभिन्न स्तर के अधिकारी होते हैं, जो क्रमशः संयुक्त सचिव, उप–सचिव, शाखा अधिकारी, अनुभाग अधिकारी आदि होते हैं। प्रत्येक अनुभाग में कार्य को निपटाने के लिए अधीक्षक, पर्यवेक्षक, सहायक तथा टंकक, लिपिक वर्गीय सचिवालयी कर्मचारी तथा चतुर्थ श्रेणी के कर्मचारी होते हैं। प्रत्येक कार्यालय में उसके कार्य से संबंधित व्यक्तियों, कार्यालयों और संस्थाओं के पत्र

आते हैं और उनके उत्तर दिए जाते हैं। प्राप्त होने वाले पत्रों को दर्ज करने तथा उन पर कार्रवाई के लिए उन्हें प्रस्तुत करने की एक निर्धारित प्रक्रिया होती है। जब हमें कोई व्यक्तिगत पत्र प्राप्त होता है तो हम स्वयं उसका उत्तर दे देते हैं। यदि वह पत्र परिवार के अन्य लोगों से भी संबंधित होता है तो सब लोग उस विषय में अपनी-अपनी राय दे देते हैं और जिस व्यक्ति के नाम पत्र आया होता है वह उत्तर लिख देता है। किंतु जब किसी सरकारी कार्यालय में कोई पत्र आता है तो उसका निपटान केवल मौखिक चर्चा के द्वारा नहीं किया जा सकता, क्योंकि कार्यालय में जो भी पत्र आता है वह वहाँ के किसी अधिकारी से व्यक्तिगत रूप से संबंधित न होकर उसकी पदीय हैसियत से संबंधित होता है, अर्थात् निदेशक को संबोधित पत्र उस व्यक्ति के लिए होगा जो उस समय निदेशक के पद पर है।

प्रश्न 2. सरकारी पत्राचार की प्रक्रिया का उल्लेख कीजिए।

उत्तर— कार्यालय में जो पत्र प्राप्त होता है, उसे कार्यालयी भाषा में 'आवती' कहा जाता है, जैसे ही कोई पत्र मंत्रालय या कार्यालय में पहुँचता है उसे आवती रजिस्टर में दर्ज करके संबद्ध अनुभाग के डायरी कर्ता के पास भेज दिया जाता है। डायरी लिपिक हर आवती को डायरी करके (डायरी में दर्ज करके) अनुभाग अधिकारी को प्रस्तुत करता है। अनुभाग अधिकारी उस पर संबद्ध सहायक का नाम अंकित करके उसे सौंप देता है। महत्त्वपूर्ण पत्र जानकारी और आवश्यक निर्देश के लिए डाक स्तर पर ही शाखा अधिकारी या उससे भी ऊपर के अधिकारी को प्रस्तुत किए जाते हैं, जहाँ संबंधित सहायक उन पर कार्रवाई करते हैं। यदि शाखा अधिकारी या अन्य उच्च अधिकारी किसी आवती पर अनुभाग की मदद के बिना कार्रवाई करना चाहते हैं तो उस आवती को अपने पास रख लेते हैं अन्यथा आवतियों पर आद्यक्षर करके और जरूरी निर्देश देकर वापस अनुभाग अधिकारी के पास भेज देते हैं।

(1) टिप्पण— कार्यालय में पत्र प्राप्त होने के पश्चात् उस पर कार्रवाई का एक सिलसिला शुरू हो जाता है, जो उसके अंतिम रूप में निपटारे तक चलता है। यह कार्रवाई टिप्पण कार्य कहलाती है। इस कार्य के हर चरण में दिए गए सुझाव, संकेत, निर्देश, दर्ज किए गए तथ्य, सूचनाएँ आदि टिप्पण कहलाती हैं। बिना टिप्पण कार्य के किसी भी पत्र का अंतिम रूप से निपटारा संभव नहीं है। आवती मिलने के बाद संबंधित सहायक उसे संगत मिसल (फाइल) पर अपनी टिप्पणी के साथ अनुभाग अधिकारी केक समक्ष प्रस्तुत करता है। नई फाइल तब खोली जाती है जब उस विषय पर कोइ फाइल पहले से मौजूद न हो (अर्थात् पत्र पहली बार कार्यालय में आया हो)।

संबंधित सहायक आवती के विषय में पहली टिप्पणी करता है। वह पत्र का सारांश देते हुए बताता है कि उसमें दिए गए तथ्य सही हैं या नहीं। यदि कोई बात गलत है, तो उसका भी उल्लेख कर दिया जाता है। उस मामले में यदि पहले कोई पत्र-व्यवहार हो चुका हो, तो उसका सार भी वह टिप्पणी में देता है। इसके बाद वह कानूनों, नियमों, नीतियों और पूर्व-निर्णयों का उल्लेख करता है, जिनके अनुसार आवती पर निर्णय लेना उचित होगा। अंत

में उस विषय में जिन मुद्दों पर निर्णय अपेक्षित हो, उनकी चर्चा होती है और यदि हो सके तो निर्णय की दिशा का भी संकेत होता है। आखिर में सहायक बायीं ओर हस्ताक्षर करता है और फाइल अनुभाग अधिकारी के सामने प्रस्तुत करता है।

किसी प्रश्न पर निर्णय केवल मौखिक चर्चा के पश्चात् ही लिया जा सकता है, किंतु टिप्पणी एक स्थायी रिकॉर्ड होती है, जिसे जरूरत पड़ने पर साक्ष्य के रूप में देखा जा सकता है। कोई निर्णय कब लिया गया और किन परिस्थितियों में तथा किन नियमों और प्रावधानों के अंतर्गत लिया गया, यह फाइल पर हुई टिप्पणी देखकर बताया जा सकता है।

टिप्पणी के तीन उद्देश्य होते हैं–

- प्रस्तुत विषय में जो भी कार्रवाई संभव हो अथवा विकल्प संभव हो, उनको स्पष्ट करना। ऐसा करते समय संगत नियमों का हवाला देना।
- प्राप्त पत्र में दिए गए विषय पर सभी तथ्यों और उनके पूर्ववृत्त के बारे में संबंधित अधिकारी को जानकारी देना।
- यह संकेत करना कि उन विकल्पों में से किसे चुनना अभीष्ट होगा। इस तरह के संकेत देते हुए समुचित तर्क प्रस्तुत करना, जिससे के संबद्ध अधिकारी सारी बात की, उसमें निहित समस्याओं को पूरी तरह समझ सके।

टिप्पणी में संबद्ध विषय पर पिछली जानकारी भी होती है, और आगे समाधान के लिए सुझाव भी। इस समस्त पृष्ठभूमि को ध्यान में रखते हुए अधिकारी आसानी से निर्णय ले सकता है।

टिप्पणी लेखन के समय ध्यान रखने योग्य बातें–किसी विषय पर लिए जाने वाले निर्णय में टिप्पणी की महत्वपूर्ण भूमिका होती है। टिप्पणी लिखते समय निम्नलिखित बातों का ध्यान अवश्य रखा जाना चाहिए–

- **स्वतः पूर्णता**–टिप्पणी लेखक को यह ध्यान रखना चाहिए कि प्रस्तुत पत्र में जो स्थिति सामने रखी गई है या जो प्रश्न उठाया गया हे, उसका समाधान आवश्यक है। अतः उसे टिप्पणी में समाधान अवश्य सुझाना चाहिए अन्यथ टिप्पणी का कोई फायदा नहीं होगा। वह समाधान अपने आप में पूरा होना चाहिए।
- **संक्षिप्तता**–टिप्पणी में बात को संक्षेप में और प्रभावपूर्ण ढंग से प्रस्तुत करना चाहिए, क्योंकि अधिकारी के पास बहुत विस्तृत टिप्पणी पढ़ने का समय नहीं होता। इसीलिए अनावश्यक विस्तार से बचते हुए तार्किक ढंग से बात कहनी चाहिए।
- **तार्किक विचार क्रम**–पूरी टिप्पणी में विचार के स्तर पर एक पूर्वापर क्रम होना चाहिए यानि पिछला संदर्भ, प्रस्तुत प्रश्न की चर्चा और भावी कार्रवाई का सुझाव।
- **स्पष्टता**–टिप्पणी की भाषा स्पष्ट, सरल और संयत होनी चाहिए। उसमें किसी भी तरह की भ्रांति की गुजांइश नहीं होनी चाहिए। न ही अर्थ की कोई दुविधा होनी चाहिए।
- **तटस्थता**–टिप्पणी में किसी अधिकारी या संस्था या अन्य किसी व्यक्ति के प्रति कोई व्यक्गित आक्षेप नहीं होना चाहिए।

- किसी बात पर अनावश्यक एवं अतिरिक्त बल देने का प्रयास नहीं होना चाहिए, क्योंकि इससे लगेगा कि टिप्पणी लिखने वाले व्यक्ति का अपना स्वार्थ निहित है। उसमें निष्पक्ष भाव से सभी तथ्य और दृष्टिकोण प्रस्तुत कर देने चाहिए।
- टिप्पणी में प्रथम पुरुष यानी 'मैं' या 'मैंने' का प्रयोग नहीं किया जाता, क्योंकि टिप्पणी व्यक्तिक न होकर वस्तुनिष्ठ होती है।

टिप्पणी लेखन—सहायक को जब कोई आवती प्राप्त होती है, तो वह उसे फाइल करके अपनी टिप्पणी के साथ प्रस्तुत करता है। इस तरह आप जानते हैं कि टिप्पणी फाइल पर लिखी जाती है। फाइल के दो भाग होते हैं–टिप्पणी भाग और पत्राचार भाग। पत्राचार भाग में आवतियाँ तथा उनके संबंधित पत्र–व्यवहार की कार्यालय प्रतियाँ रखी जाती हैं। टिप्पणी भाग में विचाराधीन कागज–पत्रों के संबंध में लिखी गई टिप्पणियां होती हैं।

टिप्पणी लिखने के लिए एक खास तरह का कागज इस्तेमाल होता है, जिसे नोट शीट कहते हैं। नोट शीट में बायीं ओर हाशिया होता है।

- सबसे ऊपर उस कार्यालय का नाम तथा अनुभाग का नाम लिखा होता है, जिससे टिप्पणी लिखी जा रही है।
- फिर पावती का क्रमांक, तारीख आदि का उल्लेख किया जाता है।
- फिर विषय को क्रमबद्ध ढंग से प्रस्तुत किया जाता है। विषय प्रस्तुत करने के पाँच कारण होते हैं–
    (i) आवती का विषय;
    (ii) कारण;
    (iii) नियम;
    (iv) कार्यालय में कार्य की स्थिति
    (v) सुझाव।

पहले पैराग्राफ को छोड़कर अन्य सभी पैराग्राफों पर संख्या डाली जाती है। टिप्पणी में दिए गए संदर्भों, निर्देशों का क्रम वही होता है, जो आवतियों का होगा।

- टिप्पणी के अंत में सहायक बायीं ओर तारीख सहित हस्ताक्षर करता है और अधीक्षक या अनुभाग अधिकारी को प्रस्तुत कराता है। राजपत्रित अधिकारी टिप्पणी के दायीं ओर तथा अराजपत्रित अधिकारी बायीं ओर हस्ताक्षर करते हैं।
- फाइल चित्र अधिकारी को प्रस्तुत की जानी है, उसका पद्नाम लिखकर रेखांकित कर दिया जाता है। इसे मार्क करना कहा जाता है।

टिप्पणी का नमूना

(1) हिन्दी प्रशिक्षण संस्थान
राजभाषा विभाग
गृह मंत्रालय

(2) क्रमांक सं............(आवती).............पृष्ठ...........पत्राचार

(3) आयकर विभाग, नई दिल्ली से श्री विकास वर्मा और कुमारी सविता सैनी का नाम हिन्दी प्रशिक्षण के लिए प्रायोजित किया जाता है।

(4) जुलाई, 18 से प्रारंभ सत्र के लिए प्रशिक्षणार्थियों के नामों की सूची को अंतिम रूप दिया जा चुका है। सितंबर 18 से आरंभ होने वाले सत्र के लिए भी विभिन्न विभागों से नाम आ गए हैं, जिनकी संख्या तीस से अधिक है।

(5) संस्थान की व्यवस्था के अनुसार एक सत्र में केवल 30 प्रतिक्षणार्थियों को ही प्रशिक्षण दिया जा सकता है।

(6) ऐसी स्थिति में श्री विकास वर्मा और कुमारी सविता को नवम्बर–दिसम्बर 18 के सत्र में प्रशिक्षण दिया जा सकता है।

(8) सुरेन्दर खन्ना
हिन्दी अधिकारी

21 जून, 08
(7) अनुभाग अधिकारी

इस प्रकार से तैयार की गई टिप्पणी जब अनुभाग अधिकारी को प्रस्तुत कर दी जाती है, तब अनुभाग अधिकारी उसे सावधानीपूर्वक पढ़ता है। यदि अपनी ओर से वह कुछ जोड़ना चाहता है या कोई सुझाव देना चाहता है, तो वह उसे शाखा अधिकारी के पास भेज देता है। जिन मामलों को निपटाने में अनुभाग अधिकारी स्वयं सक्षम होता है, उन्हें आगे न भेजकर स्वयं ही उन पर अपना निर्णय दे देता है। शाखा अधिकारी स्तर पर भी यही प्रक्रिया होती है और आवती के विषय के महत्व के अनुसार फाइल उपसिचव–संयुक्त सचिव–सचिव–उपमंत्री –मंत्री–कार्रवाई में एक निश्चित श्रेणी होती हैं, जो डायरीकर–सहायक–अनुभाग अधिकारी –उपसचिव–संयुक्त सचिव–मंत्री स्तर तक चलती है। किंतु यह नहीं समझना चाहिए कि सभी मामले निपटाने के लिए मंत्री स्तर तक जाते हैं। विभिन्न स्तर के अधिकारी विषय के महत्व के अनुसार निर्णय लेते हैं।

टिप्पणिगों के प्रकार

(1) जब कोई टिप्पणी संबद्ध अधिकारी के पास पहुँचती है, तो वह उस पर ठीक ढंग से कार्रवाई कर सकता है। जैसे–

(क) यदि वह सहमत हो जाता है, तो उस पर अपने हस्ताक्षर कर देता है और अगली कार्रवाई के लिए ऊपर के अधिकारी के पास भेज देता है।

(ख) यदि सुझाव से सहमत नहीं होता, तो अपने तर्क देते हुए फाइल ऊपर के अधिकारी के पास भेजता है।

(ग) यदि टिप्पणी में कोई बात स्पष्ट हो, तो 'चर्चा करें' लिखकर फाइल टिप्पणी लिखने वाले व्यक्ति के पास वापस भेज देता है।

इस प्रकार की टिप्पणियों को नेमी टिप्पणियाँ कहते हैं। ये गौण या कम महत्व के मामलों पर सामान्य विचार–विमर्श के लिए लिखी जाती हैं। और रोजमर्रा के प्रशासनिक पत्र–व्यवहार के काम आती हैं।

उदाहरण–

(i) आदेश के लिए प्रस्तुत
(ii) आगे कोई कारवाई अपेक्षित नहीं है।
(iii) देख लिया, धन्यवाद
(iv) चर्चा करें।
(v) इस मामले का तारीखवार सार नीचे प्रस्तुत है।

(2) आदेशात्मक टिप्पणी–अधिकारी तब लिखता है जब वह किसी मामले में कोई आदेश देता है या कोई अन्य जानकारी माँगता है।

उदाहरण–

(क) जाँच की विस्तृत रिपोर्ट दी जाएं
(ख) सभी संबद्ध कर्मचारी नोट कर लें।
(ग) वित्त मंत्रालय से अनुमोदन ले लिया जाए।
(घ) इसे कार्रवाई के लिए वेतन लेखा कार्यालय को भेजा जाए।

(3) अधिकारी स्तर पर टिप्पणी–अधिकारी स्तर पर टिप्पणियाँ दो स्थितियाँ में होती हैं–(क) कभी वह सहायक स्तर की टिप्पणी के समान पूर्व टिप्पणी पर आधारित होती है और (ख) कभी स्वतंत्र टिप्पणी के रूप में। पहली यानी पूर्व टिप्पणी पर आधारित टिप्पणी की चर्चा हम कर चुके हैं, जहाँ हमने बताया है कि सक्षम अधिकारी किसी मामले पर निर्णय लेता है।

अधिकारी स्तर की दूसरी टिप्पणी स्वतंत्र टिप्पणी होती है। यह किसी आवती पर आधारित न होकर प्रशासनिक आवश्यकता पर आधारित होती है। यहाँ अधिकारी प्रशासनिक मामले को ध्यान में रखकर आगे के सुझाव देता है और फाइल आगे उच्चतर अधिकारी के समक्ष अनुमोदन के लिए प्रस्तुत करता है। उदाहरण के लिए, कार्यालय में काम की मात्रा बढ़ जाने के कारण नए पदों के सृजन की माँग के लिए टिप्पणी प्रस्तुत करना। यह टिप्पणी स्वतः पूर्ण होती है।

(4) अंतर्विभागीय टिप्पणी का इस्तेमाल दो विभागों के बीच होता है।

(5) टिप्पणी का क्रमिक सार।

फाइल को सचिव अथवा मंत्री के पास भेजने से पूर्व नीचे से चली आ रही सभी टिप्पणियों का सार लगभग एक पन्ने में तैयार किया जाता है, क्योंकि पूरे पत्र–व्यवहार और टिप्पणियों को पढ़ने का समय अक्सर उनके पास नहीं होता। इस तरह तैयार किया गया सार टिप्पणियों का क्रमिक सार कहलाता है। नेमी ढंग के मामलों का अनुभाग अधिकारी स्तर पर ही निपटान हो जाता है।

अधिकतर आवतियों का निपटान शाखा अधिकारी के स्तर पर होता है। यदि अनुभाग की टिप्पणी से वह सहमत हो, तो अपने हस्ताक्षर दायीं ओर कर देता है। यदि अपनी ओर कसे कोई निर्णय देना हो या टिप्पणी में दिए गए विकल्पों में से कोई एक चुनना हो, तो वह अपनी

टिप्पणी लिख देता है और पत्र का उत्तर देने का आदेश दे देता है। तब फाइल उसी श्रेणी में गुजरती हुई संबद्ध सहायक के पास वापस आ जाती है। पीछे हमने टिप्पणी लेखन का नमूना देखा है। उस पर आगे चलने वाली टिप्पणियाँ की प्रक्रिया का उदाहरण नीचे दिया जा रहा है:

विभिन्न स्तरों पर टिप्पणी लेखन का नमूना

(1) हिन्दी प्रशिक्षण संस्थान
राजभाषा विभाग
गृह मंत्रालय

(2) क्रमांक सं............. (आवती) पृष्ठ............. पत्राचार

आयकर विभाग, नई दिल्ली से श्री अन्जुल वर्मा और सरबजीत कौर का नाम हिंदी प्रशिक्षण के लिए प्रायोजित किया गया है।

जुलाई, 8 से प्रारंभ सत्र के लिए प्रशिक्षणार्थियों के नामों की सूची को अंतिम रूप दिया जा चुका है। सितंबर, 8 से आरंभ होने वाले सत्र के लिए भी विभिन्न विभागों से नाम आ गए हैं, जिनकी संख्या तीस से भी अधिक है।

संस्थान की व्यवस्था के अनुसार एक सत्र में केवल 60 प्रशिक्षणार्थियों को ही प्रशिक्षण दिया जा सकता है।

सचिन भारद्वाज
हिन्दी सहायक

22 जून, 07
अनुभाग अधिकारी

आदेशार्थ प्रस्तुत

सहायक निदेशक प्रशिक्षण

मोहित कुमार
अनुभाग अधिकारी
22 जून, 07

ठीक है, नवंबर–दिसंबर, 07 के सत्र में बुला लिया जाए।

अम्बिका दत्त
22.8.07

अनुभाग अधिकारी

आवश्यक पत्र की मसौदा तैयार करें।

सचिन वर्मा
22.8.07

हिन्दी सहायक

(2) प्रारूपण (मसौदा लेखन)—कार्यालय में पत्र के विषय में जब अधिकारी निर्णय ले लेता है तो पत्र भेजने वाले विभाग या संस्था अथवा व्यक्ति को पत्र का उत्तर लिखा जाता है। उत्तर में भेजे जाने के लिए पत्र का कच्चा या अंतिम रूप तैयार किया जाता है। इसे पत्र का 'मसौदा' या 'प्रारूप' कहते हैं। इस तरह जब किसी आवर्ती पर टिप्पण कार्य पूरा हो जाता है तो टिप्पणी में दिए गए आदेश के अनुसार उत्तर का 'प्रारूप' या 'मसौदा' तैयार किया जाता है। सहायक यह प्रारूप तैयार करके अनुभाग अधिकारी के समक्ष प्रस्तुत करता है। अनुभाग अधिकारी उसमें जरूरी परिवर्तन करके संबंधित अधिकारी को मंजूरी के लिए प्रस्तुत करता है। अधिकारी यदि आवश्यक समझता है कि उस मसौदे में कुछ परिवर्तन–संशोधन की जरूरत है तो वह या तो परिवर्तन स्वयं कर देता है या उसका सुझाव दे देता है और सहायक फिर से मसौदा तैयार करके प्रस्तुत करता है। अधिकारी उस मसौदे पत्र पर अपनी मंजूरी दे देता है। फिर पत्र की स्वच्छ प्रति अंतिम रूप से तैयार करके अधिकारी के हस्ताक्षर करा के भेज दी जाती है। इस तरह टिप्पण और प्रारूपण परस्पर संबद्ध होते हैं। पत्र जिस अधिकारी के हस्ताक्षर से जारी होना है वह अधिकारी पत्र के मसौदे को अपने ऊपर के अधिकारी के पास स्वीकृति के लिए भेजता है। उदाहरण के लिए यदि कोई पत्र अवर सचिव/शाखा अधिकारी के हस्ताक्षर से जारी होना है तो अवर सचिव उस पत्र के मसौदे को उस सचिव और संयुक्त सचिव के पास स्वीकृति के लिए भेजता है। रोजमर्रा के मामलों (जैसे—पावतियाँ भेजना या किसी सामग्री के ऊपर आवरण पत्र (covering letter) भेजना आदि) के मसौदों पर मंजूरी अनुभाग अधिकारी के स्तर पर दी जाती है। विशेष मामलों की स्थिति में विषय के महत्त्व के अनुसार पत्र संबद्ध सक्षम अधिकारी तक भेजे जाते हैं।

प्रारूपण में ध्यान रखने योग्य बातें
- प्रारूप में दी गई पत्र सं. तारीख, उद्धरण, संदर्भ आदि सही होने चाहिए।
- कोई जरूरी सूचना संदर्भ आदि छूटे नहीं, ताकि उत्तर अधूरा न रहे।
- सभी अपेक्षित बातों का उल्लेख स्पष्ट और सहज भाषा में होना चाहिए। वाक्य–विन्यास सीधा, सुसंगत और प्रभावपूर्ण होना चाहिए। न तो अप्रचलित या ठेठ स्थानीय भाषा का इस्तेमाल किया जाए और न ही नितांत साहित्यिक तथा जटिल भाषा का।
- अनावश्यक विस्तार नहीं होना चाहिए। अर्थ स्पष्ट होना चाहिए।
- प्रारूप की एक निश्चित और मान्य शैली तथा रूप होता है, जो व्यावहारिक परंपरा से स्वीकृत होता है। उसमें अकारण परिवर्तन करना उपयुक्त नहीं होता।

प्रारूप तैयार करते समय प्रारूप के रूप पर विशेष ध्यान देना चाहिए, जो इस प्रकार है—

(1) शीर्षक—सबसे ऊपर पत्र का शीर्षक होता है, जिसमें पाँच बातों का उल्लेख होता है—
- (क) पहली पंक्ति में पत्र संख्या लिखी जाती है।
- (ख) अगली पंक्ति में 'भारत सरकार' लिखा जाता है। उससे अगली पंक्ति में कार्यालय, मंत्रालय का नाम और विभाग का नाम लिखा जाता है।
- (ग) अगली पंक्ति में पत्र प्रेषक का नाम और फिर उससे अगली पंक्ति में पदनाम तथा भारत सरकार के कार्यालय का नाम लिखा जाता है।

(घ) अगली पंक्ति में 'सेवा में' लिखकर उस अधिकारी/व्यक्ति का नाम और पदनाम लिखा जाता है, जिसको पत्र प्रेषित हो रहा है। उसके बाद में भारत सरकार के कार्यालय का नाम लिखा जाता है।

(ङ) स्थान और तारीख दोनों एक साथ दायीं ओर पत्र के ऊपरी कोने में लिखे जाते हैं।

(2) **विषय**—पत्र का वास्तविक अंश लिखने से पहले संबोधन से पूर्व विषय और शीर्षक से उसके विषय का संक्षिप्त संकेत ऊपर ही दे दिया जाता है। इससे पढ़ने वाले के समय की बचत होती है।

(क) संबोधन—सरकारी पत्र में संबोधन के रूप में 'महोदय/महोदया, माननीय महोदय, श्रीमान' आदि का ही इस्तेमाल होता है।

(ख) पत्र का मुख्य भाग—पत्र के माध्यम से जो कुछ कहा जाना है, वह इसी भाग में आता है। यदि प्राप्त करने वाले के साथ कोई पत्र–व्यवहार पहले से चल रहा है, तो उसका संदर्भ भी यहाँ दे दिया जाता है। वास्तविक घटनाओं का स्पष्टीकरण यहीं होता है तथा संपूर्ण विषय का निष्कर्ष दे दिया जाता है। ऐसा करते समय तो तथ्य या तर्क प्रस्तुत किए जाते हैं या जिन विवादों आदि का उल्लेख होता है, उनसे संबंधित पिछले पत्रों का हवाला अवश्य दिया जाता है।

(ग) स्वनिर्देश—सरकारी पत्राचार के कई रूप होते हैं। इन सभी पत्रों में स्वनिर्देश एक ढंग के नहीं होते। यद्यपि स्वनिर्देश के रूप में अक्सर भवदीय/भवदीया शब्द का प्रयोग होता है किन्तु अर्धसरकारी पत्रों में 'आपका', 'आपकी' स्वनिर्देश भी प्रयुक्त होता है। उसके नीचे प्रेषक के हस्ताक्षर होते हैं। हस्ताक्षर के नीचे कोष्ठक में उसका नाम लिखा जाता है। उसके नीचे पदनाम लिखा जाता है। कभी–कभी पदनाम नहीं भी होता।

(घ) संलग्नक—यदि पत्र के साथ अन्य किन्हीं कागजात या पत्रों की प्रतियाँ भेजी जा रही हों, तो उनका उल्लेख हस्ताक्षर की सीध में बायीं ओर होता है।

(ङ) पृष्ठांकन—यदि पत्र की प्रतिलिपि किसी अन्य अधिकारी को भेजना अपेक्षित हो, तो उसका उल्लेख भी बायीं ओर नीचे से शुरू होकर प्रायः पूरी पंक्ति में किया जाता है।

प्रश्न 3. सरकारी पत्राचार के कौन–कौन से प्रकार हैं? संक्षेप में बताइए।

उत्तर— यदि हम सरकारी विभागों में इस्तेमाल होने वाले पत्राचार के प्रकारों का विश्लेषण करें तो हमें सरकारी पत्र–व्यवहार में निम्नलिखित प्रकार दिखाई देते हैं—

- सरकारी पत्र
- अर्धसरकारी पत्र
- कार्यालय ज्ञापन

- कार्यालय आदेश
- आदेश
- पृष्ठांकन
- अधिसूचना
- संकल्प
- प्रेस विज्ञप्ति
- प्रेस नोट
- अंतर्विभागीय टिप्पणी
- तार
- टेलेक्स संदेश
- तुरंत पत्र
- सेविग्राम
- परिपत्र

सरकारी प्रशासन में भिन्न-भिन्न कार्यों हेतु पत्राचार के अलग-अलग प्रकारों का इस्तेमाल किया जाता है। केंद्र सरकार को विदेशी सरकारों, राज्य सरकारों या दूसरी संस्थाओं के प्रधानों और गैर-सरकारी व्यक्तियों से पत्राचार के लिए सरकारी पत्र की आवश्यकता होती है। यदि सरकारी काम को निपटाने में अधिक देर हो रही हो तो अधिकारियों का, व्यक्तिगत रूप से, ध्यान दिलाना जरूरी हो तो अर्धसरकारी पत्र का इस्तेमाल करना पड़ता है। इसके अलावा, मंत्रालयों और विभागों के आपसी प्रशासनिक पत्राचार के लिए कार्यालय ज्ञापन की आवश्यकता होती है। इसी प्रकार सरकारी विभागों के आंतरिक प्रशासन के लिए कार्यालय आदेश का प्रयोग होता है। अधिसूचना और संकल्प को भारत के राजपत्र (गजट) में प्रकाशित किया जाता है। सांविधिक नियमों और आदेशों की घोषणा आदि का प्रकाशन अधिसूचना के रूप में होता है। नीति संबंधी सरकारी निर्णयों, जाँच समितियों या आयोगों की नियुक्ति आदि की सार्वजनिक घोषणा संकल्प द्वारा की जाती है। परिपत्र का प्रयोग उस समय किया जाता है, जब मंत्रालय या विभागीय कार्यालय कोई सूचना अथवा अनुदेश अपने अधीन कार्यालयों या कर्मचारियों को देते हैं। इसका प्रयोग उक्त कार्यालय या मंत्रालय तक ही सीमित होता है। पृष्ठांकन का प्रयोग तब होता है जब पत्र की प्रतिलिपि सूचनार्थ या आवश्यक कार्रवाई आदि के लिए सूचनार्थ अधिक व्यक्तियों को भेजने की जरूरत हो। प्रेस विज्ञप्ति द्वारा किसी सूचना के व्यापक प्रचार के लिए उसे समाचार-पत्रों में प्रकाशित कराया जाता है। जी.पी.एच. की पुस्तकों का मुख्य उद्देश्य ज्ञान के साथ-साथ अच्छे नम्बर दिलाना है।

प्रश्न 4. सरकारी पत्र क्या होता है? उदाहरण सहित समझाइए।

उत्तर— सरकारी पत्र सरकार के कामकाज से संबंधित होते हैं। सरकारी पत्र औपचारिक होता है तथा अर्धसरकारी पत्र अपेक्षाकृत अनौपचारिक। इन दोनों पत्रों के स्वरूप में भी अंतर होता है।

सरकारी पत्र के प्रयोग का क्षेत्र–सरकारी पत्राचार में सरकारी पत्र का प्रयोग सबसे अधिक होता है, इसका इस्तेमाल निम्नलिखित के साथ होता है–

- विदेशी सरकारों के साथ
- राज्य सरकारों के साथ
- संबद्ध सरकारों के साथ
- संघ लोक सेवा आयोग आदि के साथ
- सार्वजनिक उपक्रमों के साथ
- जन संगठनों और सरकारी कर्मचारियों के संगठनों के साथ
- गैर–सरकारी व्यक्तियों के साथ

सरकारी पत्र का प्रयोग विभिन्न मंत्रालयों या विभागों के आपसी या आंतरिक पत्र–व्यवहार के लिए नहीं किया जाता। इसके लिए निर्धारित कार्यालय ज्ञापन, कार्यालय आदेश आदि का प्रयोग किया जाता है।

इसके अलावा, सरकारी पत्र भारत सरकार के आदेशों और विचारों को व्यक्त करने के लिए लिखे जाते हैं, इसलिए पत्र में यह लिख दिया जाता है कि पत्र सरकार के निर्देश से लिखा गया है। पत्र के प्रारूप में प्रायः 'मुझे यह कहने का निर्देश हुआ है' इस वाक्य का प्रयोग होता है।

सरकारी पत्र लेखन

- सामान्य रूप से इसे लेटर हेड पर लिखा जाता है। पैड के ऊपर भारत सरकार और विभाग का नाम तथा स्थान छपा होता है। इस पर पत्र संख्या और तारीख लिखी जाती है। यदि पैड न हो तो पत्र सं..., भारत सरकार, विभाग का नाम, सादे कागज पर टाइप किए जाते हैं।
- फिर पत्र पाने वाले अधिकारी का नाम या पदनाम लिखा जाता है। इसके नीचे विभाग/मंत्रालय का नाम तथा स्थान लिखा जाता है।
- फिर तारीख दायीं ओर लिखी जाती है।
- तीसरे चरण में संक्षेप में पत्र के विषय का उल्लेख होता है।
- सरकारी पत्र के चौथे चरण में सबोधन के रूप में 'महोदय' का प्रयोग किया जाता है, लेकिन गैर–सरकारी व्यक्तियों को 'प्रिय महोदय' लिखा जाता है। इसके अलावा सरकारी पत्र में 'नमस्ते', 'प्रणाम' आदि अभिवादन का प्रयोग नहीं किया जाता।
- फिर पत्र की मुख्य विषय वस्तु लिखी जाती है। इसमें पत्र लिखने का प्रयोजन अर्थात् प्रेषक पत्र द्वारा क्या काम करना चाहता है, पत्र भेजने वाले की इस अपेक्षा का क्या कारण है आदि का उल्लेख किया जाता है। यदि पत्र में एक से अधिक मुद्दे हों तो उन्हें अलग–अलग पैराग्राफ में लिखना चाहिए।
- सरकारी पत्र के छठे चरण में 'स्वनिर्देश' के रूप में 'भवदीय' लिखा जाता है। इसके नीचे पत्र भेजने वाले अधिकारी के हस्ताक्षर, इसके नीचे कोष्ठक में अधिकारी का नाम, पदनाम और टेलीफोन नंबर लिखा जाता है।

- अंत में नीचे पत्र की बायीं ओर पृष्ठांकन लिखा जाता है। पहले पृष्ठांकन संख्या लिखी जाती है। इसके बाद जिन-जिन अधिकारियों, विभागों आदि को पत्र की प्रति भेजी जाती है, उनका नाम तथा उस पर कार्रवाई की दिशा का संकेत होता है। पृष्ठांकन के नीचे जिस विभाग से पत्र प्रेषित किया जाता है उस अधिकारी के हस्ताक्षर होते हैं।

सरकारी पत्र का नमूना

1. सं............
   भारत सरकार
   उद्योग मंत्रालय

2. सेवा में,
   सचिव (सभी राज्य सरकार)

3. नई दिल्ली
   दिनांक...............

4. विषय..............
5. महोदय,
6. मूल भाग...............

7. भवदीय,
   राकेश गोयल
   संयुक्त सचिव
   भारत सरकार

8. **प्रति:** सभी राज्य सरकारें।

प्रश्न 5. अर्ध-सरकारी पत्र पर विस्तारपूर्वक चर्चा कीजिए।

अथवा

अर्ध-सरकारी पत्र का प्रयोग कब और क्यों किया जाता है?

उत्तर— अर्ध-सरकारी पत्र में औपचारिकता का ध्यान नहीं रखा जाता, जबकि सरकारी पत्र औपचारिक होता है। इसलिए इन दोनों पत्रों का उद्देश्य और बाहरी रूप बदल जाता है।

- किसी मामले को निपटाने के लिए अधिकारी सरकारी कार्य पद्धति की औपचारिकता से बचकर आपसी सलाह-मशविरे के लिए अर्ध-सरकारी पत्र का इस्तेमाल करते हैं।
- अर्ध-सरकारी पत्र द्वारा किसी मामले को निपटाने के लिए एक विभाग का अधिकारी दूसरे विभाग के अधिकारी का ध्यान व्यक्तिगत रूप से उसकी ओर दिला सकता है।
- यदि किसी सरकारी काम को निपटाने में देर हो और कई अनुस्मारक भेजने पर भी उत्तर न मिले तो उस कार्य को जल्दी पूरा कराने के लिए अर्ध-सरकारी पत्र लिखा जा सकता है। यह अर्ध-सरकारी पत्र स्मरण-पत्र के समान होता है।

- अर्ध-सरकारी पत्र का प्रयोग आमतौर पर अपने बराबर के अधिकारी के साथ किया जाता है।
- अर्ध-सरकारी पत्र में उत्तम पुरुष यानी 'मैं' और 'हम' का प्रयोग किया जाता है।
- अर्ध-सरकारी पत्र सरकारी पत्र की तुलना में अनौपचारिक होता है। इसे एक अधिकारी दूसरे अधिकारी को मैत्री भाव से लिखता है। इसलिए इसके 'संबोधन' और 'स्वनिर्देश' में अंतर होता है।

अर्ध-सरकारी पत्र लेखन—ऊपर दाहिनी ओर अर्धसरकारी पत्र संख्या व तारीख, बायीं ओर भेजना वाले अधिकारी का नाम सम्बोधन में प्रिय, श्री आदि का प्रयोग, मुख्य विषय, इसके बाद धन्यवाद लिखा जाता है। स्वनिर्देश में 'भवदीय' एवं अन्त में बायीं ओर पत्र पाने वाले अधिकारी का नाम, पदनाम व विभाग, स्थान आदि।

अर्धसरकारी पत्र का नमूना

1. अ.स.प.सं..................
भारत सरकार
कृषि मंत्रालय

नई दिल्ली
ता............

2. सोमदत्त
सचिव
दूरभाष
3. प्रिय...............
4. मुख्य विषय
5. साभार,   6. आपका ह/-पियुष शर्मा
7. श्री वी.पी. कात्यान
निदेशक,
शिक्षा
नई दिल्ली।

प्रश्न 6. कार्यालय ज्ञापन और कार्यालय आदेश पर विस्तार से चर्चा कीजिए।

उत्तर— मोटे तौर पर कार्यालय ज्ञापन का प्रयोग विभागों के बीच आपसी पत्राचार के लिए होता है, जबकि कार्यालय आदेश का प्रयोग कार्यालयों के आंतरिक प्रशासन संबंधी पत्राचार के लिए किया जाता है। इसका विवरण इस प्रकार है—

(1) कार्यालय ज्ञापन और कार्यालय आदेश में सबसे ऊपर पत्र सं. भारत सरकार, मंत्रालय और विभाग का नाम तथा स्थान का नाम और तारीख लिखे जाते हैं।

(2) दूसरे चरण में यथास्थिति पृष्ठ के बीच में 'कार्यालय ज्ञापन' या 'कार्यालय आदेश' लिखा जाता है।

(3) फिर 'कार्यालय ज्ञापन' के विषय का संक्षेप में विषय शीर्षक के अंतर्गत उल्लेख किया जाता है, जबकि 'कार्यालय आदेश' में इसकी आवश्यकता नहीं होती।

(4) चौथे चरण में कार्यालय ज्ञापन और कार्यालय आदेश की मुख्य विषय वस्तु होती है। इन दोनों ही में पहले पैराग्राफ के लिए क्रम संख्या नहीं लिखी जाती है। बाद के पैराग्राफों पर 2 से आरंभ करके क्रम सं. लिखी जाती है।

(5) उसके बाद नीचे दाहिनी ओर कार्यालय ज्ञापन या कार्यालय आदेश जारी करने वाले अधिकारी के हस्ताक्षर होते हैं। इसके नीचे अधिकारी का पदनाम और भारत सरकार लिखा जाता है।

(6) छठे चरण में नीचे बायीं ओर 'कार्यालय ज्ञापन' में 'सेवा में' और 'कार्यालय आदेश' में 'प्रति प्रेषित' लिखकर पाने वाले अधिकारी, अनुभाग, विभाग का नाम आदि लिखा जाता है। कभी-कभी प्रति प्रेषित के स्थान पर 'सेवा में' भी लिखा जाता है।

(7) कार्यालय ज्ञापन और कार्यालय आदेश में अन्य पुरुष यानी 'वह', 'वे' का प्रयोग किया जाता है। इन दोनों ही पत्राचार-प्रकारों की भाषा व्यक्ति निरपेक्ष होती है और प्रायः इनकी वाक्य-रचना कर्म वाच्य में होती है तथा कर्ता का लोप हो जाता है। इसके कुछ उदाहरण निम्नलिखित हैं—

(क) राजपत्रित अर्जित छुट्टी जोड़ने की अनुमति दी जाती है।

(ख) अर्जित छुट्टी से लौटने के बाद श्री राम नारायण सहायक को प्रशासन अनुभाग में तैनात किया जाता है।

(ग) श्री मोहन लाल को स्थानापन्न रूप से अनुभाग अधिकारी नियुक्त किया गया है।

(घ) यह कार्यालय ज्ञापन प्रशासनिक सुधार विभाग की सहमति से जारी किया जा रहा है।

(ङ) मसौदा मूल रूप से हिंदी में तैयार किया जाए।

(च) टिप्पणी लिखने और पत्र लिखने में सरल हिंदी का प्रयोग किया जाना चाहिए।

कार्यालय ज्ञापन के प्रयोग का क्षेत्र

(1) कार्यालय ज्ञापन का प्रयोग भारत सरकार के मंत्रालयों और विभागों के आपसी पत्राचार के लिए किया जाता है।

(2) विभाग कार्यालय ज्ञापन का प्रयोग अपने कर्मचारियों से सूचना माँगने के लिए या उन्हें सूचना देने के लिए करता है।

(3) कार्यालय ज्ञापन का प्रयोग संबद्ध और अधीनस्थ कार्यालयों के साथ पत्र व्यवहार के लिए भी किया जा सकता है।

कार्यालय ज्ञापन का नमूना

(1) सं. 200187/3/84 – रा. पा. (ग.)
भारत सरकार
गृह मंत्रालय
राजभाषा विभाग

(2) लोकनायक भवन, नई दिल्ली
दिनांकः ....

कार्यालय ज्ञापन

(3) **विषयः** भारत सरकार के कार्यालयों में मानदेय के आधार पर अनुवाद कार्य

(4) (क) इस विभाग के 15 जनवरी 20.. के कार्यालय ज्ञापन सं. 18-1477/31/85 रा. पा. (ग) द्वारा यह निर्देश दिया गया था कि जिन कार्यालयों में हिंदी अधिकारी या अनुवादक नहीं है, वहाँ अनुवाद का कार्य कार्यालय के ही किसी योग्य व्यक्ति से मानदेय के आधार पर करा लिया जाए। इस कार्य के लिए 1000 शब्दों के लिए 18 रु. मानदेय निर्धारित किया गया था।

(ख) राजभाषा विभाग, गृह मंत्रालय ने इस मामले पर फिर से विचार करके यह निर्णय किया है कि अनुवाद के लिए निर्धारित प्रति हजार शब्दों पर 18 रु. के स्थान पर 30 रु. की दर से मानदेय दिया जाए। मानदेय के संबंध में इस विभाग के 15 जनवरी... के कार्यालय ज्ञापन की अन्य शर्तें वही रहेंगी।

(ग) ये आदेश इस कार्यालय ज्ञापन के जारी होने की तारीख से लागू होंगे।

(घ) यह कार्यालय ज्ञापन कार्मिक और प्रशासनिक सुधार विभाग की 28 जून.... की अंतर्विभागीय टिप्पणी सं. 24-12 (भत्ता).... में दी गई सहमति से जारी किया जा रहा है।

(5) हस्ताक्षर ....
उपसचिव, भारत सरकार

(6) **प्रति प्रेषित**

(क) भारत सरकार के सभी मंत्रालय/विभाग
(ख) भारत सरकार के नियंत्रक एवं महालेखा परीक्षक का कार्यालय
(ग) संघ लोक सेवा आयोग
(घ) गृह मंत्रालय और राजभाषा विभाग के सभी संबद्ध और अधीनस्थ कार्यालय
(ङ) राजभाषा विभाग के सभी डेस्क/अनुभाग
(च) राजभाषा विभाग (ग) डेस्क (150 अतिरिक्त प्रतियाँ)

कार्यालय आदेश के प्रयोग का क्षेत्र—कार्यालय आदेश का प्रयोग सामान्य रूप में आंतरिक प्रशासन संबंधी हिदायतें जारी करने के लिए किया जाता है। इसमें निम्नलिखित विषय आते हैं—

(1) कर्मचारियों की नियमित छुट्टी की मंजूरी,

(2) अधिकारियों या कर्मचारियों तथा अनुभागों में कार्य का बँटवारा,

(3) कर्मचारियों का एक अनुभाग से दूसरे अनुभाग में स्थानांतरण।

कार्यालय आदेश का नमूना

(1) सं. 3 – 7178 प्रशा – 3

भारत सरकार

केंद्रीय हिंदी निदेशालय

नई दिल्ली: 12.12.2019

(2) कार्यालय आदेश

(3) **विषय** नहीं लिखा जाना

(4) इस कार्यालय के सर्वश्री राकेश वर्मा, नरेश गुप्ता और अंजन मेहता, सहायक सचिवालय प्रशिक्षण संस्थान, रामकृष्णपुरम, नई दिल्ली से तीन महीने का प्रशिक्षण पूरा करके लौट आए हैं। उन्हें क्रमशः तकनीकी एकक, प्रशासन अनुभाग और लेखा अनुभाग में तैनात किया जाता है।

(5) हस्ताक्षरः ....

उप निदेशक (प्रशासन)

(6) प्रति प्रेषित

(क) श्री राकेश वर्मा, सहायक

(ख) श्री नरेश गुप्ता, सहायक

(ग) श्री अंजन मेहता, सहायक

(घ) संबंधित अनुभाग/एकक

(ङ) रोकड़ अनुभाग

प्रश्न 7. परिपत्र पर संक्षिप्त टिप्पणी लिखिए।

उत्तर– परिपत्र एक आधिकारिक पत्र है जिसके प्रयोग का प्रमुख उद्देश्य केवल सूचना देना होता है। अतः इसमें प्रेषक संदर्भ, संबोधन और स्वनिर्देश के रूप में कोई शब्द नहीं होता। कार्यालय के नाम के बाद अगली पंक्ति में परिपत्र लिखा जाता है फिर अगली पंक्ति में मूल विषय शुरू होता है। सारा परिपत्र अन्य पुरुष में लिखा जाता है। जारी करने वाला अधिकारी केवल हस्ताक्षर करता है। हस्ताक्षर के बाईं ओर 'सेवा में' लिखते हैं तथा जिन–जिन अधिकारियों को यह भेजना होता है, उनका उल्लेख कर दिया जाता है। यदि परिपत्र में दी जाने वाली सूचना पूर्णतया सामान्य हो तो यह सभी कर्मचारियों के लिए लिख दिया जाता है।

परिपत्र का नमूना

कार्यालय
आयकर आयुक्त
आगरा, उत्तर प्रदेश
सं. ....

तारीख : 20.12.2019

विषय : सामान्य भविष्य निधि का नामांकन भरना।

सभी अधिकारियों तथा कर्मचारियों को सूचित किया जाता है कि वे अपने सामान्य भविष्य निधि खाते के नामांकन फार्म 10.3.2020 तक भर कर वित्त अनुभाग को दे दें।

(मुदुला श्रीमाली)
प्रशासन अधिकारी

सेवा में,
सभी अधिकारी तथा कर्मचारी

प्रश्न 8. अधिसूचना और संकल्प से क्या अभिप्राय है? उदाहरण सहित समझाइए।

उत्तर– अधिसूचना और संकल्प दोनों ही राजपत्र में प्रकाशित होते हैं। संकल्प के पृष्ठांकन के रूप में यह आदेश होता है कि संकल्प का प्रकाशन राजपत्र में हो। अधिसूचना और संकल्प का रूप प्रायः एक सा होता है। आरंभ में यह निर्देश होता है कि यह भारत के राजपत्र (गजट) के किस भाग और किस खंड में छपेगा। इनमें संबोधन या स्वनिर्देश नहीं होता है। अधिसूचना और संकल्प प्रबंधक, भारत सरकार प्रेस को भेजे जाते हैं। इनमें संयुक्त–सचिव स्तर के अधिकारी ही हस्ताक्षर करते हैं।

अधिसूचना का नमूना

(भारतीय राजपत्र के भाग–1, खड–2 में प्रकाशन के लिए)
भारत सरकार
वाणिज्य मंत्रालय
नई दिल्ली

दिनांक..............

केंद्रीय सरकार सं. आ. सत्र ....

वाणिज्यिक दस्तावेज साक्ष्य अधिनियम 1939 (1939 का 30) की धारा, द्वारा दिए गए अधिकारों का प्रयोग करते हुए इस अधिसूचना द्वारा निम्नलिखित अनुसूची में दिए गए कागजात को गोपनीय दस्तावेज घोषित किया जाता है।

सं. ....

क.ख.ग.

सचिव, भारत सरकार

संकल्प का नमूना

(भारत सरकार के राजपत्र भाग–II, खंड–3 में प्रकाशन के लिए)

सं. ....

भारत सरकार

सड़क परिवहन एवं राजमार्ग मंत्रालय

नई दिल्ली

दिनांक.............

संकल्प

पिछले कुछ दिनों से बढ़ती हुई सड़क दुर्घटनाओं की रोकथाम के लिए सरकार चिंतित रही है और इसके लिए प्राप्त हुए सुझावों को अमल में लाने पर गंभीरता से विचार कर रही है। अब इस समस्या के सभी पहलुओं पर विचार करने के लिए एक समिति का गठन करने का निर्णय लिया गया है, जिसमें सरकारी प्रतिनिधियों के अलावा महत्त्वपूर्ण जनसेवी संस्थाओं के व्यक्ति भी मनोनीत किए जाएँगे।

(2) समिति के अध्यक्ष श्री .... होंगे

इसके सदस्य निम्नलिखित होंगे–

(क) ....

(ख) ....

(ग) ....

(घ) ....

(ङ) ....

(3) समिति निम्नलिखित विषयों पर अपनी सिफारिश प्रस्तुत करेंगी–

(क) ....

(ख) ....

(ग) ....

(4) समिति 21 अक्तूबर 2019 से अपना कार्य शुरू करेगी। इसका कार्यकाल .... महीने का होगा

(क.ख.ग.)

सचिव, भारत सरकार

आदेश–आदेश दिया जाता है कि इस संकल्प की प्रतिलिप प्रस्तावित समिति के अध्यक्ष तथा सदस्यों को दी जाए। यह भी आदेश है कि यह संकल्प भारत के राजपत्र में सूचना के लिए प्रकाशित किया जाए।

प्रश्न 9. पृष्ठांकन के प्रयोग पर उदाहरण सहित चर्चा कीजिए।

उत्तर— पृष्ठांकन का प्रयोग तब किया जाता है—

(1) जब पत्र पाने वाले के अलावा उसकी प्रति किसी अन्य विभाग या व्यक्ति को भेजनी हो।

(2) जब सूचना, टिप्पणी या निपटान के लिए किसी मंत्रालय या संबद्ध अथवा अधीनस्थ कार्यालय को भेजनी हो।

(3) जब कागज मूल रूप में भेजने वाले को लौटाना हो।

(4) जब किसी कार्यवाही, बैठक आदि का कार्यवृत्त संबद्ध व्यक्तियों को भेजना हो।

इसके अलावा प्रशासनिक मंत्रालयों द्वारा जारी की गई वित्तीय मंजूरियों की नकलें भी लेखा परीक्षा अधिकारियों के पास पृष्ठांकन द्वारा भेजी जाती हैं।

पृष्ठांकन दो प्रकार का होता है—

(1) मूल पत्र के नीचे लिख कर—इस प्रकार के पृष्ठांकन का एक नमूना—

पृष्ठांकन का नमूना—1

प्रतिलिपि : ....

को सूचना के लिए/कार्यवाही के लिए/शीघ्र अनुपालन के लिए भेजी जाती है।

ह. ....

पदनाम ....

(2) अलग से मसौदा बना कर—इस प्रकार का पृष्ठांकन अलग से मसौदा बना कर किया जाता है। उदाहरण के लिए, गृह मंत्रालय में किसी अन्य विभाग या कार्यालय से आए पत्र की प्रति यदि संबद्ध व्यक्तियों को देनी है तो पृष्ठांकन एक आवरण सत्र के रूप में तैयार किया जाएगा और उक्त पत्र की प्रति संलग्न कर दी जाएगी।

पृष्ठांकन का नमूना—2

भारत सरकार
गृह मंत्रालय
नई दिल्ली

सं. ....

दिनांक ....

ग्रुप बीमा योजना के संबंध में वित्त मंत्रालय के परिपत्र सं. .... की प्रतिलिपि सूचना और आवश्यक कार्यवाही के लिए भेजी जाती है।

ह. ....
पदनाम ....

संलग्न :
वित्त मंत्रालय के परिपत्र सं. .... दिनांक .... की प्रति।

अध्याय 4
समाचार लेखन और संपादकीय

भूमिका

समाचार पत्र हमारे जीवन का अहम् हिस्सा हैं। समाचार पत्र से हमें तरह-तरह की सूचनाएँ प्राप्त होती हैं। राजनीतिक, सामाजिक, आर्थिक, खेलकूद और जीवन के अन्य क्षेत्रों से संबंधित कई तरह के समाचार हम रोज पढ़ते हैं। रेडियो और टेलीविजन द्वारा समाचार, समाचार पत्रों की अपेक्षा जल्दी मिलते हैं लेकिन उनका विस्तृत विवरण समाचार पत्रों से ही मिलता है। समाचार पत्रों में एक पृष्ठ संपादकीय पृष्ठ के रूप में रखा जाता है जिसमें सामयिक गतिविधियों पर संपादकीय दृष्टिकोण का प्रतिनिधित्व करने वाली टिप्पणियाँ और विभिन्न विषयों पर लेख प्रकाशित होते हैं।

समाचार पत्रों को समाचार विभिन्न स्रोतों से प्राप्त होते हैं। विभिन्न स्रोतों से प्राप्त सूचनाओं को समाचार का रूप समाचार लेखन का मुख्य कार्य है। समाचार को पाठकों की रुचि और आवश्यकता के अनुसार संपादित भी करना होता है। इसके अलावा, समाचार की भाषा पर भी विशेष ध्यान देना होता है।

प्रश्न 1. समाचार से क्या तात्पर्य है? इसके स्रोतों का वर्णन कीजिए।

अथवा

कुछ प्रमुख समाचार एजेंसियों का उल्लेख कीजिए।

अथवा

समाचार में कौन–कौन सी पाँच बातें होनी आवश्यक हैं?

उत्तर– समाचार किसी भी ऐसी ताजा घटना, विचार या समस्या की रिपोर्ट है जिसमें अधिक से अधिक लोगों की रुचि हो और जिसका अधिक से अधिक लोगों पर प्रभाव पड़ रहा हो। दरअसल, सामाचार माध्यमों के उपभोक्ता यानी पाठक, दर्शक और श्रोता अपने मूल्यों, रुचियों और दृष्टिकोणों में बहुत विविधताएँ और भिन्नताएँ लिए होते हैं। इन्हीं के अनुरूप उनकी सूचना प्राथमिकताएँ भी निर्धारित होती हैं। परंपरागत पत्रकारिता के मानदंडों के अनुसार समाचार मीडिया को लोगों की सूचनाओं की जरूरत और माँग के बीच संतुलन कायम करना पड़ता है। कुछ घटनाएँ ऐसी होती हैं जिनके बारे में हमें जानकारी होना आवश्यक है और कुछ घटनाएँ ऐसी भी होती हैं जिनके बारे में जानकारी न भी हो तो कोई फर्क नहीं पड़ता, अलबत्ता उन्हें पढ़कर या सुनकर या देखकर हमें मजा आता है। इन दिनों समाचार माध्यम में मजेदार और मनोरंजक समाचारों को प्राथमिकता देने का रुझान प्रबल हुआ है। रेडियो और टेलीविजन पर समाचार, समाचार पत्रों की अपेक्षा जल्दी मिलते हैं लेकिन रेडियो और टेलीविजन पर समाचार का प्रसारण 15–20 मिनट की अवधि के लिए ही होता है। इन प्रसारणों से हमें मुख्य घटनाओं की संक्षिप्त जानकारी तो आवश्यक प्राप्त हो जाती है, लेकिन उनका विस्तृत विवरण समाचार पत्रों से ही मिलता है। आमतौर पर हिंदी समाचार पत्र 8–10 पृष्ठ के होते हैं। अंग्रेजी समाचार पत्रों की पृष्ठ संख्या 20 तक होती है। इन समाचार पत्रों में कई क्षेत्रों के समाचार नियमित रूप से प्रकाशित होते हैं। प्रायः सभी अखबार खेल–कूद और वाणिज्यिक समाचारों के लिए एक–एक पृष्ठ अलग से देते हैं। इसी तरह सांस्कृतिक, साहित्यिक गतिविधियों के लिए अलग से स्तंभ होते हैं, जिनमें ऐसी मुख्य गतिविधियों की रिपोर्टिंग होती है। ये स्तंभ दैनिक भी हो सकते हैं और साप्ताहिक भी। समाचार पत्रों में बीच का पृष्ठ संपादकीय पृष्ठ के रूप में रखा जाता है, जिसमें सामयिक गतिविधियों पर संपादकीय दृष्टिकोणय का प्रतिनिधित्व करने वाली टिप्पणियाँ और विभिन्न विषयों पर लेख प्रकाशित होते हैं। इसी पृष्ठ पर पाठकों के पत्र भी प्रकाशित होते हैं जिनमें वे समाचार पत्र में प्रकाशित सामग्री (समाचार, संपादकीय और लेखों) पर अपनी राय का इजहार करते हैं या अपनी या अपने आस–पास की समस्याओं पर संबंधित पक्ष या समाज का ध्यान आकृष्ट करने का प्रयास करते हैं। आमतौर पर सभी अखबार रविवार को विशेष परिशिष्ट निकालते हैं, जिसमें साहित्यिक रचनाएँ, बच्चों, महिलाओं के लिए विशेष पठन सामग्री तथा कुछ अन्य महत्त्वपूर्ण सामग्री दी जाती है। समाचार पत्रों में विज्ञापन भी दिए जाते हैं। विभिन्न तरह के विज्ञापनों से भी पाठकों को विविध प्रकार की उपयोगी सूचनाएँ मिलती हैं, जो अत्यंत महत्त्वपूर्ण होती हैं।

समाचारों को समाचार पत्र में उनके महत्त्व के अनुसार स्थान दिया जाता है, जैसे सबसे महत्त्वपूर्ण समाचार को पहले पृष्ठ पर सबसे ऊपर के भाग में मोटे अक्षरों में शीर्षक देकर प्रकाशित किया जाता है ताकि समाचार पढ़ने वालों का ध्यान उस पर तत्काल चला जाए। इसी तरह अन्य महत्त्वपूर्ण समाचारों को भी पहले पृष्ठ पर जगह दी जाती है। कम महत्त्वपूर्ण समाचारों को अंदर के पृष्ठों पर और विभिन्न क्षेत्रों से जुड़े समाचारों को उनके लिए निर्धारित पृष्ठों पर प्रकाशित किया जाता है। इस तरह समाचार पत्र के पूरे कलेवर में विविधता और व्यवस्था दोनों होती है। लगातार समाचार पढ़ने से हम अखबारों को इस आंतरिक व्यवस्था से परिचित हो जाते हैं और तब हमें इच्छित समाचार ढूँढ़ने में वक्त नहीं लगता। यह व्यवस्था इसलिए जरूरी है क्योंकि सभी की रुचि सभी तरह के समाचारों में नहीं होती। खास–खास खबरें जानने के बाद पाठक आमतौर पर अपनी रुचि और जरूरत के क्षेत्र की जानकारी समाचार पत्र का मुख्य कलेवर समाचारों से बनाता है। समाचार पत्र से प्राप्त करते हैं।

समाचार संकलनः स्रोत–सभी समाचारपत्रों के पास समाचार संकलन के अपने स्रोत होते हैं, जिनके माध्यम से समाचारपत्रों को समाचार प्राप्त होता है–

- **समाचार एजेंसियाँ**–देश–विदेश में कार्यरत प्रेस ट्रस्ट ऑफ इण्डिया और यूनाइटेड न्यूज ऑफ इण्डिया आदि भारत की प्रमुख समाचार एजेंसियाँ हैं, जो हिन्दी भाषा और यूनीवार्ता के नाम से समाचार प्रसारित करती है। इन समाचार एजेंसियों के अपने संवाददाता होते हैं, जो समाचारों का संकलन करके एजेंसी को देते हैं, फिर उस समाचार को टेलीप्रिंटर (दूरमुद्रक) द्वारा सभी समाचारपत्रों के कार्यालयों में भेजा जाता है।
- **सरकारी प्रेस विज्ञप्तियाँ**–सरकारी स्तर पर की गई वार्ताओं, किसी भी विषय पर लिए गए निर्णय, आयोजनों तथा विदेशी अधिकारियों की भारत आने संबंधी जानकारियों को प्रेस विज्ञप्तियों द्वारा समाचारपत्रों को भेजा जाता है, जहाँ पर प्राप्त विज्ञप्तियों से समाचार बनाए जाते हैं।
- **समाचारपत्रों के निजी संवाददाता**–सभी समाचारपत्रों के कार्यालयों के अपने संवाददाता होते हैं, जो समय–समय पर घटित घटनाओं का विवरण घटनास्थल पर जाकर लेते है और उनसे स्वयं समाचार बनाते हैं। ऐसे समाचारों में 'निजी संवाददाता' लिखा जाता है।
- **कार्यालय संवाददाता**–आपातकालीन घटना होने पर समाचारपत्र के कार्यालय में सूचना आती है, तो पत्र के कार्यालय से एक व्यक्ति उस घटना की घटित जानकारी एकत्रित करता है। ऐसे समाचार के साथ 'कार्यालय संवाददाता' लिखा जाता है।
- **सार्वजनिक प्रेस विज्ञप्तियाँ**–हर संस्था धार्मिक, सामाजिक, साहित्यिक आयोजन करके उसका संक्षिप्त या विस्तृत विवरण समाचारपत्रों में प्रकाशन के लिए भेजती है। संपादकीय कक्ष में इन विज्ञप्तियों का संपादन किया जाता है।

समाचार से प्राप्त जानकारियाँ–कोई भी सूचना समाचार तब बनती है, जब उसमें निम्नलिखित पाँच बातें अवश्य हों–

- **कौन**—सी घटना या गतिविधि हुई?
- घटना में **क्या** हुआ?
- घटना **कहाँ** हुई?
- घटना **कब** हुई?
- घटना **क्यों** हुई?

प्रश्न 2. समाचार लेखन और संपादन पर चर्चा कीजिए।

उत्तर— समाचार लेखन का मुख्य कार्य विभिन्न स्रोतों से प्राप्त सूचनाओं को समाचार का रूप देना है। अगर सूचनाएँ समाचार रूप में ही प्राप्त होती हैं तो उन्हें समाचार पत्र की नीति तथा पाठकों की रुचि और आवश्यकता के अनुसार संपादित करना होता है। किसी भी सूचना को समाचार का रूप तब प्राप्त होता है जब उसका सार्वजनिक महत्त्व होता है अर्थात् लोग उस सूचना को प्राप्त करना चाहते हैं। लेकिन कोई समाचार केवल सूचनाओं का संकलन नहीं होता। समाचार पत्र सूचना रूपी तथ्यों को ठीक उसी रूप में ही प्रस्तुत नहीं करते, बल्कि अपने दृष्टिकोण के अनुसार किंचित व्याख्या और पहले से उपलब्ध तथ्यों को जोड़कर प्रस्तुत करते हैं। यह अवश्य है कि समाचार पत्रों को तथ्यों को तोड़-मरोड़कर पेश करना या झूठी और कपोल-कल्पित बातों को 'समाचार' बनाकर रखने का अधिकार नहीं है। समाचार लिखने से पहले पत्रकार को इस बात का अवश्य ध्यान रखना चाहिए कि उसके समाचार से सामाजिक जीवन पर नकारात्मक प्रभाव न पड़े। वह लोगों में घृणा न फैलाए। हाँ, उसे सामाजिक बुराइयों के विरुद्ध लिखने का अधिकार है। उसका दृष्टिकोण राष्ट्र और समाज के व्यापक हित से संचालित होना चाहिए।

निम्न बिंदुओं के आधार पर समझा जा सकता है कि समाचार कैसे लिखा जाता है—

समाचार लेखन का आरंभ—किसी भी समाचार के तीन मुख्य हिस्से होते हैं—

- **शीर्षक**—समाचार के शीर्षक से पता चलता है कि समाचार में किस बात की चर्चा हो रही है। इसमें समाचार का मूल भाव निहित होता है।
- **इंट्रो या आमुख**—प्रत्येक समाचार के आरंभ में तीन-चार पंक्तियों में उस समाचार का सार दिया जाता है, जिसमें उस समाचार की मुख्य वस्तु का उल्लेख होता है। इसमें कौन, क्या, कब, कहाँ और क्यों आदि प्रश्नों का जवाब मिल जाता है। शेष समाचार इसी का विस्तार होता है। इसमें संक्षेप में ही पूरे समाचार की सूचना दे दी जाती है।
- **मुख्य कलेवर**—यह समाचार का वह भाग होता है, जिसमें विस्तार से समाचार लिखा जाता है। इसमें वे सारी सूचनाएँ होती हैं, जो समाचार पत्र अपने पाठकों तक पहुँचाना चाहता है।

समाचार लिखने से पूर्व निम्नलिखित बातों का ध्यान रखना चाहिए—

- समाचार के तथ्यों की सत्यता अच्छी तरह से जांच लेनी चाहिए, अगर समाचार किसी अन्य एजेंसी से प्राप्त किया गया है। तो उसका हवाला दिया जाना चाहिए।

- महत्त्वहीन तथ्यों को प्राप्त सूचनाओं से हटा देना चाहिए।
- समाचार की निरंतरता बनाए रखने के लिए प्रत्येक तथ्य को निश्चित क्रम में लिखना चाहिए।
- समाचार के महत्वपूर्ण हिस्से को चुनकर उसे इंट्रो के रूप में लिखना चाहिए और इसी में से शीर्षक बनाया जाना चाहिए।
- समाचार निष्पक्ष होकर लिखा जाना चाहिए। समाचार किसी विशेष समुदाय, व्यक्ति, पार्टी आदि से प्रभावित न हो।
- समाचार की भाषा सरल एवं स्पष्ट होनी चाहिए, जिसे आम व्यक्ति आसानी से समझ सकें।

शीर्षक देना—किसी भी समाचार का शीर्षक देना समाचार लेखन का अहम् हिस्सा है। अगर समाचार का 'आमुख' आपने सफलतापूर्वक लिख लिया है तो शीर्षक देना मुश्किल नहीं होता। समाचार का शीर्षक बनाते वक्त निम्न बातें ध्यान रखनी चाहिए—

- शीर्षक समाचार के केंद्रीय भाव को व्यक्त करें या मुख्य मुद्दे को सामने रखे।
- शीर्षक ऐसा हो जो शेष समाचार पढ़ने को उत्सुक करे।
- शीर्षक में कही गई बात समाचार द्वारा पुष्ट हो।
- शीर्षक छोटा परंतु स्पष्ट अर्थ देने वाला हो।

समाचार का संपादन—समाचार प्रकाशन से पूर्व संपादकीय विभाग द्वारा संपादित किया जाता है। कई बार समाचार लेखन और संपादन का कार्य साथ ही होता है और कई बार अलग–अलग। एक उदाहरण से इसे समझे। मान लीजिए एक ही समाचार संपादकीय विभाग को किसी एजेंसी और अपने संवाददाता दोनों से प्राप्त हुए। समाचार दंगे के बारे में है। घटना का उल्लेख एक समाचार पत्र में निम्नलिखित तरीके से किया गया—

आज सुबह 'न' शहर में फिर दंगा भड़क उठा। 'क' संप्रदाय की उग्र भीड़ ने जबर्दस्ती दुकानें बंद करायी। जिन्होंने दुकानें बंद नहीं की उन की दुकानों को लूट लिया गया या आग लगा दी गयी। कुछ लोगों को भीड़ ने पीटा। सात लोग मारे गए। मरने वालों में दो का नाम 'ए' और 'बी' है। शहर में आतंक फैल गया है और 'क' संप्रदाय के सैंकड़ों लोग उत्तेजक नारे लगाते हुए शहर मे घूम रहे हैं। पुलिस ने दंगा भड़काने वालों के विरूद्ध अभी तक कोई कार्रवाई नहीं की है। जब कि पुलिस के अधीक्षक ने संवाददाता को बताया कि अब तक सौ से अधिक लोग पकड़े जा चुके हैं। पुलिस ने स्थिति नियंत्रण में होने का दावा भी किया है। लेकिन शहर की हालात देखकर पुलिस का दावा सच नहीं लगता।

अब यही घटना दूसरे समाचार पत्र ने निम्न प्रकार से दी—

आज सुबह 'न' शहर में फिर दंगा भड़क उठा। दंगे के दौरान हुई हिंसा में सात लोग मारे गए। मरने वालों में दो स्कूल जा रहे बच्चे भी थे। असामाजिक तत्वों ने शहर में फैली एक अफवाह का फायदा उठाकर बाजार बंद कराने की कोशिश की। पुलिस ने दंगाइयों को भगाने की कोशिश की। इसके लिए लाठी चार्ज भी किया गया। भागती भीड़ ने कुछ दुकानों में आग

लगा दी। जिसे दोनों संप्रदायों के लागों ने तत्काल सक्रियता दिखाकर बुझा दिया। शहर में कर्फ्यू लगा दिया गया है और सभी संवेदनशील स्थानों पर पुलिस गश्त लगा रही है। अब तक पुलिस ने दोनों संप्रदायों के लगभग सौ असामाजिक तत्वों को पकड़ने का दावा दिया है। दोपहर के बाद से किसी अप्रिय घटना की कोई सूचना नहीं है। 'च' नामक पार्टी ने जनता से शांति की अपील सबसे पहले की है। कुछ और पार्टियों ने भी ऐसी ही अपीलें जारी की हैं।

उपर्युक्त दोनों समाचारों की तुलना करने पर हम पाएँगे कि दोनों समाचारों में कुछ तथ्य एक से हैं। पहले समाचार में कुछ तथ्य छोड़ दिए गए हैं। इसी तरह दूसरे समाचारों में भी कुछ तथ्य नहीं दिए गए हैं, लेकिन उसने कुछ और सूचनाएँ भी दी हैं। दूसरे समाचार वाले का एक विशेष संप्रदाय के प्रति दृष्टिकोण निष्पक्ष नहीं है। उसकी छाया पूरे समाचार पत्र में दिखाई देती है। जबकि दूसरे समाचार में एक पार्टी का विशेष महत्त्व दिया गया है। यद्यपि उसका दृष्टिकोण धर्मनिरपेक्ष है।

इस प्रकार एक ही समाचार अलग-अलग पत्रों में अपनी नीति, दृष्टिकोण और आवश्यकता के कारण अलग-अलग रूप धारण करके सामने आते हैं।

प्रश्न 3. समाचार की भाषा कैसी होनी चाहिए? विस्तार से समझाइए।

उत्तर— समाचारों में समाचार की भाषा बहुत अहम् होती है। समाचार की भाषा सरल और आसानी से समझ में आ सकने वाली होनी चाहिए। समाचार लिखना आरंभ करने से पहले हमेशा कुछ बातों का ध्यान रखना चाहिए। समाचार पढ़ने वाले बहुत से लोगों का भाषा-ज्ञान मामूली-सा हो सकता है। अगर कठिन भाषा लिखी तो वे समझ नहीं पाएँगे। समाचार पढ़ते हुए पाठक बहुत सजग हो यह भी आवश्यक नहीं है। हो सकता है, उसे दफ्तर जाने की जल्दी हो। गृहिणी को घर का काम करना हो। बस या रेल में बैठकर शोर-शराबे के बीच अखबार पढ़ा जा रहा हो। ऐसी सारी स्थितियों को ध्यान में रखकर समाचार की भाषा लिखनी है ताकि पाठक समाचार में कही गई बात को पढ़ते ही समझ जाए। इसके लिए समाचार की भाषा में निम्नलिखित विशेषताएँ होनी चाहिए—

- उतनी ही बातें लिखिए जो आवश्यक हों।
- छोटे-छोटे पैरा बनाइए।
- छोटे और सरल वाक्य बनाइए। जटिल और लंबे वाक्यों से बचिए।
- बोलचाल की भाषा का प्रयोग कीजिए।
- उन्हीं शब्दों का प्रयोग कीजिए जो आम जनता में प्रचलित हों। कठिन और व्याख्या की आवश्यकता वाले शब्दों से बचिए।
- कठिन पारिभाषिक शब्दों से बचिए लेकिन समाचारों में आमतौर पर व्यवहार में आने वाले ऐसे शब्दों का प्रयोग अवश्य करें जो किसी विशिष्ट क्षेत्र के लिए उपयुक्त हों।
- ऐसे शब्दों का प्रयोग कीजिए जो पाठकों का हृदय स्पर्श करें।
- अगर किसी घटना की विस्तृत रपट लिख रहे हों तो उसे ऐसी भाषा में बांधिए जिससे सारा घटनाचक्र दृश्य रूप में उपस्थिति हो जाए और लोगों के हृदय को छुए।

- भाषा में हल्कापन या अश्लीलता नहीं होनी चाहिए तथा किसी व्यक्ति या समुदाय के लिए अपमानजनक न हो।
- भाषा हिंदी की प्रकृति के अनुकूल हो। अगर अनुवाद भी किया गया है तो भी अनुवाद की भाषा को हिंदी के रूप में ढालिए।

ये कुछ बातें हैं, अगर इनको ध्यान में रखा जाए तो समाचार की भाषा सभी के लिए ग्राह्य बन सकती है। इसके अलावा, समाचार लिखते हुए यह अवश्य ध्यान रखना चाहिए कि जहाँ आवश्यकता न हो वहाँ पारिभाषिक या कठिन शब्दों का प्रयोग न करें। ऐसे कुछ शब्दों का प्रयोग इस प्रकार है–

अपने हाथ में लेना	(न कि, अधिग्रहण करना)
पूँजी लगाना	(न कि, पूँजी निवेश करना)
घाटा उठाना	(न कि, हानि सहन करना)
मुनाफा कमाना	(न कि, लाभ अर्जित करना)
अफसोस है	(न कि, दुख का विषय है)
साफ बातें कहना	(न कि, स्पष्टोक्ति करना)
अमल में लाना	(न कि, क्रियान्वित करना)

लेकिन कई बार ऐसे शब्दों का प्रयोग करना जरूरी हो जाता है, जो पारिभाषिक होते हैं। आमतौर पर आम पाठक भी अधिक इस्तेमाल किए जाने के कारण उनसे परिचित हो जाते हैं और उनका अर्थ समझ लेते हैं जैसे : आधुनिकीकरण, उपभोक्ता, ट्रेड यूनियन, उत्पादकता, औद्योगिक क्षेत्र, निर्गुट आंदोलन, आयात, निर्यात, साम्राज्यवाद, उपनिवेश, समाजवाद, मिश्रित अर्थव्यवस्था आदि। समाचार लिखते हुए इन शब्दों का प्रयोग किया जा सकता है।

विभिन्न क्षेत्रों में प्रयुक्त भाषा–समाचार पत्रों का क्षेत्र अत्यंत विस्तृत है। इनमें सार्वजनिक दिलचस्पी और महत्त्व की प्रायः सभी तरह की खबरें प्रकाशित होती है। लेकिन कुछ क्षेत्र ऐसे हैं, जिनका समाचार पत्रों में विशेष स्थान होता है। जैसे–राजनीतिक घटनाएँ, अपराध, खेल समाचार, अर्थ और वाणिज्य में लोग दिलचस्पी लेते हैं। अलग–अलग क्षेत्रों के समाचारों में अलग–अलग तरह की भाषा प्रयुक्त होती है। जैसे आम दिलचस्पी की खबरों की भाषा की शब्दावली बोलचाल की भाषा के नजदीक होती है, उसमें पारिभाषिक शब्दों का प्रयोग नहीं होता। लेकिन खेलकुद, वाणिज्य या कला और संस्कृति के क्षेत्र के समाचारों के लेखन के लिए उन विशिष्ट क्षेत्रों की पर्याप्त जानकारी आवश्यक है। उदाहरण के लिए वाणिज्य संबंधी खबरों का लेखन करना है तो आपकी उसकी विशिष्ट पदावली से भी परिचित होना होगा 'चाँदी उछली', 'सोना टूटा', 'दलहन मजबूत', 'तेल मूँगफली लुढ़का।' इन पदों का सही प्रयोग तभी कर सकेंगे जब स्वयं इनका सही अर्थ जानेंगे। इसी तरह अगर क्रिकेट के खेल का समाचार लिखना है तो रन, विकेट, मेडेन, पारी धीमा विकेट, कैच, एल बी डब्ल्यू, फीडिलंग, सिली पाइंट, बैक फुट, स्टंप, स्लिप, गली आदि शब्दों का अर्थ समझना होगा। अगर खेलों के तकनीकी पक्ष को नहीं समझते तो उसका समाचार नहीं लिख सकेंगे। इसी कारण प्रायः सभी

समाचार पत्र विशिष्ट क्षेत्रों के लिए विशेष संवाददाता नियुक्त करते हैं, जो इन क्षेत्रों के तकनीकी पक्ष और शब्दावली दोनों में कुशल होते हैं।

यह ध्यान रखें कि समाचार विशेषज्ञ और विद्वान ही नहीं पढ़ेंगे, इसलिए ऐसे पारिभाषिक शब्दों का इस्तेमाल करें जो समाचार पत्रों में आम तौर पर प्रयुक्त होते हैं और जिनसे आम पाठक भी परिचित हैं।

कुछ ऐसे शब्द हैं जिनका प्रयोग आमतौर पर आर्थिक और वाणिज्यिक समाचारों में होता है। जैसे—

- **खपत**—बाजार में जो माल बिकता है उसे खपत कहते हैं।
- **आमद या आवक**—उत्पादन केंद्रों से मंडियों में बिक्री के लिए जो माल आता है, उसे आमद या आवक कहते हैं।
- **मजबूती**—जब बाजार में किसी वस्तु की कीमतों में लगातार बढ़ोत्तरी हो रही हो तो उसके लिए 'मजबूती' 'दृढ़ता' लिखा जाता है।
- **नरमी**—जब बाजार में किसी वस्तु की कीमतों में गिरावट जारी हो तो उसे 'नरमी' कहते हैं।
- **उछाल**—जब बाजार में किसी वस्तु की कीमतों में अचानक वृद्धि हो तो उसे भावों में 'उछाल' या 'उछला' कहते हैं।
- **लुढ़कना**—जब बाजार में किसी वस्तु की कीमतों में अचानक गिरावट हो तो उसे भावों में 'लुढ़कना' या 'टूटना कहते हैं।
- **मंदी**—जब बाजार में भाव असाधारण ढंग से गिरते हैं तब 'मंदी' शब्द का प्रयोग होता है।
- **खामोशी**—जब बाजार में कोई हलचल नहीं हो तब 'खामोशी' या 'शांत' शब्दों का प्रयोग किया जाता है।

इसके अलावा, और भी कई तरह के शब्द हो सकते हैं जिनकी जानकारी से समाचारों को लिखने और समझने में सहायता मिलती है।

प्रश्न 4. संपादकीय लेखन पर चर्चा कीजिए।

उत्तर— भारत में हिंदी में कई राष्ट्रीय और क्षेत्रीय समाचार पत्र प्रकाशित हो रहे हैं। दिल्ली से ही 'नवभारत टाइम्स', 'जनसत्ता', 'हिंदुस्तान', 'पंजाब केसरी' आदि राष्ट्रीय समाचार पत्र प्रकाशित होते हैं। इनके अतिरिक्त अलग-अलग राज्यों से निकलने वाले समाचार पत्रों की संख्या भी काफी ज्यादा है। इतने समाचार पत्रों के बीच में से हम जब कोई एक समाचार पत्र अपने पढ़ने के लिए चुनते हैं तो उसकी कसौटी क्या होती है? केवल उपलब्धता उसका कारण नहीं होता। न ही हम इसे अखबार देने वाले (हॉकर) पर छोड़ते हैं? हम स्वयं उसे बताते हैं कि अमुक अखबार हमारे यहाँ दिया जाए। ऐसा तय करते हुए हम कई बातों का ध्यान रखते हैं। इनमें से एक कारण अखबार का दृष्टिकोण भी होता है। हम प्रायः

उसी अखबार को पढ़ना पसंद करते हैं जो हमारे विचारों से मेल खाता हो या कम से कम जो हमारे विचारों का नितांत विरोधी न हो। हम उस अखबार को भी पसंद कर सकते हैं, जिसमें विभिन्न दृष्टिकोणों को प्रतिनिधित्व करने वाले विचारों को प्रस्तुत किया जाता हो।

समाचार पत्रों में संपादकीय टिप्पणियों का बड़ा महत्त्व है। समाचार पत्र का दृष्टिकोण मुखर होकर संपादकीय टिप्पणियों में आता है। सामयिक घटनाओं और सार्वजनिक महत्त्व के मामलों पर प्रायः रोज संपादकीय विभाग की ओर से टिप्पणियाँ लिखी जाती हैं। इससे हमें यह मालूम पड़ता है कि अमुक विषय या मुद्दे पर इस समाचार पत्र की एक निश्चित राय है। संपादकीय की यह राय जनमत बनाने में कारगर भूमिका निभाती है। आमतौर पर संपादकीय दृष्टिकोण उनके पाठकों के दृष्टिकोण को भी व्यक्त करता है। हम इस बात को इस रूप में कह सकते हैं : समाचार पत्र का दृष्टिकोण उसके पाठकों के दृष्टिकोण को निर्धारित करता है और पाठकों का दृष्टिकोण (जो पाठकों के पत्रों से या समय-समय पर किए जाने वाले सर्वेक्षण से मालूम किया जाता है)। पत्र के दृष्टिकोण को निर्धारित करता है। अर्थात् दोनों एक दूसरे पर अपना प्रभाव डालते हैं। इसलिए समाचार पत्रों की टिप्पणियाँ किसी-न-किसी रूप में जनता के ही एक हिस्से का प्रतिनिधित्व करती है।

संपादकीय लिखते वक्त निम्नलिखित बातों का ध्यान रखना जरूरी है—

- संपादकीय में समाचार पत्र की दृष्टिकोण अवश्य अभिव्यक्त हो।
- समाचार पत्र में छपने वाला प्रत्येक समाचार संपादकीय टिप्पणी के योग्य नहीं होता। समाचार के महत्त्व को ध्यान में रखकर संपादकीय टिप्पणी के लिए उसका चयन किया जाता है।
- यह भी आवश्यक नहीं है कि संपादकीय सिर्फ प्रकाशित समाचारों पर ही हो। ऐसे विषय पर भी संपादकीय लिखा जा सकता है, जो समाचार न बना हो। जैसे दूरदर्शन का कोई कार्यक्रम या पुस्तक पढ़ने की घटती अभिरुचि आदि। संपादकीय का उद्देश्य अपने पाठकों को उक्त विषय में जागरूक बनाना है।
- विभिन्न संपादकीय टिप्पणियों में अंतर्विरोध नजर नहीं आना चाहिए।
- संपादकीय लंबा और जटिल नहीं होना चाहिए। लंबे संपादकीय पढ़ना प्रायः लोग पसंद नहीं करते।
- संपादकीय की भाषा भी सरल और सभी की समझ में आ सकने वाली होनी चाहिए। लेकिन इसके साथ ही उसमें विचारों को उत्तेजित करने की क्षमता भी होनी चाहिए।
- संपादकीय में अपनी बात ठोस, तार्किक, जनहितकारी और प्रभावपूर्ण होनी चाहिए।

 **WE'D LOVE IT IF YOU'D LIKE US!**
/gphbooks

We're now on Facebook!
Like our page to stay on top of the useful, greatest headlines & exciting rewards.

Our other awesome Social Handles:

gphbooks
For awesome & informative videos for IGNOU students

9350849407
Order now through WhatsApp

gphbooks
We are in pictures

gphbook
Words you get empowered by

अध्याय 5

अनुवाद: सिद्धांत और व्यवहार

भूमिका

अनुवाद की प्रक्रिया ऐतिहासिक है और यह लंबे समय से चली आ रही है। लेकिन संपूर्ण विश्व में तेजी से होने वाले परिवर्तन के कारण, वर्तमान में इसका महत्त्व और अधिक बढ़ गया है। चूँकि, अलग-अलग भाषा बोलने वाले लोग, अनुवाद के जरिए आसानी से एक-दूसरे के संपर्क में आ सकते हैं एवं अपने विचारों का आदान-प्रदान कर सकते हैं, अतः इसका महत्त्व दिन-प्रतिदिन बढ़ता जा रहा है। अनुवाद के लिए भाषायी ज्ञान अत्यंत आवश्यक है, लेकिन इसका यह अर्थ नहीं है कि केवल एक भाषा के ज्ञान से ही अनुवाद संभव है, अपितु अनुवाद के लिए दोनों ही भाषाओं का अच्छा ज्ञान आवश्यक है। ऐसा होने पर ही कोई व्यक्ति अच्छा अनुवादक बन सकता है।

प्रश्न 1. अनुवाद से आप क्या समझते हैं? इसकी व्याख्या कीजिए।

उत्तर— अनुवाद आज अपने सैद्धांतिक संदर्भ में बहुआयामी और प्रयोजन में बहुमुखी हो गया है, किंतु अनुवाद की सार्थकता और व्यावहारिकता में जो संवर्धन हुआ, उसी अनुपात में उसके सिद्धांतों पर गहराई से चिंतन नहीं हुआ। वास्तव में अनुवाद की परिभाषा, स्वरूप, प्रकृति तथा उसके विवेचन में अनुवादशास्त्री इतने उलझ गए हैं कि वे अनुवाद के दर्शन को पूरी तरह समझ नहीं पाए, क्योंकि अनुवाद में इन सैद्धांतिक संदर्भों के अतिरिक्त व्यवहार के रूप में उसे साधना कोई सरल कार्य नहीं है। सफल अनुवाद का संबंध व्यवहार पक्ष से है और इसलिए अनुवाद के सिद्धांत और व्यवहार पक्ष के संबंधों पर सार्थक विवेचन करने की आवश्यकता है ताकि अनुवाद प्रक्रिया स्पष्ट हो सके।

'अनुवाद' संस्कृत का तत्सम शब्द है, किंतु संस्कृत में वह उसी अर्थ में प्रयुक्त नहीं होता जिस अर्थ में वह हिंदी में प्रयुक्त होता है। संस्कृत व्याकरण के अनुसार यह 'वद्' धातु से बना है, जिसका अर्थ है 'बोलना' या 'कहना'। 'वद्' धातु के साथ 'घञ्' प्रत्यय जुड़ने से वह भाववाचक संज्ञा 'वाद' बन जाता है। 'वाद' का अर्थ है 'कहने की क्रिया' अथवा 'कही हुई बात'। 'वाद' से पहले 'अनु' उपसर्ग जोड़ने से 'अनुवाद' शब्द बनता है। 'अनु' उपसर्ग का अर्थ सामान्यतः 'पीछे' या 'बाद में' होता है। इस दृष्टि से 'अनुवाद' का शब्दार्थ है (किसी के) 'कहने या बोलने के बाद बोलना' अथवा 'किसी कही हुई बात के बाद कहना'। इस भाव को व्यक्त करने वाला दूसरा शब्द हो सकता है 'पुनः कथन'। संस्कृत के कुछ कोशों में इसका अर्थ 'प्राप्तस्य पुनः कथनम्' अथवा 'ज्ञातार्थस्य प्रतिपादनम्' मिलता है। वास्तव में प्राचीन काल में हमारे देश भारत में गुरुकुलों में शिक्षा दी जाती थी और यह शिक्षा मौखिक परंपरा में थी। गुरु या आचार्य लोग प्रायः जो कुछ बोलते या जिन मंत्रों का उच्चारण करते, शिष्य लोग गुरु के उन कथनों को पीछे-पीछे उन्हें दुहराते थे। इसी को 'अनुवचन' अथवा 'अनुवाद' कहा जाता था।

अनुवाद का वास्तविक अर्थ, पुनः कथन अथवा किसी के कहने के बाद कहना अर्थात् स्रोत भाषा को लक्ष्य भाषा में परिवर्तित करना होता है। जब हम हिंदी से अंग्रेजी में अथवा अंग्रेजी से हिंदी में वाक्य का अनुवाद करने के लिए कहते हैं तो यह बहुत सरल कार्य लगता है तथा हम सर्वप्रथम दोनों भाषाओं के समतुल्य शब्दों पर विचार करते हैं, इसके पश्चात् ही लक्ष्य भाषा में परिवर्तित करते हैं।

डॉ. जॉनसन द्वारा दी गई परिभाषा के अनुसार, भावार्थ को समान बनाए रखकर एक भाषा को दूसरी भाषा में बदलना अनुवाद कहलाता है, लेकिन उनका यह सिद्धांत दोषपूर्ण निकला, क्योंकि किसी भाषा के दूसरी भाषा में रूपांतरण के दौरान प्रयुक्त शब्दों के भावार्थ के समायोजन की कोई सीमा निर्धारित नहीं होती और यह पता लगाना मुश्किल होता है कि किसी अनुवाद में भाषाओं के अनुवादित शब्दों में भावार्थ का कितना अंश समाहित किया गया है।

अनुवादक को स्रोत भाषा के साथ-साथ लक्ष्य भाषा का भी पूर्ण ज्ञान होना अत्यंत जरूरी है। उसे उस भाषा के अर्थभेदों और उन्हें वह कितनी अच्छी तरह से प्रस्तुत कर सकता है, इन पहलुओं की पर्याप्त समझ भी होना जरूरी है।

सामान्यतः यह कहा जाता है कि अनुवादक अपनी मातृभाषा अथवा जिस भाषा को वह "आदतन इस्तेमाल" करता है, उसमें ही अनुवाद करता हो, लेकिन यह कहने की बात नहीं कि जिस भाषा से वह अनुवाद करता है, उसमें भी उसकी पर्याप्त सक्षमता हो। इसके अतिरिक्त, अनुवादक को अनुवाद–सामग्री की प्रकृति के बारे में पता होना चाहिए। यह विशेष तौर पर तकनीकी (पारिभाषिक) अनुवाद–सामग्री के संबंध में बहुत बड़ा सत्य है। उदाहरणार्थ, यदि कोई बैंकिंग संबंधी पाठ का अनुवाद कर रहा हो तो उसे बैंकिंग की पारिभाषिक शब्दावली से भली–भाँति परिचित होना चाहिए। इसी प्रकार साहित्यिक–पाठों के अनुवाद के मामले में पाठ की मूल भाषा की संस्कृति के संबंध में भी अनुवादक को थोड़ा–बहुत ज्ञान होना अनिवार्य है।

प्रश्न 2. अर्थग्रहण के संदर्भ में अनुवाद की प्रक्रिया पर चर्चा कीजिए।

अथवा

अनुवाद की प्रक्रिया के प्रथम चरण 'अर्थग्रहण' पर प्रकाश डालिए।

उत्तर– मूल भाषा या स्रोत भाषा में निहित विचारों को समझना अनुवादक के लिए अत्यंत आवश्यक होता है। इसके अभाव में अनुवाद किया ही नहीं जा सकता। अनुवाद की प्रक्रिया जानने से पहले यह जान लें कि जिस भाषा से अनुवाद किया जाता है उसे 'स्रोत भाषा' (हमारे इस पाठ के संदर्भ में अंग्रेजी) और जिस भाषा में अनुवाद किया जाता है उसे 'लक्ष्य भाषा' (इस पाठ के संदर्भ में हिंदी) कहा जाता है। अनुवाद की प्रक्रिया के दो चरण होते हैं–पहले चरण को 'अर्थग्रहण' या 'मूल रचना का अर्थ समझना' कह सकते हैं और दूसरे चरण को 'संप्रेषण' या दूसरे तक पहुँचाने के लिए 'अपनी भाषा में वही बात कहना।' संक्षेप में, 'समझना' और 'कहना' दो चरण हैं। 'समझने' की प्रक्रिया ऐसी है जिससे हर सजग पाठक भी गुजरता है। जो भी पाठक किसी रचना को पढ़ता है वह उसे समझने की भी कोशिश करता है। समझने की इस कोशिश के कई स्तर हो सकते हैं। उदाहरण के लिए 'उपन्यास' या 'कहानी' पढ़ते समय अगर बीच में दो–एक शब्दों को आप नहीं भी समझ पाते तो उससे आपके 'आनंद' में विशेष बाधा नहीं पड़ती। क्योंकि 'कथा' का प्रवाह भंग नहीं होता। जहाँ केवल 'कथा' मुख्य लक्ष्य है, वहाँ एकाध शब्द का महत्त्व नहीं रह जाता। कथा रस गें शब्व को गहराई से न समझने से भी बहुत असर नहीं पड़ेगा। लेकिन 'अनुवादक' के रूप में हम किसी भी शब्द को छोड़कर आगे नहीं बढ़ सकते क्योंकि अनुवादक को कुछ भी जोड़ने या घटाने का अधिकार नहीं है।

(1) शब्दबोध–अर्थग्रहण के लिए हमें चाहिए कि पहले उस सामग्री को चाहे वह साहित्यिक रचना हो या कुछ और – जिसका अनुवाद होना है, अच्छी तरह पढ़ें। एक बार और फिर दूसरी बार। पढ़ते–पढ़ते आपको उस रचना में कुछ ऐसे शब्द जरूर मिलेंगे जिनका शायद आप मतलब न जानते हों या पक्के तौर पर न जानते हों, ऐसी स्थिति में चाहिए कि उसका अर्थ जानने के लिए किसी अच्छे शब्दकोश की सहायता लें ताकि सारी रचना का भाव आपके सामने स्पष्ट हो जाए। जब तक हरेक शब्द का अर्थ नहीं जानेंगे, पूरी रचना को नहीं समझ पाएँगे – कम से कम अनुवादक के रूप में वह समझ अधूरी ही रहेगी।

शब्द के अर्थ कई हो सकते हैं और पूरे प्रसंग के संदर्भ में ही उसे समझना होगा। हम एक-दो उदाहरण देकर इस बात को स्पष्ट कर सकते हैं। अंग्रेजी का 'may' बहुत सरल शब्द है। दो वाक्य सामने हैं—एक दोस्त का 'I may go to Lucknow tonight' और दूसरा एक अफसर का जो मातहत को डांट पिलाने के बाद कहता है—'You may go now' इन दोनों वाक्यों में 'May' के प्रयोग को अच्छी तरह न समझा जाए तो अर्थ स्पष्ट नहीं होगा। पहले वाक्य में 'may' शायद–या 'हो सकता है' का भाव देता है, जिसमें अनिश्चितता है – 'शायद मैं आज रात लखनऊ चला जाऊँ', जिसमें 'न जाने' या 'न जा पाने' की भी गुंजाइश है। लेकिन अफसर 'You may go now' में 'अब दफा हो जाओ' या 'अब निकलो यहाँ से' का भाव निहित है। इससे उसका रोष भी प्रकट होता है।

(2) **वाक्यबोध**—शब्दों को प्रसंगानुसार कोश की मदद से अथवा बगैर कोश के अच्छी तरह समझ लेने के बाद आप 'वाक्य' को भी समझने का प्रयास करें। वाक्यों से ही भाषा बनती है। अर्थ या तो एक वाक्य में या एक से अधिक वाक्यों में स्पष्ट होता है। जिस वाक्य में पूरा अर्थ उस वाक्य को या तीन-चार वाक्यों में अगर पूरा अर्थ आता हो तो उन सबको मिलाकर, अर्थ समझने की कोशिश करनी चाहिए। आखिर शब्दों को अलग-अलग समझने का मतलब भी यही होता है कि अंततः आप वाक्य (या वाक्यों) का अर्थ सम्यक रूप से समझें। जब तक आप वाक्य में शब्दों की सार्थकता नहीं समझ लेते और पूरा वाक्य अपनी सारी अर्थवत्ता में आपकी समझ में नहीं आ पाता, तब तक शब्दों के अलग-अलग अर्थ कोश में देख लेने से कुछ हल नहीं होता। वाक्य में उन शब्दार्थों की सार्थकता समझनी भी जरूरी है। वाक्य में शब्दों का क्रम भी महत्त्वपूर्ण होता है। शब्दों के क्रम पर पूरे वाक्य के अर्थ का दारोमदार होता है। कभी-कभी पूरे वाक्य को कई बार पढ़ने पर ही अर्थ स्पष्ट होता है। अगर वाक्य का अर्थ नहीं हुआ तो अलग-अलग शब्दों के अर्थ जान लेने का आपके लिए कोई मतलब नहीं होगा।

जब तक वाक्य का अर्थ अच्छी तरह नहीं समझ लेते अनुवाद असंभव है। अनुवाद शब्द की जगह रख देने मात्र से नहीं हो जाता। अगर ऐसा होता तो सबका अनुवाद एक जैसा होता और कोई भी व्यक्ति 'अनुवादक' बन बैठता। सफल और सार्थक अनुवाद के लिए स्रोत भाषा और लक्ष्य भाषा दोनों के वाक्यों की बनावट और उसकी प्रकृति की समुचित जानकारी अनुवादक के लिए अनिवार्य है। आपने देखा कि अंग्रेजी भाषा से हिंदी में अनूदित बहुत सी रचनाओं में अंग्रेजी की वाक्य रचना हिंदी की वाक्य रचना पर इस तरह हावी हो जाती है कि हिंदी वाक्य रचना की प्रकृति ही नष्ट हो जाती है। इस दोष से अनुवादक को बचना चाहिए।

(3) **रचनाबोध**—अनुवाद में शब्द का अर्थ समझना अत्यंत आवश्यक होता है। शब्दों के अलग-अलग अर्थ का कोई महत्त्व नहीं है, वाक्यों में ढलकर ही वे सार्थक होते हैं। वाक्य के सभी शब्द मिलकर एक अर्थ देते हैं। पर अंततः आपको 'रचना' का अनुवाद करना होता है, शब्दों या वाक्यों का नहीं। अतः अनुवादक को अनुवादित की जा रही रचना का अच्छा ज्ञान होना चाहिए। ऐसा न होने की स्थिति में मूल लेखक जो कुछ कहना चाहता है अनुवादक उससे

भिन्न उसका दूसरा ही अर्थ निकाल लेगा। अनुवादक को पूरी रचना का अर्थ ठीक से मालूम होना चाहिए और ऐसा तभी हो सकता है जब वह उस विषय का जानकार हो। अतः विषय की समुचित जानकारी रचना के बोध हेतु अत्यंत जरूरी है।

प्रश्न 3. अनुवाद की प्रक्रिया के दूसरे चरण 'संप्रेषण' पर प्रकाश डालिए।

अथवा

अनुवाद की प्रक्रिया में संप्रेषण की चर्चा कीजिए।

उत्तर– एक सजग पाठक जब कुछ पढ़ता है तो उसे अच्छी तरह समझने का प्रयास करता है और अनुवादक मूल पाठ को कई बार पढ़कर उसकी हर बारीकी को भली–भाँति समझने का प्रयत्न करता है। पाठन उतने में ही निश्चित हो जाता है, किंतु अनुवादक उसी बात को अपनी भाषा में दुहराता है। उसे समझी हुई बात को अपनी भाषा में कहना होता है और यहीं पता चल जाता है कि उसने मूल भाषा में कही गई बात को किस सीमा तक और कितनी अच्छी तरह समझा या नहीं समझा है। वास्तव में इस दूसरे चरण – संप्रेषण में यह पता चल जाता है कि वह पहले चरण में कितना सफल रहा या नहीं रहा। यहाँ अगर वह कुशलता का परिचय देता है तो अपने पाठकों के मन पर वही और वैसा ही प्रभाव जमाने में सफल हो सकता है, जैसा कि मूल लेखक की कृति ने उसके पाठकों के मन में जगाया होगा। अतः वह हर प्रकार से 'समतुल्यता' का प्रयास करता है। 'समतुल्यता' का अर्थ है मूल भाषा में प्रयुक्त शब्द के वजन और समान अर्थ रखने वाले शब्द का 'लक्ष्य' भाषा में खोजना।

(1) शब्द की समतुल्यता का सिद्धांत–समतुल्यता को सबसे पहले शब्द के स्तर पर सिद्ध करना होता है। अंग्रेजी वाक्य के हरेक शब्द को समझकर शब्दकोश की सहायता से उसके लिए 'प्रतिशब्द' – यानी वही अर्थ देने वाला हिंदी शब्द खोजना होता है। इसमें दो कठिनाइयाँ विशेष रूप से आती हैं – एक तो यह कि अगर शब्दकोश देखेंगे तो अकसर एक शब्द के कई प्रतिशब्द मिलेंगे। इनमें से एक सही प्रतिशब्द चुन लेना ही समझदारी का परिचय देगा। यों तो एक शब्द के प्रसंगानुसार भिन्न–भिन्न अर्थ हो सकते हैं परंतु एक प्रसंग में उसका जो विशिष्ट अर्थ होगा वही अर्थ देने वाला शब्द चुनें –इसमें पूरे प्रसंग के संदर्भ में शब्द की गहरी समझ अपेक्षित होती है। यह भाषा के अध्ययन और अभ्यास से ही आती है।

शब्दों के अनुवाद में एक कठिनाई और भी आती है। इसका कारण यह है कि एक भाषा में प्रयुक्त शब्दों के सटीक पर्याय दूसरी भाषा में नहीं मिलते। इस स्थिति में यह जरूरी हो जाता है कि हम समान अर्थ देने वाले शब्दों में से प्रसंगानुसार सबसे अधिक सटीक और सही शब्द चुनें वरना वाक्य पूरा अर्थ व्यक्त नहीं कर सकेगा। उदाहरणस्वरूप अंग्रेजी के तीन शब्द हैं–Church, Cathedral, Chapel – इसके लिए हिंदी में गिरजाघर, महामंदिर, प्रार्थनालय शब्द उपलब्ध हैं। महामंदिर और प्रार्थनालय कहने से Cathedral और Chapel का बोध नहीं हो सकता। ('कैथीड्रल' बड़े गिरजाघर को कहते हैं, जिसके मुखिया बिशप होते हैं। बिशप के अधीन अन्य कई गिरजाघर भी आते हैं। 'चेपल' एक छोटा सा प्रार्थना गृह होता है, जो

गिरजाघर या कैथीड्रल के अंदर स्थित होता है। स्कूल, अस्पताल आदि में भी 'चेपल' हो सकता है, जहाँ लोग व्यक्तिगत रूप से प्रार्थना कर सकें) इसका रास्ता यही है कि सही शब्द (सही अर्थ बोध कराने वाले शब्द) न मिलने की स्थिति में उस शब्द से निकट अर्थ रखने वाले शब्दों का प्रयोग किया जाए। अंग्रेजी और हिंदी शब्दों को 'अथवा' लगाकर भी प्रयोग किया जा सकता है, जैसे Cathedral या महामंदिर, Chapel अथवा प्रार्थनालय।

लक्ष्य भाषा में कई शब्द रहने के बावजूद अनुवादक को सर्तकता के साथ उनमें से एक का चुनाव करना पड़ता है। एक ही शब्द के अनेक अर्थ होते हैं या अलग–अलग प्रसंगों में उनका अलग–अलग अर्थ होता है। मान लीजिए एक वाक्य है–"The killing of innocent people in Punjab must be condemned."

शब्दकोश में 'innocent' के 'निर्दोष', 'निरपराध', 'बेगुनाह', 'निष्कपट', 'अबोध', 'निरीह', 'सीधा' आदि समानार्थक शब्द दिए गए हैं और 'condemned' के 'निंदा करना', 'गर्हणा करना', 'दोषी या अपराधी ठहराना', 'अपराधित करना', 'दंडाज्ञा देना', 'दंड देना', 'जब्त कर लेना', 'निकम्मा ठहराना', 'निराकरण करना', 'रोग असाध्य बताना' आदि। अब उपर्युक्त वाक्य में दोनों शब्दों के लिए कौन–से अर्थ सबसे अधिक सटीक बैठते हैं, यह आप अपनी समझ के अनुसार निर्णय करेंगे। इसलिए कहते हैं कि अच्छा अनुवादक बुरे शब्दकोश का भी सदुपयोग कर लेता है और बुरा अनुवादक अच्छे शब्दकोश का भी दुरुपयोग कर सकता है। अगर आपने इसका अनुवाद यों कर दिया–'सीधे लोगों की हत्याओं को जब्त कर लेना चाहिए' या 'निष्कपट लोगों की हत्याओं का निराकरण होना चाहिए' तो उसका कुछ अर्थ नहीं निकलेगा – अर्थ का अनर्थ भी हो सकता है। इस वाक्य में आपको 'innocent' के लिए 'निरपराध या बेगुनाह या मासूम' में से एक शब्द का प्रयोग करना होगा और 'condemned' के लिए 'निंदा या भर्तस्ना करना' का; तभी वाक्य अपना यह अभीष्ट अर्थ देगा–'पंजाब में निरपराध लोगों की हत्याओं की निंदा की जानी चाहिए' 'innocent' के लिए 'सीधे–सादे लोग' कहने से भी यहाँ अपेक्षित अर्थ नहीं आएगा और 'condemnend' के लिए 'बुरा–भला' कहने से भी अर्थ क्षीण होगा। यहाँ सवाल सीधे–सादे लोगों का नहीं, वे 'चालाक' या 'बेईमान' भी हो सकते हैं किंतु उन्होंने कोई 'अपराध' नहीं किया, और 'भर्तस्ना' या 'निंदा करना' जैसे सशक्त शब्दों की 'अर्थ–तीव्रता', 'बुरा–भला कहने' जैसे हल्के शब्दों में नहीं आती।

अतः ध्यान रखना चाहिए कि उपलब्ध हिंदी समानार्थकों में से जो सबसे अधिक उपर्युक्त, सटीक और बराबर की अर्थ–क्षमता वाला शब्द हो, वही आपको अनुवाद करते समय चयनित करना चाहिए।

(2) श्लिष्ट शब्द–श्लिष्ट का अर्थ होता है चिपकना। अतः श्लिष्ट शब्द का अर्थ हुआ वह शब्द जिसमें एक अर्थ के साथ दूसरा अर्थ भी चिपका या सटा रहता है। कहीं–कहीं लेखक एक शब्द का प्रयोग एक साथ एक से अधिक अर्थों में करता है, ऐसी स्थिति में अनुवादक का कार्य कठिन हो जाता है। उसे ऐसा हिंदी समानार्थक खोज नहीं मिलेगा, जिसके उस प्रसंग में एक साथ वे ही दोनों अर्थ हो सकें। एक उदाहरण लें–'If he drinks too much he will pay for it later'. यहाँ pay शब्द के दो अर्थ हैं और दोनों अभीष्ट हैं – 'चुकाना या अदा करना' और 'कष्ट सहना' या 'यातना भोगना'। ये दोनों अर्थ अगर किसी हद तक हिंदी के किसी शब्द में आते हैं तो वह 'भुगतना' है 'बहुत पिएगा तो बाद में भुगतेगा'। पर सदा यह संभव नहीं होता कि ऐसे पर्याय दूसरी भाषा में मिल जाएँ। तब अनुवादक को एक से अधिक शब्दों का प्रयोग करने और कहीं व्याख्या के द्वारा भी वक्ता का भाव स्पष्ट करना पड़ सकता है लेकिन अनुवादक का यह प्रयास होना चाहिए कि वह श्लिष्ट अथवा प्रतिशब्दों की सावधानीपूर्वक छानबीन करें तथा अनुवाद कार्य में स्रोत भाषा के शब्दों का स्पष्टीकरण और उनकी व्याख्या से अपने को बचाएँ। यदि व्याख्या या स्पष्टीकरण आवश्यक हो जाए तो उसके लिए टिप्पणी का सहारा लेना अधिक उपयुक्त हो सकता है।

इस 'शब्द समानार्थकता' सिद्धांत को हम 'शब्द–प्रतिशब्द' का सिद्धांत भी कह सकते हैं।

(3) वाक्य की समानार्थकता का सिद्धांत–अनुवादक ने अंग्रेजी की किसी रचना को, उसमें प्रयुक्त शब्दों को, कितनी अच्छी तरह समझा है और शब्दों के जो हिंदी समानार्थक उसने चुने हैं वे कितने सही और सटीक हैं, इसकी कसौटी उस अनुवाद के वाक्य होते हैं। अनुवादक की असली क्षमता इसी में निहित होती है कि वह कितने सही और सार्थक वाक्य बना पाता है। इतना ही काफी नहीं कि वह जो वाक्य बनाए वह व्याकरण की दृष्टि से सही हो और उसमें मूल अंग्रेजी शब्दों के सही समानार्थक चुने गए हों बल्कि यह भी जरूरी है कि वाक्य वही प्रभाव डाले जो मूल अंग्रेजी के वाक्य का पड़ता है। पूरे वाक्य के अर्थ के संप्रेषण के लिए अनुवादक को कभी चुने हुए शब्द बदलने पड़ सकते हैं, कभी उसमें कुछ बढ़ाना या घटाना पड़ सकता है, कभी वाक्य की रचना बदलनी पड़ सकती है तो कभी एक वाक्य को दो या तीन वाक्यों में तोड़ना और कभी दो या अधिक वाक्यों को जोड़कर एक वाक्य में ढालना पड़ सकता है। यह सही है कि अनुवाद में वाक्य का महत्त्व बहुत होता है किंतु यह ध्यान रखना चाहिए कि अनुवादक की निष्ठा उसमें निहित अर्थ या मंतव्य के प्रति होती है और उसे यही देखना होता है कि हिंदी में कैसे वह बिना विकृति के उस मंतव्य को व्यक्त कर सकता है।

किन्हीं दो भाषाओं की वाक्य–रचना एक जैसी नहीं होती, उनमें शब्दों का क्रम एक जैसा नहीं होता। अगर अंग्रेजी वाक्य में प्रयुक्त शब्द–क्रम का अनुसरण करेंगे तो अकसर गलत वाक्य बनाएँगे और अर्थ का अनर्थ कर बैठेंगे। हमें चाहिए कि हमेशा वाक्य का – या अगर कई वाक्यों में अर्थ पूरा होता है तो वाक्यों का पूरा अर्थ समझकर उसे अपने ढंग से हिंदी में लिखने की कोशिश करें। अच्छा यह होगा कि आप छोटे–छोटे वाक्य बनाएँ ताकि उनमें कसाव बना रहे। बड़े वाक्यों में अर्थ बिखर भी सकता है, उसके प्रभाव में कमी भी आ सकती है और गलतियाँ भी हो सकती हैं। सबसे बड़ी बात यह होती है कि वाक्यों में हिंदी की वाक्य–रचना की प्रकृति की भी रक्षा हो और अर्थ भी पूरी तरह से समाया रहे। इस तरह लक्ष्य भाषा यानी संदर्भ में हिंदी की सहजता बनी रहेगी। 'सहजता का सिद्धांत' अनुवाद के लिए प्रकाश–स्तंभ होता है।

कुछ उदाहरणों से यह बात स्पष्ट हो जाती है–

अंग्रेजी का तीन शब्दों का एक सीधा–सादा वाक्य है 'God is love' इसका अनुवाद 'ईश्वर प्रेम है' करें तो दो बातें ध्यान देने की हैं–'है' का जो स्थान मूल वाक्य में है, अनुवाद में नहीं; दूसरे, 'ईश्वर प्रेम है' वाक्य अपने आप अधूरा और अटपटा लगता है। इसमें हिंदी की सहज प्रकृति खंडित हो गई सी लगती है। जब तक इसमें और कुछ नहीं जोड़ेंगे तब तक वाक्य ऐसा ही अटपटा रहेगा। 'ईश्वर प्रेम–रूप है', 'प्रेम ईश्वर का ही पर्याय है' इसका विकल्प हो सकते हैं। देखेंगे कि इन वाक्यों में कुछ न कुछ जोड़ा गया है। इसी प्रकार एक और उदाहरण लीजिए–'The existence of quorum is a must for a formal meeting', इस वाक्य का 'औपचारिक बैठक के लिए कोरम का अस्तित्व' आवश्यक होता है अनुवाद करें तो दो बातें देखी जा सकती हैं–कोरम का अस्तित्व में अटपटापन है। यह प्रयोग हिंदी भाषा की प्रकृति से मेल नहीं खाता। दूसरे 'is' के हिंदी में दोनों अनुवाद होते हैं–'हैं' और 'होता है।' आपको ध्यान रखना होगा कहाँ कौन–सा अनुवाद ठीक होगा। इसका ठीक अनुवाद इस प्रकार होगा–'औपचारिक बैठक के लिए कोरम आवश्यक होता है।' अपनी भाषा की प्रकृति की रक्षा को अनुवादक को सदा ध्यान रखना होता है।

(4) रचना की समानार्थकता का सिद्धांत–शब्द, शब्दों का क्रम, वाक्य और वाक्यों की योजना सब रचना के अनिवार्य अंग हैं। वास्तव में 'शब्द' के लिए 'प्रतिशब्द' की तलाश और 'वाक्य' के लिए 'प्रतिवाक्य' बनाने की सारी कोशिशें 'रचना' के स्थान 'प्रतिरचना' के निर्माण के लिए होती है। कहाँ घटाया–बढ़ाया जाए: कहाँ कोशगत अर्थ से भिन्न अर्थ लगाया जाए, कहाँ शब्दों के क्रम को बदला जाए, कहाँ एक वाक्य को तोड़कर एक से अधिक वाक्य बनाए जाएँ और कहाँ एक से अधिक वाक्यों को एक वाक्य में गठित कर दिया जाए – ये सब युक्तियाँ अनायास नहीं आ जाती। इनके लिए कठोर और अनवरत अभ्यास की जरूरत होती है।

अनुवाद कैसा बन पड़ा है – यह देखने के लिए चाहिए कि अंग्रेजी की मूल रचना या अवतरण को एक ओर रखकर एक हिंदी पाठक के रूप में उसे स्वतंत्र रचना या अवतरण मानकर पढ़े। अगर उसमें भाषा और भाव धारा का प्रवाह अवरुद्ध नहीं होता तो यह मान लीजिए कि आप लक्ष्य भाषा की सहजता की रक्षा कर पाए हैं। अनुवाद एक कला है और उसकी सफलता इसमें निहित है कि वह अनुवाद होकर भी अनुवाद न लगे और पाठक को यह पता न लगे कि वह रचना मूलतः हिंदी में लिखी गई है या किसी और भाषा में। दूसरे शब्दों में, अनुवाद अगर अपने पाँवों पर खड़ा हो सके तो उसे सफल मानना चाहिए। शब्दार्थ में अधिक–से–अधिक 'निकट' और लक्ष्य भाषा की रचना में उसकी 'सहजता' तथा 'समतुल्यता' के प्रयास के नाते हम कह सकते हैं कि अनुवाद 'निकटतम सहज समतुल्यता' की साधना होता है।

प्रश्न 4. अनुवाद करने के लिए व्यावहारिक ज्ञान क्यों आवश्यक है? विस्तार से समझाइए।

उत्तर– सिद्धांत किसी कार्य को शुरू करने के लिए आवश्यक है, पर सैद्धांतिक ज्ञान अधूरा होता है; उसकी सार्थकता तभी है, जब उसे व्यवहार में लाया जाए।

(1) भाषा की प्रकृति की समझ—अनुवादक का अनुवाद करते समय अनूदित भाषा की प्रकृति की रक्षा करना प्रथम दायित्व होता है। नीचे अंग्रेजी भाषा के दो वाक्य दिए जा रहे हैं—

(1) I wonder if this is true.
(2) I have two sons.

इनका अनुवाद यदि हिंदी भाषा की प्रकृति को ध्यान में रखकर न किया जाए तो हिंदी में वाक्य इस प्रकार बनेगा—

(1) मुझे आश्चर्य होगा अगर यह सच है।
(2) मेरे पास दो पुत्र हैं।

'If' लगाकर अंग्रेजी में जो वाक्य बनते हैं, उन्हें हिंदी में परिवर्तित करते समय सावधानी बरतनी चाहिए। इन्हें अनुवाद करते समय 'लक्ष्य भाषा' की प्रकृति (यहाँ हिंदी) का ध्यान रखना अनिवार्य होता है। जैसे, ऊपर दिए गए पहले अंग्रेजी वाक्य का सही अनुवाद इस प्रकार होगा—

मुझे इसकी सच्चाई में संदेह है।

अंग्रेजी के दूसरे उदाहरण में 'have' लगाकर वाक्य बनाया होता है। इस 'have' का अनुवाद हिंदी में अलग-अलग तरीके से होता है। जैसे—I have a pen ..... मेरे पास एक कलम है; I have to go .... मुझे जाना है; I have left my old job .... मैंने अपनी पुरानी नौकरी छोड़ दी है; I have accepted this theory ...... मैंने इस सिद्धांत को स्वीकार किया। आरंभ में 'have' का जो उदाहरण दिया गया—I have two sons; उसका अनुवाद होगा—'मेरे दो पुत्र हैं' न कि 'मेरे पास दो पुत्र है।' कारण स्पष्ट है हिंदी में हम 'मेरे पास दो पुत्र हैं' का प्रयोग नहीं करते, क्योंकि यह हिंदी की प्रकृति के अनुकूल नहीं हैं। 'have' का प्रयोग जब किसी वस्तु के साथ होता है, तभी इसके लिए 'पास' शब्द का प्रयोग हिंदी में करते हैं, जैसे I have two thousand rupees; I have two tables and one chair; 'have' का प्रयोग जब क्रिया के साथ होता है (जैसे खाना, पीना, करना, सोना, चलना आदि) को 'पास' का प्रयोग नहीं होता। वाक्य के स्वरूप के अनुसार उसका रूप बदलता रहता है। इसका प्रयोग समझ-बूझकर किया जाना चाहिए।

Prepositions या कारक चिह्नों या परसर्गों का प्रयोग—Prepositions या कारक चिह्नों या परसर्गों का प्रयोग करते समय भाषा की प्रकृति का ध्यान में रखना होता है। Prepositions या कारक चिह्नों या परसर्गों का प्रयोग अंग्रेजी और हिंदी में भिन्न-भिन्न तरीके से होता है। वस्तुतः वाक्य में उनका स्थान भी दोनों भाषाओं में अलग-अलग है। जैसे 'Pen of Ram' यहाँ 'of' कर्त्ता के बाद आते हैं, जैसे 'राम की कलम' इसलिए अंग्रेजी में इसे 'Prepositions' अर्थात् 'पहले रखा हुआ' और हिंदी में 'परसर्ग' 'बाद का हिस्सा' कहते हैं। अंग्रेजी से हिंदी में अनुवाद करते समय कारक चिह्नों या परसर्गों के प्रयोग में सावधानी रखनी चाहिए।

अनुवाद करते समय (Prepositions) या परसर्गों के प्रयोग में दूसरी सावधानी यह बरतनी चाहिए कि अंग्रेजी के संबंध-चिह्न हिंदी में ज्यों-कि त्यों अनूदित होकर नहीं आते।

मसलन, on, का अनुवाद हिंदी में भिन्न-भिन्न अर्थों में होता है। इसका अनुवाद 'पर' भी होता, 'को' के लिए भी 'on' का प्रयोग होता है, जैसे–

(i) The book was on the table.

(ii) I will visit him on Monday.

इसका अनुवाद इस प्रकार होगा–

(i) किताब टेबल पर थी।

(ii) मैं उसके यहाँ सोमवार को जाऊँगा।

इसी प्रकार 'in' का प्रयोग भी भिन्न अर्थों में होता है। कहीं 'in' के लिए 'में' और कहीं 'से' और कही 'पर' का प्रयोग होता है, जैसे–

(i) We arrived in a town.

(ii) I reached office in time.

(iii) I met him in his house.

अनुवाद

(i) हम लोग एक शहर में पहुँचे।

(ii) मैं समय से कार्यालय पहुँचा।

(iii) मैं उससे उसके घर पर मिला।

(2) शब्दों का सही प्रयोग–अनुवाद करते समय शब्दों के सही और प्रसंग के अनुवाद प्रयोग पर विशेष ध्यान देना चाहिए। एक ही शब्द के अनेक अर्थ शब्दकोशों में मिलते हैं। यह आपके भाषा-ज्ञान, विवेक और समझ पर निर्भर है कि आप शब्द के किस अर्थ को चुनते हैं। अगर प्रसंग समझ में आ गया है, तो शब्द का सही अर्थ चुनेंगे। एक उदाहरण द्वारा यह बात स्पष्ट हो सकती है। एक शब्द है–Operation'! इसका प्रयोग दो वाक्यों में किया जा रहा है, देखिए, संदर्भ के अनुसार एक ही शब्द का अर्थ कैसे बदल जाता है–

(i) The operation done by Doctor is successful.

(ii) The Police operation in that area was a failur.

अनुवाद

(i) डॉक्टर को शल्य-क्रिया में सफलता मिली।

(ii) उस इलाके में पुलिस कार्रवाई असफल रही।

इन दोनों उदाहरणों 'Operation' का अनुवाद अलग-अलग किया गया है। इसका कारण यह है कि संदर्भ के अनुसार शब्दों के अर्थ बदल गए। डॉक्टर के संदर्भ में यदि 'कार्यवाई' और पुलिस के संदर्भ में 'शल्य-क्रिया' का प्रयोग किया जाए, तो कोई अर्थ नहीं निकलेगा। अतः शब्दों का अर्थ प्रसंग के अनुसार ही लगाना चाहिए और प्रसंग के अनुसार ही उनका प्रयोग भी करना चाहिए।

(3) वाक्य-रचना–वाक्य-रचना का अनुवाद में विशेष महत्त्व है। आप सही शब्द चुन ले, लक्ष्य भाषा की प्रकृति का अनुसरण ठीक ढंग से कर लें, पर यदि वाक्य-रचना सरल नहीं है, तो अनुवाद का लक्ष्य पूरा नहीं हो पाएगा। आप पढ़ चुके हैं, कि 'स्रोत भाषा' की बात 'लक्ष्य

भाषा' में ज्यों–का–त्यों प्रस्तुत करना अनुवाद का लक्ष्य है। अगर अनुवाद की वाक्य–रचना सरल और समझ में न आ सकने वाली होगी, तो 'स्रोत भाषा' की बात 'लक्ष्य भाषा' में स्पष्ट नहीं हो सकती।

वाक्य की जटिलता का सबसे बड़ा कारण 'लंबे वाक्यों का निर्माण' होता है। अतः अनुवाद करते समय छोटे–छोटे और सरल वाक्य बनाने चाहिए। अगर स्रोत भाषा (अंग्रेजी) का वाक्य लंबा है, तो आप उसे विभिन्न इकाइयों में बाँटे। आप ऐसे छोटे–छोटे वाक्य बनाएँ कि 'स्रोत भाषा' में कही गयी बात ज्यो–की–त्यों 'लक्ष्य भाषा' में आ जाए। एक उदाहरण से इसे समझें–

"The company required large amounts of money to wage wars both in India and on the high seas and to maintain naval forces and armies and forts and trading posts in India."

अनुवाद–

'कंपनी को भारत और बीच समुद्र में युद्ध करने के लिए और अपनी जल और स्थल सेना तथा भारत में अपने किलों तथा व्यापारिक चौकियों की रक्षा करने के लिए, काफी बड़ी रकम की आवश्यकता थी।'

अब इसी अनुवाद को छोटे–छोटे वाक्यों में तोड़कर देखें–

'कंपनी को, भारतीय भूमि पर स्थित अपने किलो और व्यापारिक चौकियों की रक्षा करनी थी। अपनी जल और स्थल सेना का रख–रखाव करना था। भारत के भीतर और बीच समुद्र में अपनी हितों की रक्षा के लिए लड़ाइयाँ करनी थी। इसके लिए उसे एक बड़ी रकम की आवश्यकता थी।'

दोनों अनुवादों को पढ़ें। यह महसूस होगा कि छोटे–छोटे वाक्यों के सहारे किया गया अनुवाद सरल, समझ में आने वाला और हिंदी भाषा की प्रकृति के अनुकूल है। अनुवाद करते समय यदि वाक्य बनाने के लिए कुछ शब्द अपनी तरफ से जोड़ते हैं, तो परेशानी की कोई बात नहीं है; बशर्ते कि वह 'स्रोत भाषा' में कही गयी बात के अर्थ को बदल न दे। मसलन, छोटे–छोटे वाक्य बनाने के क्रम में बहुत बार 'इसके', 'अपने', 'उसके', 'उसे', 'इसके लिए' आदि सर्वनाम जोड़ने पड़ सकते हैं। ऐसे प्रयोग अनुवाद के लिए दोष नहीं माने जाते।

(4) विभिन्न क्षेत्रों में हो रहे अनुवाद–विभिन्न क्षेत्रों का तात्पर्य विज्ञान, मानविकी, समाज विज्ञान, सरकारी कार्यालयों में हो रहे अनुवाद से है। इसके अतिरिक्त साहित्यिक अनुवाद और स्वतंत्र अनुवाद (अखबार के लिए अनुवाद) भी हैं, जिनकी जानकारी होनी आवश्यक है।

विज्ञान और समाजविज्ञान–विज्ञान और समाजविज्ञान के अनुवादों में 'पारिभाषिक शब्दों' को लेकर समस्या पैदा होती है। पारिभाषिक शब्द ऐसे शब्दों को कहते हैं, जो सामान्य व्यवहार की भाषा के शब्द न होकर ज्ञान के विभिन्न क्षेत्रों (जैसे, रसायनशास्त्र, भौतिकी, वनस्पतिविज्ञान, समाजशास्त्र आदि) के होते हैं तथा विशिष्ट ज्ञान, विज्ञान या शास्त्र में जिनकी अर्थसीमा निश्चित रहती है। अनुवाद में पारिभाषिक शब्दों का प्रयोग करते समय एक बात ध्यान रखनी चाहिए, वह यह कि अंतर्राष्ट्रीय शब्दावली का प्रयोग ज्यों–का–त्यों किया जाए।

अंतर्राष्ट्रीय शब्दावली के कुछ उदाहरण इस प्रकार है—ग्राम, मीटर, एम्पियर, वोल्ट, वाट, कैलरी, लिटर, सल्फर, फॉरनाहाइट, विटामिलन, ग्लूकोज आदि। हिंदी में भी काफी पारिभाषिक शब्द बन चुके हैं, जैसे भौतिकी, वाष्पीकरण, तापमापी, परावर्तक, अतिचालकता आदि। विज्ञान के विषयों में हिंदी के पारिभाषिक शब्दों को बढ़ावा देना चाहिए, पर अतंर्राष्ट्रीय स्तर पर मान्य पारिभाषिक शब्दों को ज्यों–का–त्यों स्वीकार करने में हर्ज नहीं है। विज्ञान संबंधी अनुवाद करते समय इस बात का विशेष ध्यान रखना चाहिए।

इसी प्रकार समाजविज्ञान के क्षेत्र में भी पारिभाषिक शब्दों का ज्ञान आवश्यक है। विज्ञान की अपेक्षा इसमें हिंदी के पारिभाषिक शब्द अधिक प्रचलित हैं। जैसे—Totalitarian Political system के लिए सर्वाधिकारवादी राज्य–व्यवस्था। कुछ अंग्रेजी शब्दों का हिंदी कारण कर लिया जाता है, जैसे ब्रितानी, आंग्ल, त्रासदी, तकनीक, अकादमी आदि। इस प्रकार पारिभाषिक शब्दों के मामले में मोटे तौर पर तिहरा रास्ता अपनाया जाना चाहिए—

(i) अंतर्राष्ट्रीय पारिभाषिक शब्दावली का प्रयोग

(ii) हिंदी में पारिभाषिक शब्दों का निर्माण और उनके प्रचलन को बढ़ावा

(iii) अंतर्राष्ट्रीय पारिभाषिक शब्दावली का हिंदीकरण

विज्ञान और समाजविज्ञान से संबंधित अनुवाद, अनुवाद के आधारभूत नियमों को ध्यान में रखकर किया जा सकता है, बशर्ते कि उस विषय और उससे संबद्ध पारिभाषिक शब्दों का ज्ञान हो।

साहित्यिक अनुवाद—स्रोत–भाषा में लिखित साहित्य का लक्ष्य–भाषा में अनुवाद करने को साहित्यिक अनुवाद कहते हैं। साहित्य की विधाओं में कविता, लघुकथा, कहानी, उपन्यास, एकांकी, नाटक, प्रहसन (हास्य), निबंध, आलोचना, रिपोर्ट, डायरी लेखन, जीवनी, आत्मकथा, संस्मरण, गल्प (पिफक्शन), विज्ञान तथा कथा (साइंस पिफक्शन), व्यंग्य, रेखाचित्र, पुस्तक समीक्षा या पर्यालोचन तथा साक्षात्कार शामिल हैं। साहित्यिक कृतियों का अनुवाद, सामान्य अनुवाद से उच्चतर माना जाता है। साहित्यिक अनुवादक कार्य के सभी रूपों जैसे भावनाओं, सांस्कृतिक बारीकियों, स्वभाव और अन्य सूक्ष्म तत्त्वों का अनुवाद करने में भी सक्षम होना चाहिए। कुछ लोग कहते हैं कि साहित्यिक अनुवाद वास्तव में संभव नहीं है।

दो संस्कृतियों के बीच अनुवाद रूपी पुल के निर्माण में साहित्यिक अनुवाद की भूमिका सबसे अधिक महत्त्वपूर्ण होती है। इसका सीधा सा कारण यह है कि किसी भौगोलिक क्षेत्र का साहित्य उस क्षेत्र की संस्कृति, कला और रीतियों का प्रतिनिधित्व करता है। कहा भी गया है कि साहित्य समाज का दर्पण होता है। बस यही वह चीज है जो साहित्यिक अनुवाद को बेहद उत्तरदायी और कठिन कर्म बना देती है। किसी भी एक साहित्यिक कृति का उसकी मूल भाषा से लक्ष्य–भाषा में अनुवाद करते समय कितनी ही सावधानियाँ बरतनी पड़ती हैं। ये सभी सावधानियाँ सांस्कृतिक भिन्नताओं के चलते समस्याओं का रूप ले लेती हैं क्योंकि सांस्कृतिक भिन्नता को समाप्त करने के लिए भाषा को मूल रचना की भाषा में व्यक्त प्रतीकों, भावों और उन अनेक विशेषताओं को सटीक तरीके से लक्ष्य–भाषा में उतारना होता है और साथ ही यह ध्यान रखना होता है कि लक्ष्य–भाषा में उतरी कृति पढ़ने वाले को सहज और आत्मीय लगे।

गैर–साहित्यिक अनुवाद–साहित्य में शामिल समस्त विधाओं के अतिरिक्त शेष विषयों को साहित्येत्तर अथवा गैर–साहित्यिक विषय कहा जाता है। इनमें मानविकी विषय, सामाजिक विज्ञान, विज्ञान, प्रौद्योगिकी, इंजीनियरिंग, कार्यालयीन, वाणिज्यिक, वित्त, कानून आदि विषय शामिल हैं।

साहित्यिक और साहित्येत्तर अनुवादों में मूल अंतर यह है कि साहित्येत्तर अनुवाद करते समय मूल व लक्ष्य भाषा के साथ–साथ संबद्ध विषय का भी पर्याप्त ज्ञान आवश्यक होता है। तकनीकी अनुवाद में मूल भाषा में निहित बहुअर्थी तथा संदिग्ध स्थितियों को समाप्त करके लक्ष्य को परिमार्जित करने का प्रयास शामिल रहता है। इन सभी विषयों में अनुवाद की मूल समस्याएँ तो वे ही होंगी जो कि किसी साहित्यिक विषय में आती हैं, जैसे कि भाषाओं की मूल संस्कृतियों, प्रतीकों, लोकोक्तियों, मुहावरों व विशिष्ट भावों का सटीक प्रस्तुतिकरण। इनमें से प्रत्येक विषय की अपनी विशिष्टताओं के कारण हर एक विषय के अनुवाद में शामिल समस्याएँ विषय विशेष से संबंधित भी हो सकती हैं, लेकिन मोटे तौर पर समस्याएँ समान ही रहती हैं।

इन दोनों प्रकार के अनुवादों में कुछ मूलभूत अंतर हैं–यदि भाव और शब्दपरक अनुवाद के अनुपात को देखा जाए तो साहित्य में भावपरक अनुवाद की मात्रा बहुत अधिक व शब्दपरक अनुवाद की मात्रा बहुत कम या शून्य होती है, साहित्येत्तर अनुवाद में ठीक इसका विपरीत होता है। साहित्यिक अनुवाद में मूल शब्दों की हानि होने की संभावना प्रबल होती है जबकि साहित्येत्तर विषयों में आमतौर पर ऐसा नहीं होता है। शब्दावली ज्ञान, लक्ष्य, पाठक के मानसिक स्तर की जानकारी तथा विषय विशेष का अच्छा ज्ञान साहित्येत्तर अनुवाद के लिए परम आवश्यक है।

स्वतंत्र अनुवाद–ज्ञातव्य है कि शब्दानुवाद कुछ विशिष्ट पाठों के अनुवाद में उपयुक्त होता है, जबकि वास्तविकता में शब्दानुवाद ''तुम तो आजकल दूज का चाँद हो गए हो'' जैसे वाक्यों और पाठों के अनुवाद के मामले में उपयुक्त नहीं है। इस प्रकार के पाठों अथवा वाक्यों के अनुवाद में अनुवादक को मुक्तानुवाद जैसे अन्य अनुवादों का सहारा लेना होता है।

उपर्युक्त वाक्य का अंग्रेजी में मुक्तावाद इस प्रकार होगा–

"You are hardly seen these days."

इस प्रकार के अनुवाद को मुक्तानुवाद इसलिए कहते है क्योंकि अनूदित वाक्य स्रोत–भाषा के शब्दशः समतुल्य शब्दों से मुक्त है। इस प्रकार के अनुवाद से मूल पाठ और उसके अनूदित रूप का संबंध बहुत कम दिखाई पड़ता है। इस प्रकार के अनुवाद में मूल भाव को समझने पर और उस भाव को उसी रूप में व्यक्त करने पर अधिक जोर दिया जाता है।

इस प्रकार हम कह सकते हैं कि यदि सूचनाप्रद विषय–सामग्री वाले पाठों के लिए शब्दानुवाद अधिक उपयुक्त होता है तो पाठकों के लिए विशेषतः ''भावात्मक विचार'' प्रस्तुत करने वाले पाठों के लिए मुक्तानुवाद अधिक उपयुक्त होता है। स्पष्ट शब्दों में, साहित्यिक पाठों के लिए मुक्तानुवाद अधिक उपयुक्त है, जबकि वैज्ञानिक तथा पारिभाषिक पाठों के लिए शब्दानुवाद।

इसी प्रकार सूचनात्मक साहित्य संबंधी पाठों में भी मुक्तानुवाद अधिक उपयुक्त है, क्योंकि प्रत्येक लेखक अथवा पुस्तक के "भावात्मक विचार" दूसरे लेखक अथवा पुस्तक से अलग होते हैं। उदाहरण के लिए, रचनाकार दिनकर की कविताएँ यदि अपने पाठकों में देशभक्ति की भावनाएँ जागृत करती हैं तो वहीं महादेवी वर्मा की कविताओं से पाठकों में "प्यार की कसक" के भावनात्मक विचार अभ्युदय होते हैं। इसलिए ऐसी भावनाओं को जागृत करने के लिए अनुवादक को शब्दावली और वाक्य-विन्यास का चयन करना पड़ता है, जबकि वास्तव में शब्दानुवाद में यह संभव नहीं है। मुक्तानुवाद में मूल पाठ से अनुवाद के समय कुछ स्वतंत्रता होती है और यह स्वतंत्रता अनुवाद करते समय मूल पाठ से कुछ शब्दों और वाक्यों को हटाने अथवा उनमें कुछ नए शब्द या वाक्य जोड़ने तक उपलब्ध होती है।

अतः जिस पाठ के अनुवाद में लेखक के विचारों को सही-सही व्यक्त करने पर अधिक महत्त्व दिया जाता है, उसका शब्दानुवाद करना ही अधिक उपयुक्त होता है, जबकि जिन पाठों का मूल उद्देश्य पाठकों की प्रतिक्रिया जानना होता है, उनका मुक्तानुवाद करना ही अधिक उपयुक्त होता है।

□□

अध्याय 6
प्रभावी लेखन के गुण

भूमिका

प्रभावी लेखन की मुख्य विशेषता पाठक को, उसके सोचने-समझने के तरीके में, उसके संस्कारों को, उसकी बुद्धि को, उसके हृदय को गहरे में जाकर प्रभावित करना है। इस अर्थ में प्रभावी लेखन की सरल परिभाषा भी यही हो सकती है कि "प्रभावी लेखन वह लेखन है, जिसे पढ़ कर पाठक का मस्तिष्क झकझोरा जाए, उसका हृदय द्रवित हो जाए और उसके संस्कारों में उद्वेलन होने लगे और पाठक उस रचना के पठन के बाद जीवन को या समस्याओं को एक नई दृष्टि से, नई रोशनी ग्रहण कर देखने-समझने लगे।"

प्रश्न 1. प्रभावी लेखन की अवधारणा को स्पष्ट करते हुए उसकी विशेषताओं का वर्णन कीजिए।

अथवा

प्रभावी लेखन की प्रभाव क्षमता को कितने स्तरों पर पहचाना जा सकता है?

उत्तर— प्रभावी लेखन वह लेखन है, जिसको पढ़ने से मस्तिष्क में उथल-पुथल मच जाए, हृदय द्रवित हो जाए, संस्कार उद्वेलित होने लगें तथा जीवन की समस्याओं को देखने-समझने एवं उन्हें ग्रहण करने एक नई दिव्य दृष्टि प्राप्त होने लगे। जो लेखन बहुत समय बीतने पर भी अपनी प्रभाव क्षमता बनाए रखता है, वास्तव में वही लेखन प्रभावी लेखन है।

ऐसे अनेक लक्षण हैं, जिनसे प्रभावी लेखन की प्रभाव क्षमता की व्याख्या की जा सकती है। नींद आ रही हो, तो प्रभावी लेखन आदमी की नींद उड़ा सकता है, जबकि दूसरी ओर कुछ लेखन ऐसा होता है, जिसे रात में सोते समय इसलिए पढ़ा जाता है कि नींद आ सके। नींद लाने वाला लेखन अनिवार्यतः अप्रभावी लेखन नहीं होता — उसमें लोरी की क्षमता भी हो सकती है, जिससे नींद आ जाए अर्थात् वह नींद ला सकने का प्रभावी लेखन भी हो सकता है, लेकिन ऐसा लेखन भी होता है, जो इतना उबाऊ हो कि उसे पढ़ते-पढ़ते नींद आ जाए, कई लोग रात को सोने से पहले ऐसी दुरूह किताब या पत्रिका उठा लेते हैं कि उन्हें नींद की गोली की जरूरत नहीं पड़ती। कई बार ऐसा भी लेखन होता है कि नींद पर भी अपना प्रभाव छोड़ जाता है और मनुष्य को सपने भी उसी लेखन के आते हैं, जो उसने सोने से पहले पढ़ा है।

इन सारी बातों से तात्पर्य यह है कि प्रभावी लेखन की मुख्य विशेषता पाठक को, उसके सोचने-समझने के तरीके में, उसके संस्कारों को, उसकी बुद्धि को, उसके हृदय को गहरे में जाकर प्रभावित करना है। इस अर्थ में प्रभावी लेखन की सरल परिभाषा भी यही हो सकती है कि "प्रभावी लेखन वह लेखन है, जिसे पढ़ कर पाठक का मस्तिष्क झकझोरा जाए, उसका हृदय द्रवित हो जाए और उसके संस्कारों में उद्वेलन होने लगे और पाठक उस रचना के पठन के बाद जीवन को या समस्याओं को एक नई दृष्टि से, नई रोशनी ग्रहण कर देखने-समझने लगे।" हालाँकि प्रभावी लेखन की यह व्याख्या आधी-अधूरी है, लेकिन प्रभावी लेखन की अवधारणा क्या है, इसे जरूर इससे समझने में मदद मिल सकेगी।

लेखन की प्रभाव क्षमता की एक कसौटी समय भी है, यह कसौटी बहुत बड़ी व महत्त्वपूर्ण कसौटी है, जो लेखन बहुत समय बीतने पर भी अपनी प्रभाव क्षमता बनाए रखता है, वास्तव में तो वही लेखन प्रभावी लेखन है। कई बार तात्कालिक प्रचारादि कारणों से थोड़े समय के लिए किसी लेखन को उस काल के आलोचकों के लिए 'सर्टीफिकेटों' के कारण भी 'प्रभावी' लेखन कह दिया जाता है। अनेक तत्कालीन पत्रिकाएँ कई बार लेखक की (सामाजिक) सत्ता को ध्यान में रख कर प्रशंसा के पुल बाँध देती हैं, लेकिन समय की कसौटी पर ऐसा लेखन जल का बुलबुला ही रह जाता है। दूसरी ओर कई बार ऐसा भी लेखन होता है जिस पर लेखक की (सामाजिक) सत्ता के कमजोर होने से आलोचक आदि ध्यान नहीं देते और ऐसा लेखन कई बार लेखक के जीवन काल में अचर्चित रह जाता है, लेकिन काल की कसौटी पर

कई बार ऐसा लेखन बहुत ही प्रभावी सिद्ध होता है। मुक्तिबोध के साहित्य पर उसके जीवन काल में अधिक ध्यान नहीं दिया गया, लेकिन उनके देहांत के बाद जब उनका अधिकांश अप्रकाशित साहित्य छपा तो वे हिंदी साहित्य के सभी कालों के सबसे प्रभावशाली लेखकों में से एक माने गए।

अतः लेखन की प्रभाव क्षमता को तत्काल नहीं आँका जा सकता, हाँ प्रमाणित हो चुके प्रभावी लेखन के गुणों को रेखांकित कर प्रभावी लेखन के सामान्य गुणों को जरूर अंकित किया जा सकता है।

प्रभावी लेखन की प्रभावक्षमता को दो स्तरों पर पहचाना जा सकता है (1) विषय के स्तर पर अर्थात् लेखक किस विषय को लेखन में प्रस्तुत करना चाहता है तथा (2) शिल्प के स्तर पर – अर्थात् जिस विषय को लेखक ने अपने लेखन के लिए चुना है, इसकी प्रस्तुति के लिए किन शिल्पगत विधियों को उसने प्रयुक्त किया है। विषय और शिल्प में सामंजस्य है या नहीं, इस बात पर भी लेखन की प्रभावक्षमता काफी निर्भर करती है।

प्रश्न 2. प्रभावी लेखन में विषय के स्तर पर प्रकाश डालिए।

अथवा

लेखन में विषय के स्तर पर लेखन को कौन–कौन सी आवश्यकताएँ होती हैं?

अथवा

'प्लॉट' से क्या अभिप्राय है?

उत्तर– लेखन में लेखक को विषय के स्तर पर निम्नलिखित आवश्यकताएँ होती हैं–

- प्रभावी लेखन में लेखक को विषय सम्बन्धी स्पष्टता आवश्यक होती है।
- लेखक को उनके मानस के अनुकूल विषय के होने की आवश्यकता होती है।
- लेखक को लिखने से पहले रचना में प्रस्तुत होने वाली सभी विषयगत सामग्री के यथेष्ट मनन–चिन्तन की आवश्यकता होती है।
- लेखक को अपने मन में पूर्ण रूप से परिपाक हुए विषय पर लिखने की आवश्यकता होती है।

जिस विषय पर लेखक का सच्चा व वास्तविक अनुराग नहीं होगा उस विषय पर लेखक प्रभावी ढंग से नहीं लिख सकेगा। जिस विषय पर लेखक को स्पष्टता प्राप्त होगी, उसे वह सुचारु ढंग से लेखन में प्रतिपादित कर सकेगा। अतः विषय पर पर्याप्त अध्ययन–मनन करके ही लेखक को कलम उठानी चाहिए। वैसे तो लेखक अनेक विषयों का ज्ञाता हो सकता है, लेकिन लिखना उसी विषय पर चाहिए, जिस पर मन में भली–भाँति परिपाक हो चुका हो, उदाहरणतः महाश्वेता देवी ने अपने उपन्यास 'जंगल के दावेदार' की रचना के लिए, अमृतलाल नागर ने अपने उपन्यास 'नाच्यो बहुत गोपाल' की रचना से पहले अपने–अपने विषयों से संबंधित सामग्री का गहन व सांगोपांग अध्ययन किया। 'जंगल के दावेदार' उपन्यास बिहार के आदिवासी महापुरुष बिरसा मुंडा के जीवन से संबंधित है, तो लेखिका ने नृतत्वशास्त्री

कुमार सुरेश सिंह के नृतत्वशास्त्रीय लेखन व अन्य बहुत-सी सामग्री का अध्ययन किया, खुद उस क्षेत्र के आदिवासियों से मिल कर उनकी भावनाओं को समझा तथा फिर तार्किक रूप से उपन्यास की स्पष्ट योजना बना कर यह उपन्यास बंगला भाषा में लिखा, जिस पर बाद में साहित्य अकादमी राष्ट्रीय पुरस्कार भी मिला।

इसी प्रकार अमृतलाल नागर मेहतर या भंगी जाति के जीवन को अपने उपन्यास की कथा का विषय बनाना चाहते थे। इसके लिए उन्होंने मेहतर जाति के सामाजिक इतिहास का जम कर अध्ययन किया व उसके बाद इस उपन्यास – 'नाच्यो बहुत गोपाल' की कथा का विन्यास तैयार किया।

किसी साहित्यिक रचना के लेखन में रचनाकार को विषय के साथ-साथ भाव का भी ध्यान रखना होता है। सृजनात्मक रचनाओं में भाव पर ध्यान देना बेहद जरूरी होता है, अतः रचना में भाव का विभाव कुशलता से होना बहुत जरूरी होता है, यह तभी हो सकता है, जब लेखक अपनी रचना में भावों की प्रस्तुति अत्यंत सहज रूप से करता है। जितनी सहज भाव-प्रस्तुति रचना में होगी उतनी ही वह अधिक प्रभावी होगी।

विषय के चुनाव व उसके अध्ययन-मनन के अतिरिक्त लेखक को अपने विषय को रचना में वस्तु का रूप देना होता है, इसीलिए साहित्य के संदर्भ में विषय को विषयवस्तु या प्लॉट भी कह दिया जाता है।

'प्लॉट' कथावस्तु का पर्याय है। साहित्य के संदर्भ में विषय या विषय-वस्तु को ही 'प्लॉट' कहा जाता है। दूसरे शब्दों में, लेखक द्वारा अपनी रचना की अन्तर्वस्तु पर मनन किया जाता है। इसके बाद उस अन्तर्वस्तु के लिए उपयुक्त रूप या शिल्प या रचना-कौशल की तलाश की जाती है। इसे यों भी कहा जा सकता है कि रचना की अन्तर्वस्तु अपने उपयुक्त रूप या शिल्प स्वाभाविक रूप से ही चुन लेती है, ऐसा होने पर लेखक को इसके लिए सायास प्रयत्न भी करने पड़ते हैं। इस दृष्टि से यह कहना समुचित ही होगा कि अन्तर्वस्तु की प्रस्तुति अपने रूप या शिल्प के अनुसार ही प्रभावी बनती है। अतएव लेखक को शिल्प, शैली या रूप पर अत्यधिक ध्यान देना पड़ता है।

प्रश्न 3. प्रभावी लेखन में शिल्प के स्तर को समझाइए।

अथवा

रचना-कौशल के प्रमुख पक्ष कौन-से हैं?

अथवा

स्पष्टता के बावजूद लेखक अपने लेखन में प्रभावी नहीं हो पाता है, क्यों?

अथवा

साहित्य का सारा सौन्दर्य शैली पर किस प्रकार आश्रित है?

अथवा

रचना में वाक्यों की बनावट का महत्त्व पाँच पंक्तियों में बताइए।

अथवा

शिल्प के स्तर पर प्रभावी लेखन करते समय लेखक को किन–किन बातों का विशेष ध्यान रखना चाहिए?

उत्तर– लेखक को कई बार अपने विषय से संबंधित स्पष्टता होती है, लेकिन इस रचना कौशल के अंतर्गत प्रमुख पक्ष आते हैं, जो कि इस प्रकार हैं–

(1) भाषा पर अधिकार–जिस भी भाषा में लेखक अपने विचारों या भावों को लेखन के रूप में प्रकट करना चाहता है, उस भाषा पर उसका अधिकार होना चाहिए। यहाँ हिंदी के संदर्भ में देखें तो हिंदी की अनेक उपभाषाएँ हैं–भोजपुरी, मैथिली, राजस्थानी इत्यादि। लेकिन जो लेखक हिंदी की सभी उपभाषाओं के पाठकों तक पहुँचना चाहता है, उसे प्रचलित हिंदी अर्थात् खड़ी बोली हिंदी पर अपनी पकड़ बढ़ानी होगी। लेखक का विषय के अनुसार भी भाषा पर अधिकार होना चाहिए।

(2) लेखक की शब्दावली की समृद्धि–लेखक की शब्दावली जितनी समृद्ध होगी, उतनी ही अधिक प्रभावक्षमता वह अपनी रचना में ला सकता है। न केवल शब्दावली ही समृद्ध होनी चाहिए, लेखक को अपनी शब्दावली के शब्द भंडार के शब्दों के अर्थ की सूक्ष्म छायाओं का भी समुचित ज्ञान होना चाहिए। कई बार एक जैसे अर्थ वाले अनेक पर्यायवाची शब्द मिलते हैं, किंतु शब्दों का अलग–अलग होना ही यह बताता है कि हर शब्द किसी विशिष्ट संदर्भ में प्रयुक्त करने लायक है।

(3) वाक्य–विन्यास तथा शब्द योजना–रचना में वाक्यों में बनावट का महत्त्व बहुत अधिक है। ऐसा इसलिए कि यदि वाक्य अटपटे हैं, तो विचारों की अच्छाई और महानता का कोई भी प्रभाव नहीं पड़ेगा। इस आधार पर लेखक को अपने लेखन के वाक्य–विन्यास के प्रति सावधान रहना चाहिए। लेखक को पूरी कोशिश करके वाक्य–विन्यास से अवश्य बचना चाहिए। इसके साथ ही साथ उसे अनावश्यक वाक्य–विस्तार से बचने का प्रयत्न करना चाहिए। छोटे–छोटे और सुगठित वाक्यों का प्रयोग लेखांकन के महत्त्व को प्रस्तुत करता है। स्पष्ट वाक्यों में समुचित शब्द योजना अधिक महत्त्वपूर्ण होती है।

(4) शैली–शैली का सामान्य अर्थ है – ढंग या तरीका। लेखक अपनी रचना में जिस ढंग या तरीके से अपनी बात कहता है, उसी से उसकी विशिष्ट पहचान हो जाती है। शैली की विविधता और विभिन्नता के फलस्वरूप ही विभिन्न प्रकार की बातों को अलग–अलग ढंग से व्यक्त करते हैं। इसी से लेखक की विशिष्ट पहचान भी हो जाती है। फैज़ अहमद फैज़ का एक शेर है–

जिस धज से कोई मकतल पे गया, वो सान सलामत रहती है
ये जान तो आनी जानी है, इस जाँ की तो कोई बात नहीं है।

अर्थात् मरना तो सभी को है, लेकिन जो शहीद कुरबानी के स्थल पर अपनी खास धज से जाता है, वही उसकी विशिष्टता बन जाती है। यही चीज लेखन के संबंध में भी सही है, लिखने वाले सैंकड़ो–हजारों लेखक होते हैं, लेकिन कुछ ही लेखक ऐसे होते हैं, जो अपनी शैली की विशिष्टता से अलग खड़े नजर आते हैं। साहित्य का तो सारा सौंदर्य ही शैली पर आश्रित है।

इसीलिए अंग्रेजी कवि पोप ने कहा है, 'शैली हमारे विचारों की वेशभूषा है।' कार्लाइल तो इससे भी आगे जाकर कहते हैं, 'शैली लेखक के विचारों का परिधान नहीं, बल्कि त्वचा है।' शैली में भाषा, अर्थ, भाव, शब्द आदि सभी विहित पक्ष हैं। इसी में छंद व अलंकार प्रयोग भी है। श्रेष्ठ लेखक की शैली सबसे स्वतंत्र होती है और प्रेमचंद जैसे लेखकों की उनकी शैली से भी तुरंत पहचान हो जाती है।

(5) अलंकारिकता–लेखक को अपने लेखन में भाषा को प्रसंगानुकूल अलंकारिकता का जामा पहनाना चाहिए, विशेषतः साहित्यिक लेखन में, भाषा में अलंकारिकता विशिष्ट प्रभाव उत्पन्न करती है, किंतु अलंकारिकता का आधिक्य भाषा के सहज प्रवाह को नष्ट करके भाषा की प्रभाव क्षमता बढ़ाने की बजाय कम कर देता है।

(6) मुहावरे, लोकोक्तियों का समुचित प्रयोग–भाषा में सौंदर्य लाने के लिए, मुहावरों व लोकोक्तियों का प्रयोग किया जाता है। मुहावरों व लोकोक्तियों के प्रयोग के लिए लेखन में अक्सर अवसर आते रहते हैं और इनका प्रयोग लेखन को प्रभावशाली बनाने में सहायता करता है।

(7) अर्थ और भाषा में अन्विति–लेखन में अर्थ और भाषा का अत्यधिक महत्त्व होता है। अर्थ शब्दों से ग्रहण होता है, अर्थ प्रायः स्पष्ट होता है, लेकिन भाव कुछ गूढ़ होता है। किसी शब्द या वाक्य का साधारण अर्थ समझने में उतनी मुश्किल नहीं होती, जितनी भावार्थ समझने में होती है। अतः प्रभावी लेखन वही होता है, जिसमें वाक्य का अर्थ तो ठीक से समझ आए ही, रचना का भाव ही उचित रूप से पाठक के मन में संप्रेषित होना जरूरी है।

(8) व्याकरण की शुद्धता–प्रभावी लेखन के लिए शब्दों के ज्ञान के साथ–साथ भाषा के व्याकरण का ज्ञान होना भी बहुत जरूरी है। व्याकरण के ज्ञान व लेखन में उसके व्यावहारिक उपयोग से अनेक प्रकार की अशुद्धियों से बचा जा सकता है। जिन लेखकों को भाषा का सहज ज्ञान बहुत अधिक होता है, उन्हें व्याकरण के ज्ञान की विशेष आवश्यकता नहीं होती, वे सहज रूप से ही शुद्ध व प्रवाहमय भाषा का प्रयोग करते हैं, लेकिन कई लेखक व्याकरण का ज्ञान होने पर भी अशुद्ध भाषा का प्रयोग करते हैं। जी.पी.एच. की पुस्तकों का मुख्य उद्देश्य ज्ञान के साथ–साथ अच्छे नम्बर दिलाना है।

प्रश्न 4. प्रभावी लेखन का क्या लक्ष्य है? संक्षेप में बताइए।

उत्तर– प्रभावी लेखन के लेखक की अपनी विषय पर गहरी पकड़ होनी चाहिए। उसे अपना यह उद्देश्य स्पष्ट करना चाहिए कि वह आखिर कहना क्या चाहता है। इसे उसे स्पष्ट करना चाहिए। इस प्रकार वह अपने लेखन को तभी प्रभावशाली बना सकता है, जब वह अपने लेखन के लिए उपयुक्त रचना–शिल्प या रचना–कौशल विकसित कर लिया है। उपर्युक्त तथ्यों के आधार पर हम यह कह सकते हैं कि प्रभावी लेखन का लक्ष्य या उद्देश्य लेखन में प्रस्तुत विषय–वस्तु भाव–संवेदनाओं से लेकर विचारात्मक लेखक तक को अपने पाठक की भाव–संवेदना का हिस्सा बनाना अपने विचारों से पाठक को 'प्रेरित' करना और पाठक के साथ एक स्तर पर लेखक के जाहिर संवाद स्थापित करता होता है। जो लेखक इन उद्देश्यों को सामने रखकर लिखते हैं उनका लेखन प्रभावी होने की संभावना रखता है।

प्रभावी लेखन का लक्ष्य या उद्देश्य पाठक को प्रभावित करता है। होमर, शैक्सपियर, बाल्मीकि, कालिदास आदि ऐसे कितने ही प्राचीन लेखक हैं, जो आज भी अर्वाचीन बने हुए हैं। कालातीत समय तक वही लेखन प्रभावित कर सकता है, जो ऐसे मानव अनुभव या मूल्य प्रस्तुत करे, जो हर काल में मनुष्य को प्रभावित करें। कुछ मानवीय भावनाएँ या कर्म ऐसे होते हैं, जो प्रत्येक रूप में प्रभावित करते ही रहते हैं, जैसे किसी आदमी का पूर्णतया निस्वार्थ होकर व्यापक मानवता के प्रति समर्पित होना। यह एक ऐसा मानवीय गुण है, जो किसी भी युग में प्रभावित करने की क्षमता रखता है। जो लेखक किसी ऐसे चरित्र को अपने लेखन में प्रस्तुत करता है, जिसमें ऐसे मानवीय गुण हों तो वह लेखन कालातीत होकर हर काल में प्रभावित करता रहता है। या कुछ ऐसी मानवीय भावनाएँ हैं, जो समय बदलने से रूप भले ही बदल लें, लेकिन अपने मूल तत्त्व में वैसी ही बनी रहती है। स्त्री–पुरुष, प्रेम, ईर्ष्या, सत्ता के लिए संघर्ष मानव जीवन के कुछ ऐसे पक्ष हैं, जो हर युग में मिलते हैं।

समकालीन समाज में भी वही लेखन प्रभावी लेखन बनता है, जिसमें अपने समय के समाज की समस्याओं को अच्छे ढंग से प्रस्तुत किया गया हो, जिसमें अपने पाठक को अपने परिवेश से, अपने आसपास के पर्यावरण से, उसके अपने आंतरिक व्यक्तित्व के गहरे तत्त्व में छुपे चेतन व अर्द्धचेतन मन के रहस्यों से उसे परिचित करवाया गया हो। ये बातें सृजनात्मक लेखन के संबंध में है। गैर–सृजनात्मक या विचारात्मक लेखन का लक्ष्य या उद्देश्य भी अपने पाठक को लेखन में प्रस्तुत विषय की अधिकाधिक जानकारी देना होना चाहिए। लेकिन यह जानकारी सरलता, स्पष्टता और गहराई से देने का प्रयास लेखक को करना चाहिए। लेखक को लेखन में ऐसी शैली विकसित करनी चाहिए कि उसके लेखन में अभिव्यक्त विचारों को साधारण से साधारण पाठक से लेकर विशिष्ट ज्ञान–संपन्न उच्च विद्वान तक समझ सकें।

'गुल्लीबाबा' नाम क्यों?

'गुल्लीबाबा' दो महत्त्वपूर्ण शब्दों के मेल से बना है– 'गुल्ली' तथा 'बाबा'। 'गुल्ली' शब्द प्राचीन भारतीय खेल गुल्ली-डंडा से आया है। यह खेल 'एकाग्रता' तथा 'फिटनेस' का एक अच्छा प्रतीक है। 'बाबा' शब्द 'आदर' और 'सम्मान' को बताता है।

'एकाग्रता', 'फिटनेस' और 'दूसरों के प्रति सम्मान' जीवन में सफलता की ऊँचाइयों को छूने के लिए आवश्यक हैं। अतः शिक्षा के क्षेत्र में अच्छी उपलब्धि प्राप्त कराने तथा सबको आदर और सम्मान देने के लिए ही 'गुल्लीबाबा' नाम रखा गया है।

और अधिक जानकारी के लिए देखें:

GullyBaba.com/why-name-gullybaba.html

अध्याय 7

रचना (कंपोजीशन) की तैयारी

भूमिका

रचना या कंपोजीशन वह होती है जिसमें एक ढाँचे के अंतर्गत प्रारंभ से अंत तक विषय का सुसंगठित प्रस्तुतीकरण होता है। विषय का प्रारंभ, विस्तार और अंत बहुत ही सुनियोजित होता है। रचना कोई भी हो सकती है। कविता, संगीत का कोई एक अंश, चित्रकारी, मूर्तिकला आदि भी रचना ही है।

रचनाकार किसी भी रूप में रचना कर सकता है और अपनी कल्पना तथा सुनियोजन से उसे एक विशिष्ट रूप दे सकता है। रचनाकार को अपने विषय के स्पष्ट और सुनियोजित प्रस्तुतीकरण के लिए उसका अपने विषय पर पूर्ण नियंत्रण और सही सामग्री का चयन अत्यंत आवश्यक है। यह भी जरूरी है कि रचना का प्रारंभ करने से पहले वह उसका एक संगठित खाका पहले से तैयार कर ले। रचना प्रभावी तभी हो सकती है जब उसकी तैयारी पूरी सावधानी से और उसका संगठन सुनियोजित तरीके से किया गया हो।

प्रश्न 1. रचना के प्रमुख प्रकार कौन-कौन से हैं? उदाहरण सहित बताइए।

उत्तर— रचना के प्रमुख प्रकार निम्नलिखित हैं—

- **वर्णनात्मक लेखन—**इसमें लेखक किसी व्यक्ति, स्थान, वस्तु या दृश्य का वर्णन करता है। इस प्रकार के लेखन के लिए विशिष्ट शब्दावली एवं अभिव्यक्तियों का सहारा लेना पड़ता है।
- **आख्यानपरक लेखन—**इसमें लेखक वास्तविकता या कल्पना का सहारा लेता है। इससे वह घटनाओं का अंकन करता है। लघुकथाएं आदि इसके ही अंतर्गत आती हैं। इसके लिए यह आवश्यक होता है कि लेखक घटनाओं का उसी क्रम में वर्णन करे, जिस क्रम में वे घटित हुई हैं। इसमें लेखक की स्वस्थ दृष्टि का प्रवेश भी आवश्यक होता है।
- **तार्किक लेखन—**इसमें लेखक किसी विषय का वर्णन करते हुए उसे अपने तर्क स्पष्ट करता है। इससे पाठक लेखक की बात को समझ जाता है। इसमें लेखक अपना उद्देश्य रखता है और अपने विचार-बिन्दुओं और दृष्टि से उसे स्पष्ट करता है। जी.पी.एच. की पुस्तकों का मुख्य उद्देश्य ज्ञान के साथ-साथ अच्छे नम्बर दिलाना है।

प्रश्न 2. रचना प्रारम्भ करने से पहले किन बातों का ध्यान रखना चाहिए?

अथवा

रचना की तैयारी कैसे की जाती है?

अथवा

रचना के चयन के संदर्भ में कौन-कौन से सुझाव सहायक हो सकते हैं?

अथवा

किसी भी रचना के लिए विषय का चयन करते समय किन बातों को जानना आवश्यक है?

उत्तर— अपना लेखन प्रारम्भ करने से पहले कुछ महत्वपूर्ण बातों का ध्यान करना चाहिए—

- लेखन किसके लिए और क्यों?
- आपका लेखन उन्हें कैसे प्रभावित कर सकता है?
- पाठक को विषय के संबंध में पहले से कितनी जानकारी होगी?

इसके अतिरिक्त आपको अपने विषय के बारे में पूरी स्पष्ट जानकारी भी होनी चाहिए जिससे आप विषय को परिभाषित कर सकें।

उदाहरण के लिए यदि हम प्रदूषण एक समस्या पर लेखन करने जा रहे हैं तो हमें निम्न बिंदुओं की जानकारी होना आवश्यक है—

- प्रदूषण क्या है?
- प्रदूषण हमें कैसे प्रभावित करता है?

- प्रदूषण के कारण
- प्रदूषण की समस्या पर नियंत्रण के उपाय

(1) विषय—किसी भी रचना के लिए विषय का चयन करते समय निम्नलिखित बातों को जानना आवश्यक है—

(क) लेखन किसके लिए और क्यों है? अर्थात् किसके लिए रचना की जा रही है। दूसरे शब्दों में, रचना का पाठक कौन है? इसकी पूरी जानकारी होना आवश्यक है।

(ख) रचना के पाठक वर्ग का स्तर क्या है? दूसरे शब्दों में, पाठक वर्ग के अनुसार रचना करना आवश्यक है।

(ग) विषय से सम्बन्धित ऐसी उपयुक्त जानकारी भी होनी आवश्यक है, जिससे विषय को परिभाषित किया जा सके। इसे उचित उदाहरणों से स्पष्ट करना आवश्यक होता है।

रचना का विषय चयन करने के लिए निम्नलिखित स्थानों से सहायता ली जा सकती है—

(क) समाचार पत्र, पत्रिकाएँ, पढ़ने तथा दूरदर्शन के कार्यक्रमों को देखकर समकालीन ज्वलंत समस्याओं एवं घटनाओं की सूचनाएं और जानकारी प्राप्त की जा सकती है।

(ख) अपने साथियों और परिचितों के साथ बातचीत या चर्चा करके अपेक्षित विषय का चयन करने के लिए सहायता प्राप्त की जाती है।

(ग) कठिन एवं गंभीर विषयों का चयन करने के लिए लायब्रेरी, म्यूजियम या विविध संस्थानों का भ्रमण करना आवश्यक होता है। इससे अपेक्षित विषय की स्पष्ट और सही जानकारी प्राप्त की जा सकती है।

रचना के चयन के संदर्भ में निम्नलिखित सुझाव सहायक हो सकते हैं—

(क) अपनी पसंद के अनुसार सर्वप्रथम उसी क्षेत्र का चयन करना चाहिए, जिस पर आप अपना विचार–चिन्तन कर सकते हों। ऐसा इसलिए कि इस से ही आप लेखन के साथ न्याय कर पायेंगे। यही नहीं, पाठक भी आपकी रचना के विषय को समझकर प्रभावित हो सकेगा।

(ख) गंभीरतापूर्वक अध्ययन–मनन और जानकारी प्राप्त किए हुए विषय का ही चुनाव करना चाहिए।

(ग) ऐसे ही विषय का चयन करना चाहिए, जिस पर आप खुलकर लिख सकते हों और पाठक के समक्ष अपनी बात पूरे विश्वास के साथ रख सकते हों।

(2) विषय का सीमा–निर्धारण—'विषय का सीमा–निर्धारण' से तात्पर्य है – लेखन के लिए विषय का चयन करने के पश्चात् अपने कथनों और प्रमुख बिन्दुओं को उदाहरण द्वारा समझाना। इस प्रकार रचना के लिए विषय का चयन कर लेने पर अनावश्यक बिन्दुओं और सामग्री का रचना से निकालने या हटाने में सुविधा रहती है।

उदाहरण के लिए यदि आप 'टेलीविजन' की रचना करना चाहते हैं तो आपको टेलीविजन के हर पहलू को रचना में समाहित करना होगा। टेलीविजन की बनावट, उसकी मशीनरी, उसके अनेक प्रकार, उसके लाभ, हानि, बढ़ते प्रभाव सभी पर आपको लिखना होगा जिससे आपके लेखन में फैलाव आ जाएगा और आप ठीक से अपनी बात नहीं समझा पाएँगे। लेकिन यदि आप अपने विषय को एक परिधि में बाँधने के लिए केवल टेलीविजन की लाभ हानियों पर बात करेंगे तो आप स्पष्ट रूप से उसी पक्ष को लेकर चलेंगे और पाठक को अपना मन्तव्य स्पष्ट कर सकेंगे क्योंकि तब आपके विषय की सीमा केवल टेलीविजन के लाभ हानि तक ही सीमित होगी।

अतएव जब किसी विषय की सीमा निर्धारित होती है, तब उसके पहले अनुच्छेद में विषय की संक्षिप्त चर्चा करके उसके प्रमुख बिन्दु को आसानी से विस्तार दिया जा सकता है। इससे यह भी सुविधा हो जाती है किस-किस पक्ष को कौन-कौन से अनुच्छेदों में विभाजित करना है।

(3) विषय से संबद्ध सामग्री एकत्र करना—लेखक जब अपने विषय की सीमा निर्धारित करते हैं और अनावश्यक सामग्री को छोड़ते हैं तब लेखक इस कोशिश में एक नई भाषा शैली का निर्माण करते हैं। साथ ही वे पूरे विषय को इस प्रकार नियोजित करते हैं कि वह उसके मंतव्य के निकट आता जाता है। लेखक जो पाठक को संप्रेषित करना चाहते हैं वह स्पष्ट होता चला जाता है। ऐसा करते हुए लेखक को अपनी सूचनाओं एवं तथ्यों को विविध स्थानों से एकत्र कर उन्हें सुनियोजित करते हैं। जब लेखक अपने विषय का सीमा निर्धारण करते हैं तो उस समय उनके समक्ष यह स्पष्ट हो जाता है कि उन्हें कौन-कौन सी रचनाएँ तथा तथ्य इस रचना में समाहित करने हैं। उनका किस प्रकार नियोजन करना है।

विषय तथा उससे संबद्ध सूचना एकत्र करने के कुछ स्रोतों के सुझावों के अतिरिक्त लेखक को अपनी समझ, चिंतन और विचारों का अधिकाधिक उपयोग भी करना चाहिए। सूचनाएँ एकत्र करके उसमें नवीन दृष्टि का भी समावेश करना चाहिए। ऐसा करने से रचना विशिष्ट और नवीन होगी। रचना को दूसरी रचनाओं से अलग और विशिष्ट बनाएगी। तभी वह लेखन प्रभावी भी होगा। इसके लिए आवश्यक है कि सबसे पहले तथ्यों को सुनियोजित किया जाए। जब सभी सूचनाओं एवं तथ्यों को सही ढंग से नियोजित कर लेने के पश्चात् जो सूचनाएँ, तथ्य, चित्र, विचार, दूसरों की राय आदि आपने अपने मस्तिष्क या कागज पर एकत्र किए हैं उन्हें लेखन करने से पहले किसी विशेष क्रम में लाना आवश्यक है। ऐसा इसीलिए आवश्यक है क्योंकि—

(क) वे विचार और तथ्य जो आपने एकत्र किए हैं, आवश्यक नहीं कि सभी आपके विषय से सीधे संबद्ध हों। उनमें से कुछ अनावश्यक भी हो सकते हैं जिन्हें आप को छोड़ना होगा।

(ख) कुछ ऐसे भी बिंदु हो सकते हैं जिनके बारे में लिखना आवश्यक नहीं है।

(ग) कुछ ऐसी भी सूचनाएँ हो सकती हैं जिनके बारे में पहले भी बहुत बार चर्चा की जा चुकी है और उनका लेखन अनावश्यक ही हो।

(घ) ऐसा भी प्रतीत हो सकता है कि सूचनाएँ एवं तथ्य आपने एकत्र किए हैं वे पर्याप्त न हों तथा उनके आधार पर एक अच्छी रचना की ही न जा सके क्योंकि तथ्य और सूचनाएँ ही एक रचना को प्रभावशाली बनाते हैं। अतः लेखक को और भी अधिक जानकारियों एवं तथ्यों की आवश्यकता पड़ सकती है।

(ङ) कुछ ऐसे चिंतन या विचार हो सकते हैं जिसके बारे में आपकी राय कुछ अलग हो और आप अपनी दृष्टि भी उसमें समाहित करना चाहें।

सूचनाएँ एवं तथ्य एकत्र किए जाने के बाद उन्हें विषय के अलग–अलग खंडों में बाँटना आवश्यक है।

किसी रचना की तैयारी के लिए निम्नलिखित आवश्यक पक्ष होते हैं–

(क) जिस विषय को चुना गया है, उसके शीर्षक में से उन शब्दों को रेखांकित करना आवश्यक होता है, जिन पर रचना में चर्चा करनी है।

(ख) अपनी रचना के शीर्षक पर ध्यान केन्द्रित करना आवश्यक होता है। अपने मन में उठने वाले उसके मुख्य बिन्दुओं तथा विचारों को कागज पर लिखते जाना चाहिए। ऐसा इसलिए कि कई बार रचना करते समय विचार छूट जाते हैं। जो कोई भी विचार उस शीर्षक से सम्बद्ध हों, उसे उसी समय लिख लेना चाहिए, जिससे बाद में रचना करते समय बहुत सुविधा हो जाती है।

(ग) परस्पर मिलने–जुलने वाले तथ्य–विचार एक ही खंड में पहले रखें, फिर उन्हें सही क्रम में नियोजित कर लें।

(घ) विचार–तथ्य विभिन्न खण्डों में विभाजित होने के बाद उन खंडों को भी परस्पर सम्बन्धित खण्डों में व्यवस्थित कर लेना आवश्यक होता है। इसके लिए यह आवश्यक है कि–

   (i) वे कालक्रमानुसार विभाजित हों।

   (ii) वे सभी कार्य और कारण पर आधारित हों।

   (iii) वे सभी चयन किए गए विषय के लिए एकत्र की गई सामग्री के महत्त्व के ही अनुसार नियोजित किए गए हों। उदाहरण के लिए यदि **प्रदूषण : एक समस्या** शीर्षक है तो विषय के अंतर्गत पहले प्रदूषण पर चर्चा करें, फिर कारण पर, और अंत में निदान पर।

उदाहरण–'प्रदूषण–एक समस्या', विषय को उसके मुख्य विचारों को निम्न खंडों में विभाजित किया जा सकता है–

खंड 1 प्रदूषण

(1) प्रदूषण क्या है

(2) प्रदूषण का प्रभाव

(3) वायु प्रदूषण

खंड 2 प्रदूषण के कारण

(1) औद्योगीकरण

(2) आणविक परीक्षण

(3) ध्वनि प्रदूषण

(4) वृक्षों की कटाई

खंड 3 प्रदूषण का समाधान

(1) उद्योगों में

(2) प्राकृतिक संतुलन में

एक खंड से दूसरे खंड में विचारों का एक सरल प्रवाह है। कहीं भी उनका क्रम टूटा नहीं है। एक बिंदु दूसरे बिंदु से जुड़ा है और विषय को बढ़ाने में सहायक है। विचारों तथा तथ्यों को समूहों में बाँटने से हमें उन्हें एक दूसरे से संबंद्ध करने में भी आसानी रहती हैं। यह आवश्यक नहीं कि आप प्रत्येक विचार या तथ्य को एक अलग अनुच्छेद में रखा जाए एक बड़े अनुच्छेद के अंतर्गत भी रखा जा सकता है।

(4) विषय की रूपरेखा बनाना—किसी रचना के लेखन से पूर्व के अंतिम चरण अर्थात् विषय की रूपरेखा बनाना अति आवश्यक है। किसी भी विषय पर रचना करने के लिए उसकी रूपरेखा बनाने से समय की बचत भी होती है तथा लेखक विषय से इतर भटकने से बच जाते हैं। जिन बिंदुओं को लेखक अपनी रचना में समाहित करना चाहता है उन्हें रूपरेखा में इंगित कर देने से रचना करते समय वे अपने मंतव्य को स्पष्ट करने में पूर्ण सफल होते हैं। लेखक को पता रहता है कि रचना को कितने अनुच्छेदों में बाँटना है और कौन–कौन से क्षेत्रों को उन अनुच्छेदों में समेटना है।

यदि लेखक अपने विषय की स्पष्ट और सटीक रूपरेखा तैयार करता है तो उसे अपनी रचना को बार–बार पढ़कर उसके बिंदुओं को बदलने की आवश्यकता नहीं पड़ेगी। साथ ही वे शीर्षक में उठाए गए मुख्य बिंदुओं से भटकेंगे नहीं और अपने विषय को सही दिशा दे सकेंगे। यदि उसने अच्छी रूपरेखा तैयार की है तो वे अपने विचारों एवं सूचनाओं को दोहराने से भी बच जाएँगे क्योंकि उसे रचना में अपने विषय से संबंधित अनेक सूचनाएँ एवं तथ्य पाठक को बताते हैं न कि एक सूचना या तथ्य का बार–बार दोहराव करना है। यदि रचना जटिल हो तो उसके लिए रूपरेखा बनाना अत्यावश्यक है क्योंकि इससे उसे भी स्पष्ट हो जाएगा कि जिस विषय पर वे चर्चा करना चाहते हैं उसके मुख्य बिंदु कौन–कौन से होने चाहिए और उन्हें कहाँ से प्रारंभ करना है, उनका विस्तार कैसे करना है और उनका समापन कैसे करना है।

प्रश्न 3. रचना करते समय किन–किन बातों पर ध्यान देना आवश्यक होता है?

अथवा

किसी भी रचना के शीर्षक में कौन–से गुण होने चाहिए?

अथवा

किसी भी रचना का प्रारंभ किस प्रकार किया जाना चाहिए?

अथवा

किसी भी रचना में प्रस्तावना का क्या महत्त्व है?

अथवा

रचना में विषय का विस्तार किन-किन तरीकों से किया जा सकता है?

उत्तर— रचना करते समय निम्नलिखित बातों पर ध्यान देना आवश्यक होता है—

- रचना के प्रत्येक अनुच्छेद से एक नया और स्वस्थ विचार प्रकट होता है। यह शीर्षक से पूरी तरह सम्बद्ध होने के साथ-साथ विषय के विस्तार में भी सहायक होता है।
- प्रत्येक अनुच्छेद उतना ही बड़ा होना चाहिए, जितने में उस रचना के शीर्षक से सम्बद्ध किसी तथ्य, सूचना या चिन्तन की चर्चा की गई हो।
- जहाँ कहीं दूसरी सूचना या तथ्य का आरंभ हो या विषय से सम्बद्ध किसी नये चिन्तन की चर्चा करनी हो, वहाँ से दूसरा अनुच्छेद शुरू कर देना चाहिए।
- अनुच्छेदों की लम्बाई थोड़े-बहुत अंतर से ही सही, एक समान होनी चाहिए।
- यह ध्यान देना चाहिए कि बड़े-बड़े अनुच्छेद पाठक को विषय से भटका सकते हैं। इसलिए यदि चर्चा करते समय अनुच्छेद बड़ा भी हो जाए, तो उसे बीच में ही छोड़ देना चाहिए, फिर नये अनुच्छेद से उस विषय पर लिखना चाहिए।
- किसी भी विषय को अधूरा नहीं छोड़ना चाहिए।
- प्रत्येक अनुच्छेद के बीच में एक सूत्र अवश्य होना चाहिए। इसलिए यह ध्यान देना चाहिए कि एक अनुच्छेद के समाप्त होने पर दूसरा नया अनुच्छेद बिल्कुल नयी सूचना से आरंभ नहीं होना चाहिए।

किसी भी रचना का लेखन करते समय मुख्यत: तीन बातों का ध्यान देना आवश्यक है— प्रारंभ, विस्तार एवं अंत या निष्कर्ष। किसी भी रचना का प्रारंभ करने से पहले उसके शीर्षक का चुनाव अत्यंत सावधानी से करना चाहिए। रचना के शीर्षक में निम्नलिखित गुण होने चाहिए—

- रचना का शीर्षक छोटा होना चाहिए।
- रचना का शीर्षक विषय को स्पष्ट करने वाला होना चाहिए।
- शीर्षक में स्पष्टता होनी चाहिए।
- शीर्षक पाठक के मन में पढ़ने की जिज्ञासा उत्पन्न करने वाला होना चाहिए।
- शीर्षक सुविचारित होना चाहिए।

(1) रचना का प्रारंभ— भूमिका या प्रस्तावना किसी भी रचना का एक महत्त्वपूर्ण अंग होता है। रचना का प्रारंभ प्रस्तावना से किया जाता है। यह रचना में निहित मुख्य विषय का परिचय देता है। एक तरह से प्रस्तावना भूमिका का कार्य करती है। किसी भी रचना की भूमिका या प्रारंभ आवश्यक नहीं कि एक ही अनुच्छेद तक सीमित हो। यह एक दो पंक्तियों का भी हो सकता है और एक दो अनुच्छेदों का भी। वस्तुत: प्रस्तावना या भूमिका की लंबाई उस रचना या विषय की लंबाई पर निर्भर करती है। कई बार विषय को किसी भूमिका की आवश्यकता नहीं होती। उसे बिना किसी प्रारंभिक अनुच्छेद या पंक्ति के सीधे ही प्रारंभ कर सकते हैं।

चूँकि किसी भी रचना का प्रथम अनुच्छेद विषय की भूमिका या प्रस्तावना का कार्य करता है, अतः यह आवश्यक है कि उसमें विषय के मुख्य विचार का अंकन हो तथा पाठक को यह जानकारी प्राप्त हो सके कि लेखक इस रचना में विषय के किस पक्ष पर चर्चा करने जा रहा है। ऐसा अनेक प्रकार से किया जा सकता है। इसमें विचारों का वर्णन हो सकता है, तर्क हो सकते हैं या विवरण हो सकता है। उदाहरण—

वातावरण एवं वायुमंडल का दूषित होना प्रदूषण कहलाता है। प्रदूषण की समस्या संपूर्ण विश्व में बड़ी ही तीव्रता से अपना प्रभाव जमाती जा रही है। आज समस्त मानव जाति इस समस्या से आतंकित है और विश्व के प्रत्येक देश अपने-अपने ढंग से इस समस्या के सम्यक समाधान में संलग्न हैं। प्रदूषण एक ऐसी विकट समस्या है जिसका समाधान नहीं हो पा रहा है। वैज्ञानिकों का मत है कि समय रहते यदि तत्काल फैल रहे इस प्रदूषण को सही ढंग से नियंत्रित नहीं किया गया तो आगामी दशकों में संपूर्ण धरती किसी भी जीवधारी के रहने योग्य नहीं रहेगी।

इस भूमिका से न केवल रचना का मूल विषय स्पष्ट हो गया है बल्कि लेखक के मंतव्य की पूरी जानकारी प्राप्त हो गई है। यह भी पता चल गया है कि लेखक रचना में प्रदूषण की समस्या और समाधान पर विचार प्रकट करने वाला है।

(2) विषय का विस्तार—रचना में विषय का विस्तार निम्नलिखित तरीकों से किया जा सकता है—

(क) उदाहरणों द्वारा अपनी बात की पुष्टि करके।
(ख) विस्तृत वर्णनों के द्वारा इसके अंतर्गत व्यक्ति, स्थान, वस्तु, आदतों या किसी भी परिस्थिति का अपेक्षित वर्णन किया जा सकता है।
(ग) परिभाषाओं आदि के द्वारा।

जब कोई लेखक अपनी रचना में उदाहरणों का प्रयोग करता है तब वह कठिन से कठिन विषय के प्रति पाठक में रुचि भी पैदा करता है उदाहरण—

संसार में ऐसे-ऐसे दृढ़ चित्त मनुष्य हो गए हैं जिन्होंने मरते दम तक सत्य की टेक नहीं छोड़ी, अपनी आत्मा के विरुद्ध कोई काम नहीं किया। राजा हरिश्चंद्र के ऊपर इतनी-इतनी विपत्तियाँ आईं, पर उन्होंने अपना सत्य नहीं छोड़ा। उनकी प्रतिज्ञा यही थी—

चंद्र टरें, सूरज टरें, टरें जगत् व्यवहार।
पै दृढ़ श्री हरिश्चंद्र को, टरे न सत्य विचार।।

महाराणा प्रतापसिंह जंगल-जंगल मारे-मारे फिरते थे, अपनी स्त्री और बच्चों को भूख से तड़पते देखते थे, परंतु उन्होंने उन लोगों की बात न मानी जिन्होंने उन्हें अधीनतापूर्वक जीते रहने की सम्मति दी, क्योंकि वे जानते थे कि अपनी मर्यादा जितनी अपने को हो सकती है उतनी दूसरे को नहीं। (आत्म-निर्भरता, रामचंद्र शुक्ल)

यहाँ लेखक ने अपनी रचना में दृढ़ चित्त मनुष्यों की बात की उन्होंने सत्य को नहीं छोड़ा और आत्मा के विरुद्ध कार्य नहीं किया और अपनी बात को दो उदाहरणों, राजा हरिश्चंद्र एवं

महाराणा प्रतापसिंह के माध्यम से आगे बढ़ाया। रचना में विस्तृत वर्णनों के द्वारा भी विषय का विस्तार करने में सहायता मिलती है। आप व्यक्ति, स्थान, वस्तु आदतों या किसी भी परिस्थिति का वर्णन कर सकते हैं। यदि किसी दुर्घटना के विषय में लिखना है तो उसका पूरा वर्णन करना अपेक्षित होता है। वर्णन करने में उस स्थिति या व्यक्ति, स्थान आदि की पूरी ठीक–ठीक जानकारी अपेक्षित होती है। उदाहरण–

पड़ती हुई बर्फ का दृश्य बड़ा मोहक होता है। जो बादल हरिद्वार और दिल्ली में पानी की बूँदे बरसाते हैं, वे ही बहुत ठंड पड़ने पर डेढ़–दो हजार मीटर ऊपर की जगहों में बर्फ बनकर गिरने लगते हैं। मसूरी में भी आकाश का तापमान जब तक शून्य डिग्री (से.) से नीचे नहीं होता, बादल जलवृष्टि के ही रूप में उतरता है। आकाश का तापमान यदि हिमबिंदु से नीचे हो, लेकिन पृथ्वी का तापमान उतना नीचा न हो तो बर्फ के छोटे–छोटे कण पृथ्वी पर पहुँचते ही विलीन होकर जल बन जाते हैं। मसूरी में जलवृष्टि के निम्न तापमान में बजरी (नरम छोटे–छोटै आलों) का रूप लेती है; और भी अधिक शीतलता होने पर हिम रूई के फाहों का रूप लेती है। हल्की–सी हवा चल रही हो तो ये फाहे हवा में तैरते हुए तिरछे चलकर पृथ्वी पर उतरते हैं। चाँदनी रात में हिम वृष्टि हो तो दृश्य और भी सुंदर होता है। चाँदनी में हिमकणों या फाहों का स्वरूप और रंग निखर आता है। (हिमपात, राहुल सांकृत्यायन)

यहाँ लेखक ने मसूरी में पड़ने वाली बर्फ के विषय में जानकारी दी है और ताजी पड़ने वाली बर्फ के सौंदर्य का वर्णन किया है जो हमारी जानकारी बढ़ाता है।

(3) रचना का अंत–किसी भी रचना का समापन या अंत अचानक नहीं किया जा सकता। रचना का अंत करने से पहले निष्कर्ष या सारांश का अनुच्छेद लिखना आवश्यक है, क्योंकि किसी भी प्रभावी रचना के लिए पहला और अंतिम अनुच्छेद बहुत महत्त्वपूर्ण होता है। प्रथम अनुच्छेद विषय को प्रारंभ करता है और अंतिम अनुच्छेद निष्कर्ष देता है। कुछ बिंदु या पक्ष ऐसे होते हैं जिन्हें लेखक समझते हैं कि उनके पाठक को याद रहे। इन पक्षों या बिंदुओं को लेखक अंतिम अनुच्छेद में अंकित कर सकते हैं। इस अनुच्छेद में लेखक कुछ विचारों, तथ्यों, सूचनाओं, सुझावों, राय, निर्णय, आदि का समावेश कर सकते हैं।

रचना का प्रारंभ जहाँ पाठक को विषय के प्रति जानकारी देता है और उसकी जिज्ञासा बढ़ाता है वहीं रचना का अंत राभी मुख्य विच।रों और सूचनाओं का संक्षेपण होता है। किसी भी वर्णनात्मक आख्यानपरक रचना में अंत किसी भी वर्णन या आख्यान के बाद स्वयं ही आ जाता है। जैसे यदि हिमपात होने का वर्णन कर रहे हैं तो जब हिमपात हो चुका हो तो वहाँ लेखक की रचना का भी अंत हो जाएगा। उसी प्रकार यदि कोई कहानी लिख रहे हैं तो उसका अपना एक विशेष अंत होगा उसमें लेखक को अपनी तरफ से सारांश या निष्कर्ष बताने की आवश्यकता नहीं होगी। उदाहरण–

कुम्हार को लगा कि इन लोगों का कहना भी ठीक है। वह गधे को पीठ से उतरा। बेटे को भी उतार दिया। इसके बाद उसने थोड़ी सी रूई जेब से निकाली। दोनों कानों में रूई ठूँस ली। उसके बाद गधे को अपने कंधे पर उठाकर चलने लगा। रास्ते में जो मिलता हँसता। कुम्हार

को कुछ भी सुनाई नहीं देता था। "वह मन ही मन कह रहा था," सब ठीक कहते हैं। सबकी सलाह अच्छी है। पर मैं वही करूँगा जो मुझे अच्छा लगे। लोगों को क्या वे तो कुछ न कुछ कहेंगे।

यह तो आख्यानक रचना का उदाहरण है अतः इसका निष्कर्ष बताने की आवश्यकता नहीं परंतु यदि आप तार्किक या वर्णनात्मक लेखन कर रहे हैं तो रचना के अंत में अपने सुझाव या राय भी दी जा सकती है जो पाठक के मन में नई संभावनाओं को जगा सके और वह एक निर्णय पर पहुँच सके। उदाहरण—

जहाँ तक संभव हो सके प्रदूषण की विकट समस्या पर शीघ्र ही काबू पाना है। इसमें किसी भी प्रकार की देर हमारी विकसित और विकासशील सभ्यता एवं संस्कृति के लिए घातक हो सकता है। प्रदूषण के विनाश से बचने के लिए सावधानी हो सकती है, जितने संभव उपाय हो सकते हैं, उनका पालन मानव मात्र का प्रथम कर्त्तव्य है। आवश्यकता है हमें सचेत होने की, जागरूक होने की।

लेखक को अपनी रचना के अंत में कुछ शब्दों या वाक्यों का प्रयोग करने से बचना चाहिए जैसे—सारांश में, अच्छा अब मैं यह कहते हुए अंत करता/करती हूँ, अंत में कहती/कहता हूँ कि आदि। रचना के अंतिम अनुच्छेद में किसी भी नवीन विषय को शामिल नहीं करना चाहिए। रचना का अंत वही होना चाहिए जो लेखक के उन विचारों को दृढ़ करे जिन्हें वे अपनी रचना में प्रस्तुत कर रहे हैं।

☐☐

अध्याय 8

पुनर्रचना (संक्षेपण, भाव पल्लवन आदि)

भूमिका

पुनर्रचना या पुनर्लेखन लेखन का एक महत्त्वपूर्ण प्रकार है। प्रत्येक प्रकार के संप्रेषण में चाहे लिखित हो या मौखिक — लेखक या वक्ता विशिष्ट सूचनाओं को संप्रेषित करता है। वह अपने संप्रेष्य भाव को सीधे-सपाट शब्दों में न प्रकट कर, उसको संप्रेष्य बनाने के लिए, श्रोता या पाठक तक पहुँचाने के लिए कुछ ऐसी रीतियाँ अपनाता है जिससे उसका संप्रेषण सहज, बोधगम्य एवं रोचक बन सके। इसके लिए उसे अपनी बात की कई प्रकार से पुनरावृत्ति करनी पड़ सकती है या अधिक स्पष्ट करने के लिए उदाहरण या रोचक घटनाएँ प्रस्तुत करनी पड़ सकती हैं।

सार लेखन, रिपोर्ट लेखन पुनःरचना का एक महत्त्वपूर्ण प्रकार है और इसके लेखन में नोट्स लेखन से सहायता ली जा सकती है। नोट्स के आधार पर हम किसी लेख या भाषण या पत्राचार आदि के महत्त्वपूर्ण बिंदुओं को निकाल सकते हैं और फिर उन्हें पुनर्लेखन के भिन्न-भिन्न प्रकारों में परिवर्तित कर सकते हैं।

प्रश्न 1. पुनर्रचना या पुनर्लेखन के विभिन्न प्रकारों को स्पष्ट कीजिए।

अथवा

नोट्स लेखन पर प्रकाश डालिए।

अथवा

प्रतिवेदन लेखन के विभिन्न चरण कौन-से हैं?

उत्तर— पुनर्रचना या पुनर्लेखन लेखन के विभिन्न प्रकार निम्नलिखित हैं—

(1) सार लेखन— सार लेखन को संक्षेपण भी कहा जाता है जिसका उद्देश्य किसी वस्तु या पाठ के मूल भावों को संक्षिप्त रूप में प्रकट करना होता है। कुछ विद्वान सारलेखन तथा संप्रेषण में अंतर मानते हैं। उनके अनुसार संक्षेपण में किसी पाठ की प्रमुख बातों को संक्षेप में दिया जाता है और सार लेखन में पाठ के केंद्रीय भाव को थोड़े शब्दों में प्रकट किया जाता है। सारलेखन तथा संक्षेपण में कोई विशिष्ट अंतर न मानते हुए दोनों को एक ही मानकर बताया गया है—

आज कार्यालय, शिक्षा, विधि, वाणिज्य, पत्रकारिता आदि क्षेत्रों में संक्षेपण का प्रयोग किया जा रहा है। इसके लिए कुछ नियमों को हृदयंगम करना सहायक होगा।

(क) किसी पाठ का सारलेखन करने से पूर्व, उसे दो-तीन बार पढ़ना चाहिए और उसमें व्यक्त मूल या केन्द्रीय भाव को समझना चाहिए।

(ख) पाठ के मुख्य भावों को रेखांकित कर लेना चाहिए।

(ग) रेखांकित मुख्य भावों को अपने शब्दों में लिख लेना चाहिए। दूसरे शब्दों में पाठ के आधार पर 'नोट्स' ले लेने चाहिए।

(घ) सारलेखन के बाद पाठ का शीर्षक देना चाहिए।

(ङ) आकार की दृष्टि से सारलेखन मूल पाठ का एक तिहाई होना चाहिए।

(च) सारलेखन के बाद उसे दो बार पढ़ लेना चाहिए ताकि उसमें किसी प्रकार का दोष न रह जाए।

सारलेखन के विभिन्न प्रकारों में — प्रवाहपूर्ण सार, तारीखवार सार, क्रमिक सार, तालिकाबद्ध सार आदि की चर्चा की जाती है। लेखों, प्रलेखों, भाषणों, बैठकों, कार्यवृत्त या रिपोर्ट के आधार पर तैयार किए गए सार को 'प्रवाहपूर्ण सार' की संज्ञा दी जाती है।

अब इस गद्यांश को पढ़िए।

हमारे जीवन तथा समाज के प्रत्येक क्षेत्र में कंप्यूटर का प्रयोग अब बढ़ता जा रहा है। बीसवीं शताब्दी में विकसित श्रव्य, दृश्य-श्रव्य तथा कंप्यूटर प्रौद्योगिकी में कंप्यूटर प्रौद्योगिकी का प्रभाव सर्वाधिक है।

मनुष्य ने जब से गणना करना सीखा, तभी से उसने अधिक सुगमता से गणना करने वाले यंत्रों के विकास के लिए खोज शुरू कर दी। इसके फलस्वरूप 'अबेकस' तथा कई प्रकार के कैलकुलेटरों का विकास हुआ। अबेकस (Abacus) का विकास आज से कोई पाँच हजार वर्ष पूर्व हुआ था। इस गणना यंत्र का एक प्रकार का कंप्यूटर कहा जा सकता है। बीसवीं शताब्दी में आधुनिक कंप्यूटरों का विकास भी इसी विकास यात्रा की शृंखला की एक कड़ी है।

कंप्यूटर विकास को हम पाँच पीढ़ियों में विभाजित कर सकते हैं। पहली पीढ़ी के कंप्यूटरों में यंत्र सामग्री के अंतर्गत वैक्यूम ट्यूब का प्रयोग होता था, जिससे उनका आकार बहुत बड़ा होता था। इन कंप्यूटरों में प्रोग्रामिंग भाषा के तौर पर मशीनी भाषा का प्रयोग किया जाता था और कंप्यूटर प्रोग्राम बाइनरी कोड में बनाए जाते थे। दूसरी पीढ़ी के कंप्यूटरों में वैक्यूम ट्यूब के स्थान पर ट्रांजिस्टरों का प्रयोग होने लगा। इससे मशीन के आकार में कमी आई और ऊर्जा की भी बचत होने लगी। इसी दौरान आपरेटिंग सिस्टम और प्रोग्रामिंग भाषाओं का भी विकास हुआ। तीसरी पीढ़ी के कंप्यूटरों में ट्रांजिस्टर का स्थान 'इंटेग्रेटिड चिप' ने ले लिया। विभिन्न आपरेटिंग सिस्टमों तथा स्मृति क्षमता का विकास हुआ। चौथी पीढ़ी के कंप्यूटरों में माइक्रो प्रोसेसर तथा नेटवर्किंग का विकास हुआ जिसके फलस्वरूप इंटरनेट का विकास संभव हो पाया। इस समय हम पाँचवी पीढ़ी के कंप्यूटरों का प्रयोग कर रहे हैं। कंप्यूटर की पाँचवी पीढ़ी महत्त्वपूर्ण की प्रोद्योगिकी के रूप में देखी जा सकती है। कंप्यूटर मानव आवाज को सुनकर उसे पाठ के रूप में बदल सकता है। यांत्रिक बुद्धिमता के प्रयोग से सूचना संसाधन की क्षमता बहुत अधिक बढ़ रही है।

उपर्युक्त गद्यांश में कंप्यूटर के विकास के संबंध में निम्नलिखित मुख्य बातें कहीं गई हैं–

- कंप्यूटर का विकास बीसवीं शताब्दी की मुख्य घटना है।
- हजारों वर्षों पूर्व अबेकस जैसे गणना यंत्र का विकास।
- कंप्यूटर विकास की पाँच पीढ़ियाँ– यंत्र सामग्री एवं प्रोग्रामिंग भाषाओं के विकास से यह सब संभव हुआ है।
- भावी कंप्यूटर मनुष्य की आवाज को समझ सकेंगे और सूचना संसाधन की क्षमता का विकास हो जाएगा।

शीर्षक–कंप्यूटर का विकास

उपर्युक्त मुख्य बिंदुओं के आधार पर सार लेखन इस प्रकार लिया जा सकता है।

कंप्यूटर का विकास

कंप्यूटर का विकास आधुनिक शताब्दी की एक प्रमुख घटना है। कंप्यूटर विकास को पाँच पीढ़ियों में बाँटा जा सकता है। यह विकास कंप्यूटर के प्रोसेसर गें, वैक्यूम टयूब से ट्रांजिस्टर, ट्रांजिस्टर से इंटेग्रेडिट चिप तथा माइक्रो प्रोसेरार के विकास एवं प्रयोग से संभव हुआ है। पाँचवी पीढ़ी के कंप्यूटरों में यांत्रिक बुद्धिमता के प्रयोग से कंप्यूटर मानव की आवाज को समझने योग्य हो गए हैं और उनकी सूचना संसाधन क्षमता बहुत अधिक बढ़ गई है।

(2) रिपोर्ट लेखन–'रिपोर्ट' शब्द का हिंदी पर्याय 'प्रतिवेदन' है। यह एक प्रकार का लिखित विवरण होता है, जिसमें किसी संस्था, सभा, दल, विभाग या विशेष आयोजन की तथ्यात्मक जानकारी दी जाती है। इसका उद्देश्य संबंधित व्यक्तियों को विभिन्न घटनाओं या गतिविधियों से संबंधित कार्य, परिणाम, जाँच या प्रगति, आदि की सही–सही एवं समग्र जानकारी देना होता है। रिपोर्ट लेखन का प्रयोग सरकारी तथा गैर सरकारी दोनों क्षेत्रों में किया जाता है। सरकारी क्षेत्र में कार्यालयों में कार्य निपटान के बारे में साप्ताहिक, मासिक तथा

वार्षिक विवरण प्रस्तुत किए जाते हैं तथा उनके आधार पर निष्कर्ष, सुझाव व संस्तुतियाँ प्रस्तुत की जाती हैं। रिपार्ट लेखन के विषय असंख्य हैं। सुविधा की दृष्टि से इसे दो वर्गों में बाँटा जाता है—औपचारिक तथा अनौपचारिक।

औपचारिक प्रतिवेदनों में सरकार द्वारा नियुक्त किसी समिति या आयोग के प्रतिवेदन आते हैं। ऐसे प्रतिवेदनों में निष्कर्षों के साथ–साथ सुझाव और संस्तुतियाँ भी दी जाती हैं। ऐसे प्रतिवेदनों की श्रेणी में निम्नलिखित स्थितियों में लिए गए प्रतिवेदन भी आते हैं।

(क) किसी मंत्रालय, कार्यालय या संस्था की गतिविधियों का वार्षिक विवरण।

(ख) किसी कंपनी के संचालकों या निदेशक मंडल का प्रतिवेदन।

प्रतिवेदन लेखन के विभिन्न चरण—औपचारिक प्रतिवेदनों के लिए प्रतिवेदक को पूरी योजना बनाकर काम करना होता है। चूँकि ऐसे प्रतिवेदन किसी विषय का सम्यक विश्लेषण तथा तथ्यों का संकलन होते हैं, अतः सबसे पहले विषय से संबंधित सभी महत्वपूर्ण तथ्यों की जानकारी एकत्र की जाती है।

संबद्ध फाइलों, नियमों, प्रपत्रों, आदेशों आदि से सूचनाएँ एकत्रित की जाती हैं। एकत्रित सूचनाओं का वर्गीकरण, सारणीकरण और विश्लेषण किया जाता है। निष्कर्षों एवं सुझावों की रूपरेखा तैयार की जाती है।

रूपरेखा तैयार कर लेने के बाद प्रतिवेदन का मसौदा तैयार किया जाता है। मसौदे को आयोग/समिति के अध्यक्ष एवं सदस्यों के सामने परस्पर विचार–विमर्श के लिए रखा जाता है और उसमें आवश्यक संशोधन–परिवर्तन किए जाते हैं।

यहाँ यह ध्यान रखना चाहिए कि प्रतिवेदन स्वतःपूर्ण एवं स्वतः स्पष्ट हों। इनमें संक्षिप्तता का विशेष ध्यान रखा जाता है। केवल महत्त्वपूर्ण तथ्यों को दिया जाता है। तथ्यों को क्रमबद्ध एवं तर्कसंगत रूप में देना चाहिए, आवश्यक होने पर उन्हें आँकड़ों एवं तालिकाओं के साथ भी प्रस्तुत किया जा सकता है। अंत में इन प्रतिवेदनों पर समिति/आयोग के अध्यक्ष एवं सदस्यों द्वारा हस्ताक्षर होते हैं।

प्रतिवेदन के स्वरूप के बारे में निम्नलिखित बातों पर ध्यान देना चाहिए—

(क) प्रतिवेदन के आरंभ में शीर्षक देना चाहिए। यह शीर्षक प्रतिवेदन के विषय से सुसंबद्ध होना चाहिए।

(ख) यदि प्रतिवेदन काफी बड़ा हो तो उसे अध्यायों में विभाजित कर देना चाहिए। रेल दुर्घटना आदि के प्रतिवेदन विभिन्न अध्यायों में प्रस्तुत किए जाते हैं। प्रारंभ में विभिन्न अध्यायों की विषयसूची भी दी जानी चाहिए।

(ग) यदि प्रतिवेदन का संबंध किसी विषय के अन्वेषण या शोध से हो तो उसको तैयार करने के लिए प्रयुक्त उपयोगी संदर्भ सामग्री की सूची भी अंत में दे दी जानी चाहिए।

(घ) प्रतिवेदन यदि काफी बड़ा हो तो उसका सारांश भी आवश्यक सुझावों के साथ दिया जाना चाहिए।

अतः प्रतिवेदन संदर्भ, स्थिति या विषय के अनुसार लिखे जाते हैं। किसी सर्वेक्षण की रिपोर्ट लिखने के लिए पहले सर्वेक्षण की विधि, उसका कार्यक्षेत्र, सूचकों का चयन, सूचना एकत्र करने की विधि – व्यक्तिगत प्रेक्षण, साक्षात्कार, प्रश्नावली, सरकारी रिकॉर्ड आदि का चुनाव करना होता है। फिर उसे व्यवस्थित रूप से समिति/आयोग की रिपोर्ट की तरह प्रस्तुत किया जाता है।

प्रतिवेदन का एक नमूना
विषय: बैंक धोखाधड़ी की बढ़ती समस्या।

आजकल के समाचार-पत्र और समाचार पोर्टल बैंक धोखाधड़ी के समाचारों से भरे पड़े हैं। ऑनलाइन बैंकिंग के बढ़ते प्रचलन के समय में ग्राहकों द्वारा की गई सामान्य सी असावधानी भी उनकी वित्तीय संपदा पर भारी पड़ रही है। ग्राहकों की पहुँच से बहुत दूर बैठे ठग विभिन्न प्रलोभनों के माध्यम से ग्राहक की ऑनलाइन बैंकिंग संबंधी गोपनीय जानकारियाँ हासिल कर लेते हैं। इन जानकारियों की सहायता से वे ग्राहक के बैंक खाते में जमा धनराशि को छद्म नाम से खोले गए अपने अवैध बैंक खातों में हस्तांतरित कर लेते हैं। आजकल यह गोरखधंधा खूब फल-फूल रहा है।

सार्वजनिक क्षेत्र के देश के सबसे बड़े बैंक भारतीय स्टेट बैंक ने हाल ही में एक जानकारी देते हुए स्पष्ट किया है कि चालू वित्तीय वर्ष के शुरुआती नौ महीनों (अप्रैल-सितंबर, 2019) के दौरान कुल 7951.29 करोड़ रुपए की धोखाधड़ी के मामले सामने आए हैं। एक अन्य रिपोर्ट के अनुसार वर्ष 2017-2018 के दौरान गंभीर बैंक फ्रॉड के करीब 1027 मामले दर्ज किए गए। रिपोर्ट में यह भी सामने आया है कि अधिकांश मामलों में बैंक धोखाधड़ी के शिकार ग्राहक को पूरा नुकसान सहना पड़ता है। इस संबंध में बैंक अपनी जिम्मेदारियों से बचते हुए नजर आते रहे हैं। हालाँकि बैंकों द्वारा ऑनलाइन लेन-देन को सुरक्षित और मजबूत बनाने के प्रति उदासीनता दिखाने और ग्राहकों के नुकसान से अपना पल्ला झाड़ने की प्रवृत्ति पर भारतीय रिजर्व बैंक ने सख्ती दिखाई है।

आर.बी.आई. की नई गाइड लाइन के अनुसार अगर ग्राहक अपने स्तर से कोई निजी सूचना लीक नहीं करता है और समय से बैंक को सूचित करता है तो बैंक को 10 दिन के भीतर उसके नुकसान की भरपाई करनी होगी। आर.बी.आई. और विभिन्न बैंकों की तरफ से जारी गाइडलाइन में ग्राहकों से यह अपील की गई है कि वे अपने बैंक खाते, क्रेडिट-डेबिट कार्ड इत्यादि से संबंधित कोई भी सूचना किसी अन्य व्यक्ति से साझा न करें। बैंक खाते से संबंधित किसी भी गैर-अधिकृत फोन कॉल से माँगी गई किसी भी तरह की निजी जानकारी देने की बजाय तुरंत बैंक अधिकारी या पुलिस को सूचित करें।

(3) **नोट्स लेखन**–पुनर्रचना या पुनर्लेखन के विभिन्न प्रकारों – सार लेखन, रिपोर्ट लेखन आदि में लिखित या मौखिक सामग्री के आधार पर लिए गए नोट्स का महत्व सर्वविदित है। वास्तव में, यह सशक्त पुनर्लेखन का आधार है। 'नोट्स' के आधार पर हम किसी लेख या भाषण या पत्राचार आदि के महत्वपूर्ण बिंदुओं को निकाल सकते हैं और फिर

उन्हें पुनर्लेखन के भिन्न-भिन्न प्रकारों में परिवर्तित कर सकते हैं। नोट्स लिखित या मौखिक सामग्री दोनों के आधार पर लिए जा सकते हैं, किंतु इन दोनों विधाओं के नोट्स लेने में पर्याप्त अंतर होता है। लिखित सामग्री के 'नोट्स' लेते समय नोट्स लेखक अपनी गति से कार्य करता है, आवश्यकता पड़ने पर सहायक या संदर्भ सामग्री से सहायता भी ले सकता है। मौखिक भाषा के आधार पर नोट्स लेने के लिए एक विशेष प्रकार की तैयारी की आवश्यकता होती है। श्रव्य सामग्री के नोट्स लेने के पहले, व्याख्यान के शीर्षक तथा संबद्ध विषय के बारे में जानकारी प्राप्त करनी होती है तथा व्याख्यान के दौरान मानसिक रूप से जाग्रत रहने की आवश्यकता होती है।

लिखित या मौखिक माध्यम के नोट्स लेते समय प्रत्येक वाक्य या शब्द को लिखने की आवश्यकता नहीं होती। वह अपने संप्रेषण में कुछ ऐसी भाषिक उक्तियों का प्रयोग करता है जिससे यह स्पष्ट हो जाता है कि वह मूल भाव को स्पष्ट करने के लिए पुनरावृत्ति या दोहराव का सहारा ले रहा है। इन उक्तियों पर ध्यान दीजिए—

(क) आपको ध्यान होगा कि
(ख) पहले हम इस संबंध में बता चुके हैं कि
(ग) हमने पहले यह कहा था कि

ऐसी उक्तियों के साथ दी गई सूचना के नोट्स लेने की आवश्यकता नहीं होती।

प्रत्येक लेख या भाषण के तीन भाग होते हैं—प्रस्तावना, मुख्य भाव व निष्कर्ष। ऐसे कई भाषिक प्रयोग हमें लेखक या वक्ता के मुख्य बिंदु की ओर संकेत करते हैं। जैसे—

(क) यह जानना अत्यंत महत्वपूर्ण है कि
(ख) यह ध्यान रखने की जरूरत है कि
(ग) इस बात पर विशेष बल देने की आवश्यकता है कि

कई बार वक्ता अपने भाषण के मुख्य बिंदुओं को श्यामपट्ट पर लिखता चलता है। ऐसे बिंदुओं को 'नोट्स लेखन' में सम्मिलित किया जा सकता है। इसी प्रकार गौण बिंदुओं के संकेत भी कुछ उक्ति प्रकारों से मिल जाते हैं, जैसे—

(क) मैं कुछ उदाहरण प्रस्तुत करना चाहूँगा।
(ख) मैं यह भी जोड़ना/कहना चाहूँगा।
(ग) मैंने यह बताने/स्पष्ट करने की चेष्टा की है।

कुछ वक्ता अपने लेख या भाषण को रोचक बनाने के लिए इधर-उधर की बातें करते हैं। कई बार ऐसी बातों का लेख या भाषण के मुख्य विषय से सीधा संबंध नहीं होता। ऐसे स्थलों के नोट्स लेने का भी आवश्यकता नहीं होती।

प्रश्न 2. लिखित और मौखिक नोट्स में क्या अंतर है?

उत्तर— यह सर्वविदित है कि नोट्स लिखित और मौखिक दोनों ही विधाओं में होते हैं, लेकिन इन दोनों ही प्रकार के नोट्स में बहुत अंतर है। लिखित नोट्स लेते समय लेखक

धड़ाधड़ लेखन–कार्य करता है। लेखन–कार्य को सुचारु और तीव्रगति से चलाने के लिए वह अपने सहायक से सहायता ले लेता है। आवश्यकता पड़ने पर वह सम्बन्धित संदर्भ सामग्री भी ले लेता है। इस प्रकार लिखित नोट्स परीक्षा या शोधपरक लेख के काम आते हैं।

मौखिक सामग्री के आधार पर नोट्स लेने से पहले एक अपेक्षित और विशिष्ट तैयारी की आवश्यकता पड़ती है। इसलिए किसी के वक्तव्य, व्याख्यान, भाषण, विचार आदि के नोट्स लेते समय 'नोट्स के लेखक' को वक्ता की गति के अनुसार लेखन–कार्य करना पड़ता है। श्रव्य सामग्री के नोट्स लेने की विधा लिखित नोट्स और मौखिक नोट्स लेने की विधा से अलग होती है। इसके लिए पहले व्याख्यान के शीर्षक और सम्बद्ध विषय के बारे में जानकारी प्राप्त करनी होती है। व्याख्यान के दौरान मानसिक चेतना अणिक आवश्यक होती है।

प्रश्न 3. भाव पल्लवन से आप क्या समझते हैं? इसके विभिन्न नियमों की भी विवेचना कीजिए।

उत्तर– पल्लवन (Expansion) से अभिप्राय किसी सुगठित तथा गुंफित विचार अथवा भाव को विस्तार से प्रस्तुत करता है। वास्तव में हर महान लेखक कम–से–कम शब्दों में अधिक–से–अधिक बात कह जाता है, लेकिन इनसे इतनी स्पष्टता नहीं हो पाती कि साधारण व्यक्ति आसानी से समझ सके। अंग्रेजी में बेकन और हिंदी में आचार्य रामचंद्र शुक्ल जैसे लेखक हुए हैं जिन्होंने कम–से–कम शब्दों अथवा एक ही वाक्य में अपनी बात कह दी है। इनके लेखन में 'गागर में सागर' की उक्ति चरितार्थ होती है। ऐसी स्थिति में स्पष्टता लाने के लिए विचार अथवा भाव के तार–तार को अलग कर तारतम्य के साथ व्याख्या करने की आवश्यकता पड़ती है।

हिंदी में ऐसे अनेक वाक्य, अवतरण, सूक्तियाँ और कहावतें मिलती हैं जिनके अर्थ आसानी से नहीं समझे जा सकते, किंतु उनका अर्थ–विस्तार करने से लेखक का मंतव्य पूरी तरह से स्पष्ट हो जाता है। यह एक प्रकार का लघु निबंध है जिसमें यह देखा जाता है कि व्याख्या करने वाले व्यक्ति ने किसी गंभीर उक्ति या वाक्य को कितनी सूक्षमता और गहराई से समझा है और वह अपनी भाषा में उसे कितना स्पष्ट कर पाया है। वास्तव में यह संक्षेपण का उलटा रूप है।

भाव–पल्लवन के नियम–पल्लवन के नियम इस प्रकार हैं–

- मूल उक्ति या सूक्ति को ध्यानपूर्वक पढ़ना चाहिए और उस पर चिंतन करना चाहिए ताकि मूल भाव अच्छी तरह समझ में आ जाए।
- मूल भाव को स्पष्ट करने के लिए अन्य गौण भावों पर भी विचार करना चाहिए। उन्हें एक पृष्ठ पर लिख लेना चाहिए।
- मूल भाव का विस्तार करते समय आवश्यकता पड़ने पर उदाहरण या तथ्य भी दिए जा सकते हैं।
- भाव पल्लवन की भाषा सरल तथा स्पष्ट होनी चाहिए।

- अप्रासंगिक या अनावश्यक बातों को नहीं देना चाहिए, केवल मूल भाव के लिए सटीक और उपयुक्त बातों को ही लेना चाहिए।
- मूल भाव की न तो आलोचना करनी चाहिए और न ही अपनी ओर से टिप्पणी करनी चाहिए। केवल मूल भाव का विवेचन या विश्लेषण किया जाता है।
- पल्लवन को लिखने के बाद एक–दो बार पढ़ लेना चाहिए ताकि भाषा विषयक कोई दोष न रह जाए।

भाव पल्लवन का उदाहरण–

हिंसा बुरी चीज है, पर दासता उससे भी बुरी है"।

यह सत्य है कि हिंसा नहीं करनी चाहिए। किसी को भी दूसरे के प्राण लेने का अधिकार नहीं है। प्राचीन काल से ही मनीषियों ने अहिंसा का पाठ पढ़ाया है। गाँधी जी ने भी हिंसा का विरोध किया और उसे बुरा बताया।

दासता या गुलामी को और भी बुरा माना गया है। कोई दास जीवित रहते हुए भी मरे हुए के समान है। वास्तव में दासता का जीवन जीना हिंसा से भी बदतर होता है। इसीलिए दासता के बंधन से मुक्त होने के लिए यदि हिंसा का सहारा लेना पड़े तो वह क्षमा योग्य है। भारतीय स्वतंत्रता संग्राम में कई महान नेताओं ने दासता की शृंखलाओं को तोड़ने का आह्वान किया था।

यह सही है कि अहिंसा अच्छी चीज है और हिंसा बुरी, लेकिन इसका यह अर्थ नहीं लिया जाना चाहिए कि अहिंसक को अपने अधीन या दास बनाया जाए तो वह कुछ न बोले। इस कथन से यह भी प्रकट होता है कि यदि दासता से मुक्ति पाने के लिए हिंसा का मार्ग अपनाना पड़े तो भी उसमें दोष नहीं है।

प्रश्न 4. भाव पल्लवन लिखते समय किन बातों का ध्यान रखना चाहिए? उदाहरण सहित समझाइए।

उत्तर– पल्लवन गद्य की लघुतम विधा है। इसमें किसी विचार, वाक्य, सूक्ति, अनुभव या दृश्य को कम–से–कम शब्दों में व्यक्त करना होता है। छोटे–छोटे वाक्य और कसी हुई रचना पल्लवन–लेखन के दो महत्वपूर्ण गुण हैं।

पल्लवन लेखन में निम्नलिखित बातें ध्यान में रखनी चाहिए–

- विषय को 15–16 वाक्यों या 150–160 शब्दों में बाँधना होता है।
- वाक्य छोटे–छोटे तथा एक–दूसरे से जुड़े हुए होते हैं।
- विचारों का प्रवाह श्रृंखला जैसे होता है।
- उदाहरणों का संकेतभर पर्याप्त होता है, विस्तृत वर्णन नहीं है।
- विषय का आरंभ सीधे विषय से होता है, इधर–उधर की भूमिका से नहीं।
- विषय का फैलाव करने की बजाय उसका विकास करना होता है। पल्लवन वटवृक्ष के समान टहनीदार न होकर तने के समान इकहरा और ठोस होता है।

- पल्लवन के अंत में निष्कर्ष समझ आ जाना चाहिए। विषय खुलकर स्पष्ट हो जाना चाहिए।
- भाषा सरल, स्पष्ट, मुहावरेदार होती है।
- रोचकता और मन रमाने की शक्ति पल्लवन–लेखन की अनिवार्य विशेषता है।
- पल्लवन–लेखन की कुशलता पाने का एक ही मंत्र है – अभ्यास, अभ्यास और अभ्यास।

कुछ उदाहरण इस प्रकार हैं–

1. सच्चा मित्र

गोस्वामी तुलसीदास ने सच्चे मित्र के बारे में कहा है–

जे न मित्र दुख होहिं दुखारी। तिन्हहिं बिलोकत पातक भारी।
निज दुख गिरिसम रज करि जाना। मित्रक दुख–रज मेरू समाना।

सच्चा मित्र वही है, जो मित्र के दुख में काम आता है। वह मित्र के कण जैसे दुख को भी मेरू पर्वत के समान भारी मानकर उसकी सहायता करता है। मित्र सुख–दुख का साथी है। वह केवल दुख में ही नहीं, सुख में भी साथ देता है। मित्र के होने भर से हमारे सुख केक क्षण रंगीन हो उठते हैं। कोई भी खुशी, पार्टी या महफिल मित्रों के बिना नहीं जमती। सच्चा मित्र हमारे लिए प्रेरक, सहायक और मार्गदर्शक का काम करता है। जब भी हम निराश होते हैं, मित्र हमारी हिम्मत बढ़ाता है। जब हम परास्त होते हैं, वह हमें उत्साह देता है। जब हम शिथिल होते हैं, वह हमें प्रेरणा देता है। जब हम रास्ता भूलते हैं, वह हमारा मार्गदर्शन करता है। सच्चा मित्र हमारे लिए शक्तिवर्धक औषधि बनकर सामने आता है। सच्चा मित्र पथभ्रष्ट होने से बचाता है और सन्मार्ग पर भी अग्रसर करता है। सच्ची मित्रता सचमुच वरदान है।

2. जैसा करोगे, वैसा भरोगे

मनुष्य का अपने कर्म पर अधिकार है। वह कर्म के अनुसार फल प्राप्त करता है। अच्छे कर्म करने पर उसे फल भी अच्छा मिलता है। बुरे कर्म का परिणाम बुरा होता है। कर्म करना बीज बोने के समान है। जैसा बीज होता है, वैसा ही पेड़ और वैसे ही फल होते हैं। एक कहावत है – बोया पेड़ बबूल का, तो आम कहाँ से खाये? इसलिए बड़े–से–बड़े अपराधी अंततः बुरी मौत मरते हैं। जो बेईमानी से धन कमाते हैं, उनके बच्चे बेईमान और दुश्चरित्र बनते हैं। उनकी बुराई का परिणाम उन्हें मिल ही जाता है। हमारा व्यक्तित्व हमारे कर्मों का ही प्रतिबिंब है। अगर हम आजीवन कुछ पाने के लिए भागदौड़ करते हैं, तो इससे हमारा जीवन ही अशांत होता है। एक छात्र परिश्रम की राह पर चलता है, तो उसे सफलता तथा संतुष्टि का फल प्राप्त होता है। दूसरा छात्र नकल और प्रवंचना का जीवन जीता है उसे जीवनभर चोरों, ठकों और धोखेबाजों के बीच रहना पड़ता है। दुष्ट लोगों के बीच जीना भी तो एक दंड है, अशांति है। अतः मनुष्य को पुण्य कर्म करने चाहिए। इसी से मन में सच्चा सुख जागता है, सच्ची शांति मिलती है।

3. जिंदगी जिंदादिली का नाम है

जीवन का अर्थ है – जोश, उत्साह, हिम्मत और जिंदादिली। *कहते हैं – जिंदगी जिंदादिली का नाम है। मुर्दा दिल भी क्या खाक जिया करते हैं।* हलचल, हिम्मत, साहस जीवन की निशानी है। जो लोग हर क्षण उत्साह की तरंग में रहते हैं, उनकी जीवन जीने की शैली मनोरम होती है। जो जीवन के हर खतरे को चुनौती समझकर झेलते हैं; उनका जीवन उतसव जैसा बन जाता है। उन्हें हर क्षण नया काम मिलता रहता है। वे अपने मन में स्फूर्ति और नवीनता का अनुभव करते हैं, वे कभी मन में निराशा और ग्लानि का अनुभव नहीं करते। बल्कि उन्हें खतरों से जूझते हुए भी हर्ष और संतोष प्राप्त होता है। सुभाषचंद्र बोस ने जिंदादिली से जीवन जिया, इसलिए उनके जीवन का क्षण–क्षण प्रेरणामय बन गया। इसके विपरीत कायर, आलसी और निकम्मे लोग हर रोज बार–बार मरते हैं। उन्हें पग–पग पर अपमान सहना पड़ता है। यदि मनुष्य यह सोच ले कि उसे एक–न–एक दिन मरना ही है, तो वह खुलकर जीएगा। एक कवि ने कहा भी है – *एक दिन भी जी, मगर तू ताज बनकर जी।*

प्रश्न 5. 'बैंक धोखाधड़ी की बढ़ती समस्या' पर एक प्रतिवेदन लिखिए।

उत्तर– आजकल के समाचार–पत्र और समाचार पोर्टल बैंक धोखाधड़ी के समाचारों से भरे पड़े हैं। ऑनलाइन बैंकिंग के बढ़ते प्रचलन के समय में ग्राहकों द्वारा की गई सामान्य सी असावधानी भी उनकी वित्तीय संपदा पर भारी पड़ रही है। ग्राहकों की पहुँच से बहुत दूर बैठे ठग विभिन्न प्रलोभनों के माध्यम से ग्राहक की ऑनलाइन बैंकिंग संबंधी गोपनीय जानकारियाँ हासिल कर लेते हैं। इन जानकारियों की सहायता से वे ग्राहक के बैंक खाते में जमा धनराशि को छद्म नाम से खोले गए अपने अवैध बैंक खातों में हस्तांतरित कर लेते हैं। आजकल यह गोरखधंधा खूब फल–फूल रहा है।

सार्वजनिक क्षेत्र के देश के सबसे बड़े बैंक भारतीय स्टेट बैंक ने हाल ही में एक जानकारी देते हुए स्पष्ट किया है कि चालू वित्तीय वर्ष के शुरुआती नौ महीनों (अप्रैल–सितंबर, 2019) के दौरान कुल 7951.29 करोड़ रुपए की धोखाधड़ी के मामले सामने आए हैं। एक अन्य रिपोर्ट के अनुसार वर्ष 2017–2018 के दौरान गंभीर बैंक फ्रॉड के करीब 1027 मामले दर्ज किए गए। रिपोर्ट में यह भी सामने आया है कि अधिकांश मामलों में बैंक धोखाधड़ी के शिकार ग्राहक को पूरा नुकसान सहना पड़ता है। इस संबंध में बैंक अपनी जिम्मेदारियों से बचते हुए नजर आते रहे हैं। हालाँकि बैंकों द्वारा ऑनलाइन लेन–देन को सुरक्षित और मजबूत बनाने के प्रति उदासीनता दिखाने और ग्राहकों के नुसान से अपना पल्ला झाड़ने की प्रवृत्ति पर भारतीय रिजर्व बैंक ने सख्ती दिखाई है।

आर.बी.आई. की नई गाइड लाइन के अनुसार अगर ग्राहक अपने स्तर से कोई निजी सूचना लीक नहीं करता है और समय से बैंक को सूचित करता है तो बैंक को 10 दिन के भीतर उसके नुकसान की भरपाई करनी होगी। आर.बी.आई. और विभिन्न बैंकों की तरफ से जारी गाइडलाइन में ग्राहकों से यह अपील की गई है कि वे अपने बैंक खाते, क्रेडिट–डेबिट

कार्ड इत्यादि से संबंधित कोई भी सूचना किसी अन्य व्यक्ति से साझा न करें। बैंक खाते से संबंधित किसी भी गैर-अधिकृत फोन कॉल से माँगी गई किसी भी तरह की निजी जानकारी देने की बजाय तुरंत बैंक अधिकारी या पुलिस को सूचित करें।

प्रश्न 6. निम्नलिखित गद्यांश का सारलेखन कीजिए।

गाँधी जी और अहिंसा एक-दूसरे के पर्याय बन गए हैं। विश्व के इतिहास में किसी भी राजनेता ने अहिंसा को इतनी उत्कृष्टता से अपने जीवन का ध्येय नहीं बनाया है। यही कारण है कि सामाजिक और आर्थिक संघर्षों के समाधान के लिए गाँधी जी ने अहिंसा का ही रास्ता बताया। समाज को उनका यह अनोखा योगदान माना जाता है।

गाँधी जी का संपूर्ण दर्शन अहिंसा पर आधारित है। उन्होंने लिखा है-"अहिंसा मेरी आस्था का प्रथम अनुच्छेद है, यही मेरी आस्था का अंतिम अनुच्छेद भी है।" गाँधी जी अहिंसा को मानव जाति की सबसे बड़ी शक्ति मानते थे। उनका कहना था कि मनुष्य ने अपने कौशल से संहार के कितने ही अस्त्र बनाए हैं, फिर भी अहिंसा उन सबसे कहीं ज्यादा शक्तिशाली है। गाँधी जी का संपूर्ण जीवन, उनकी तमाम गतिविधियाँ अहिंसा पर केंद्रित रहीं।

गाँधी दर्शन में अहिंसा के कई पक्ष मिलते हैं। यह साधन भी है और साध्य भी। साध्य के रूप में वे ऐसे अहिंसक व्यक्तियों की कल्पना करते हैं जो अहिंसक समाज, अहिंसक राष्ट्र और अहिंसक विश्व का निर्माण करेंगे। गाँधी जी अहिंसा को सत्य और ईश्वर मानते थे।

उत्तर- शीर्षक – गाँधी जी और अहिंसा

गाँधी जी ने अहिंसा को अपने जीवन का लक्ष्य बनाया। अहिंसा के माध्यम से वे सभी सामाजिक और आर्थिक संघर्षों का समाधान करते थे। गाँधी जी अहिंसा में पूरी आस्था थी। उनके जीवन के सभी क्रिया-कलाप अहिंसा पर ही केंद्रित रहे। वे अहिंसा को साधन और साध्य दोनों मानते थे। साध्य के रूप में अहिंसा के माध्यम से अहिंसक विश्व का निर्माण करना चाहते थे।

प्रश्न 7. अपने क्षेत्र के किसी सरकारी अस्पताल की स्थिति के बारे में संक्षिप्त रिपोर्ट तैयार कीजिए। रिपोर्ट के लिए निम्नलिखित तथ्यों से सहायता ले सकते हैं-

- आसपास के कई गाँवों के लिए अस्पताल
- दो डॉक्टर और दो नर्स
- मरीजों की भीड़
- दवाइयों का अभाव
- जिलाधिकारी व जनप्रतिनिधियों को कई बार कहा जा चुका है लेकिन स्थिति में कोई सुधार नहीं होता।

उत्तर– हमारे क्षेत्र में एक अधिकारी अस्पताल है जिसमें आसपास के कई गाँवों के मरीज आते हैं। अस्पताल में दो डॉक्टर और दो नर्सें हैं। गाँव के लोगों के रहन–सहन में सफाई की ओर ध्यान न देने से कई बीमारियों का प्रकोप अक्सर होता रहता है। सुबह–सुबह अस्पताल के बाहर काफी भीड़ जमा रहती है। दो डॉक्टरों के द्वारा कई गाँवों के मरीजों का इलाज करना संभव नहीं हैं।

अस्पताल में दवाइयों का भी अभाव है– सरकारी खर्च पर मिलने वाली दवाइयाँ न जाने कहाँ चली जाती हैं। इस संबंध में जिलाधिकारियों को कई बार शिकायतें भेजी जा चुकी हैं। जनप्रतिनिधि भी इस ओर कोई ध्यान नहीं देते, केवल आश्वासन देकर चले जाते हैं।

प्रश्न 8. "जहाँ सुमति तहँ संपति नाना।
जहाँ कुमति तहँ विपति निदाना।"
इस सूक्ति का भाव पल्लवन कीजिए।

उत्तर– मनुष्य एक ऐसा प्राणी है जो विवेकशील है। वह केवल वर्तमान की नहीं सोचता बल्कि भविष्य के बारे में भी विचार कर सकता है। उसमें उचित और अनुचित का ज्ञान कराने वाली बुद्धि है। बुद्धि के दो पक्ष हैं–सुबुद्धि और दुर्बुद्धि। सुबुद्धि सुमति का पर्याय है और कुमति दुर्बुद्धि का। जब मनुष्य में सुमति रहती है तो वह अच्छे कार्यों में लगता है और उसी से वह अच्छे बुरे का विवेक भी करता है। जब सुमति से हटकर कुमति के अंतर्गत काम करता है तब उसे कठिनाइयों, विपत्तियों का सामना करना पड़ता है। सुमति से संपत्ति, सुख की प्राप्ति होती है और कुमति से अहंकार, घमंड, दंभ, क्रोध आदि दुर्गुणों का विकास होता है जो आगे चलकर व्यक्ति को और कठिनाइयों और उलझनों में फँसाती हैं। दूसरी ओर नम्रतापूर्वक आचरण करना, बड़ों का आदर करना, उदार बनना सुमति के लक्षण है। इसीलिए गोस्वामी तुलसीदास जी ने ही कहा है–

'जहाँ सुमति तहँ संपति नाना।
जहाँ कुमति तहँ विपति निदाना।"

□□

अध्याय 9

वर्णनात्मक लेखन

भूमिका

रचना का एक महत्त्वपूर्ण प्रकार वर्णनात्मक लेखन है। इसमें लेखक किसी व्यक्ति, स्थान, वस्तु या दृश्य का वर्णन करता है। किसी व्यक्ति का वर्णन करते समय यह अपेक्षित होता है कि वह उसकी चाल-ढाल, उम्र आदि के साथ-साथ उसके आंतरिक रूप का भी वर्णन करता चले। इसी प्रकार, किसी स्थान के वर्णन में उसके वातावरण, वहाँ के लोग, माहौल, वहाँ के विशिष्ट भोजन आदि का भी वर्णन आवश्यक हो जाता है। इस प्रकार के लेखन के लिए विशिष्ट शब्दावली एवं अभिव्यक्ति का सहारा लेना पड़ता है।

प्रश्न 1. किसी स्थान, दृश्य या वस्तु का वर्णन किस प्रकार करना चाहिए?

उत्तर— किसी स्थान या दृश्य से संबंधित वर्णन हमें जीवन की विभिन्न व्यवहारपरक स्थितियों में करना पड़ता है। हम अक्सर किसी आकर्षक या मनोरम स्थान का वर्णन किसी मित्र या रिश्तेदार से करते हैं या किसी रोचक घटना की जानकारी प्रस्तुत करते हैं। किसी स्थान के वर्णन में हमें आस–पास के माहौल का भी वर्णन करना होता है।

उदाहरण के तौर पर निम्न गद्यांश को लिया जा सकता है—

"मेरे मामाजी का करोल बाग में एक छोटा–सा एक मंजिला मकान है। वे इसी मकान में पिछले तीस वर्षों से रह रहे हैं। अब गली में सभी मकान दो या बहु मंजिले बन गए हैं। इसमें एक बैठक (ड्राइंग रूम) और दो शयन कक्ष (बैडरूम) हैं। कमरों का आकार 12 फुट लंबा और 10 फुट चौड़ा है। बैठक शायद 18 × 12 की होगी। बैठक में ही टी.वी. फ्रिज और खाने की मेज है। सोफा काफी पुराना है, लेकिन आज भी अच्छी स्थिति में है। पीछे आँगन है, जिसमें सुबह अच्छी धूप आती है। सर्दियों में धूप सेवन का खूब मजा रहता हैं। घर के सामने बरामदा है, जिसमें पहले मामाजी का स्कूटर खड़ा रहता था, क्योंकि वे बस से आना–जाना ज्यादा पसंद करते थे। अब उन्होंने स्विफ्ट गाड़ी ले ली है जो अक्सर बरामदे में ही खड़ी रहती है। उनके मोहल्ले में हर सोमवार को बाजार लगता है जिसमें जरूरत के सारे सामान काफी सस्ते दामों पर मिल जाते हैं। उनकी गली में ही आर्य समाज मंदिर और पंजाब नेशनल बैंक है। उन्हें प्रवचन सुनने में बड़ा आनंद आता है। मेरे मामा जी के दो लड़के और एक लड़की है। सबकी शादी हो चुकी है और वे दूसरे शहरों में अपने–अपने परिवार के साथ रहते हैं। कभी–कभी वे अपने माता–पिता से मिलने आते हैं। तब घर में बहुत रौनक रहती है। मेरे मामाजी बहुत ही संतोषी और धार्मिक प्रवृत्ति के हैं। वे अक्सर कहते भी हैं—"जब आए संतोष धन, सब धन धूरि समान।"

ऊपर प्रस्तुत गद्यांश में—

- करोल बाग, गली, सोम बाजार, घर, ड्राइंग रूम, बैडरूम आंगन, बरामदा—स्थान सूचक शब्द हैं।
- 12 फुट लंबा और 10 फुट चौड़ा, 18 × 12 फुट, छोटा–सा, एक मंजिला, दो या बहुत मंजिलें आदि आकार सूचक पदबंध हैं।
- गली में सोम बाजार का लगना, पिछले आंगन में सर्दियों में धूप का आनंद लेना, प्रवचन सुनने का आनंद, बच्चों के आने से घर में रौनक आना आदि दृश्यों का वर्णन करने वाली अभिव्यक्तियाँ हैं।
- जब आए संतोष धन, सब धन धूरि समान, संतोषी मन की अभिव्यक्ति करता है—जब किसी को संतोष रूपी धन मिल जाता है तो अन्य सभी प्रकार के धन धूल के समान लगने लगते हैं।

अब निम्नलिखित गद्यांश को पढ़ने के बाद यह आसानी से समझा जा सकता है कि किसी स्थान, दृष्टि या वस्तु का वर्णन किस प्रकार करना चाहिए—

"महात्मा बुद्ध मगध की राजधानी श्रीवस्ती पधारे। मगध के राजा प्रसेनजित ने महात्मा बुद्ध से कहा–'भगवन्, अंगुलिमाल डाकू से मेरी प्रजा बहुत परेशान है, मैं क्या करूँ, कुछ समझ में नहीं आता।' भगवान बुद्ध ने राजा को धीरज बंधाया और कहा, 'महाराज, आप चिंता न करें, आपकी चिंता शीघ्र ही दूर हो जाएगी।' श्रीवस्ती से महात्मा बुद्ध सीधे उस जंगल की ओर गए जहाँ अंगुलिमाल रहता था। दोपहर का समय था, भगवान बुद्ध चलते–चलते थक गए थे, लेकिन वे चलते जा रहे थे, वे रुके नहीं। अचानक उन्हें एक कठोर और भारी आवाज सुनाई पड़ी–'ठहर जा'। वे नहीं ठहरे। वे चलते ही रहे। वही भयानक आवाज फिर सुनाई पड़ी 'ठहर जा'। वे ठहर गए, उन्होंने आगे–पीछे, चारों ओर देखा। उन्हें काफी दूर सामने से एक भयानक शक्ल आती हुई दिखाई पड़ी। ऊँचा कद, काला शरीर, बिखरे हुए बाल, लाल–लाल आँखें, बड़ी–बड़ी मूँछें, चौड़ा सीना, हाथ में कटार और सीने पर उँगलियों की माला– ये सब देखते ही महात्मा बुद्ध समझ गए कि यही अंगुलिमाल है। महात्मा बुद्ध ने अँगुलिमाल से मुस्कुराते हुए प्रेमपूर्वक पूछा–'मैं तो ठहर गया, तू कब ठहरेगा?' अंगुलिमाल चकित हो गया। उसके सामने किसी की बोलने की हिम्मत नहीं होती थी। लोग उसे देखकर थरथर काँपते थे। भगवान बुद्ध ने फिर उससे प्यार से पूछा–'कब ठहरेगा तू?'

अब भगवान बुद्ध के इन प्रेम भरे शब्दों का असर अंगुलिमाल पर होने लगा। अंगुलिमाल भगवान बुद्ध के आगे नतमस्तक हो गया। वह कहने लगा–'महात्मन्–आपने मुझे राह दिखाई है। मेरी आँखें खोल दी हैं।' उसने उँगलियों की माला तोड़ दी और अपनी कटार दूर फेंक दी। वह भगवान बुद्ध के चरणों में गिर गया और उनका शिष्य बन गया। जी.पी.एच. की पुस्तकों का मुख्य उद्देश्य ज्ञान के साथ–साथ अच्छे नम्बर दिलाना है।

प्रश्न 2. किसी स्थिति या दशा का वर्णन उदाहरण सहित कीजिए।

उत्तर– यह ज्ञात है कि मानव अपने आस–पास के वातावरण से प्रभावित होता है। स्थिति व दशा का वर्णन उसके जीवन का एक हिस्सा है। निम्नलिखित गद्यांश को उदाहरण के तौर पर लिया जा सकता है–

विभिन्न स्थानों पर "दिल्ली विकास प्राधिकरण (डी.डी.ए.)" ने कृषि का अधिग्रहण करके कई प्रकार के बहुमंजिला फ्लैटों का निर्माण किया है। साथ ही भवन निर्माण हेतु प्लाटों का भी विकास किया है। दिल्ली की आवास समस्या को सुधारने में डी.डी.ए. का अहम् योगदान रहा है।

एक समय में, पश्चिमी दिल्ली में जनकपुरी, एशिया की सबसे बड़ी कॉलोनी कहलाती थी। इस कॉलोनी के बीचों–बीच कई गाँव पड़ते थे जिनके चारों तरफ डी.डी.ए. ने प्लाटों या फ्लैटों का विकास किया। गाँवों की जमीन को लाल डोरा के अंतर्गत माना जाता है और उसमें निर्माण कार्य के लिए कोई नक्शा पास कराने की आवश्यकता नहीं होती। फिर क्या था इन गाँवों में अंधाधुंध निर्माण होने लगा। गाँव के चारों तरफ छोटी–छोटी दुकानें बनती गईं। जगह–जगह कूड़ेदान बने। गाँवों के अंदर छोटी–छोटी कोठरियाँ बनाकर उन्हें किराये पर उठाया जाने लगा। गाँवों के अंदर गंदगी, बरसात के मौसम में कीचड़ और बदबू से अक्सर

महामारी फैलने का खतरा उत्पन्न हो जाता है। गाँवों की छोटी-छोटी कोठरियों में कई-कई बच्चों वाले परिवार का रहना, गाँवों की नालियों में कूड़ा फेंकना या गंदगी फैलाना यहाँ के जीवन को नारकीय बना देता है। इस प्रकार का माहौल स्वास्थ्य के लिए बहुत ही हानिकारक है।

इस प्रकार यह वर्णन एक कॉलोनी की स्थिति या दशा का वर्णन कर रहा है।

प्रश्न 3. उदाहरण की सहायता से किसी कार्य प्रणाली या प्रक्रिया का वर्णन कीजिए।

उत्तर— किसी यंत्र को कैसे स्थापित किया जाता है या खाना कैसे बनाया जाता है, इस प्रकार का वर्णन करने के लिए हमें कई अवसरों पर आवश्यकता पड़ती है।

उदाहरण के तौर पर निम्नलिखित संवाद को देखिए—

मीता—स्नेहा, तुम्हारी इडली तो बहुत ही स्वादिष्ट बनी है। कैसे बनाती हो ऐसी स्वादिष्ट इडलियाँ?

स्नेहा—इडली बनाना बहुत ही आसान है।

मीता—जरा बताओ तो।

स्नेहा—200 ग्राम चावल लो और अच्छी तरह साफ कर लो। चार-पाँच घंटे चावल को पानी में भिगो कर रख दो। फिर मिक्सी में चावल को पीसकर पेस्ट बना लो। इसमें थोड़ा दही मिलाकर दो-तीन घंटे ढक कर रख दो।

मीता—फिर...

स्नेहा—फिर प्रेशर कुकर में थोड़ा पानी डालकर इडली स्टेंड में थोड़ा घी या तेल लगाकर चावल का पेस्ट डालकर कुकर बंद कर दो। कुकर की सीटी न लगाओ। थोड़ी देर में भाप से इडलियाँ तैयार हो जायेंगी। कुकर खोलकर इडलियाँ निकाल लो। बस, इडलियाँ तैयार हैं। सांबर या नारियल की चटनी तैयार करके खाई जा सकती हैं।

मीता—200 ग्राम चावल से कितनी इडलियाँ बन जायेंगी।

स्नेहा—लगभग 20, वैसे आजकल बाजार से 'इडली मिक्स' पाउडर भी मिलता है जिसे पानी में मिलाकर सीधे इडलियाँ बनाई जा सकती हैं। सूजी से भी इडलियाँ बनाई जा सकती हैं।

मीता—अब मैं भी इस रविवार को घर में नाश्ते के लिए इडलियाँ तैयार करूँगी।

इस प्रकार की प्रक्रिया समझाने या वर्णन करने के लिए विशिष्ट प्रकार के वाक्य साँचों का प्रयोग किया जाता है। आदेशात्मक क्रिया रूप का प्रयोग दृष्टव्य है, जैसे—

(1) चावल का आटा लिजिए।
(2) पानी में भिगो दीजिए।
(3) कुकर में थोड़ा पानी डालिए।

इसी प्रकार के वर्णन के लिए—कर्म वाच्य का प्रयोग भी किया जा सकता है, जैसे—

(1) स्वाद के अनुसार नमक मिलाया जाता है।

(2) प्रेशर कुकर की सीटी हटा दी जाती है।

(3) धीमी आँच पर पकाया जाता है।

किसी प्रक्रिया के वर्णन में नित्य वर्तमान वाली वाक्य संरचना का प्रयोग भी किया जा सकता है–

(1) पहले थोड़ा चावल लेते हैं।

(2) उस तीन–चार घंटे पानी में भिगोकर रखते हैं।

(3) फिर मिक्सी में उसका 'पेस्ट' बनाते हैं।

(4) फिर तवे पर थोड़ा तेल लगाते हैं और पेस्ट को तवे पर फैला देते हैं।

(5) इस प्रकार 'डोसा' तैयार करते हैं।

प्रश्न 4. समाचार पत्र के संपादक के नाम एक पत्र लिखिए जिसमें गाँवों में रहने वाले निम्नवर्गीय लोगों के जीवन को सुधारने के लिए प्रयासों का उल्लेख कीजिए। इसमें आप निम्नलिखित अभिव्यक्तियों का उपयोग कर सकते हैं–

- **गड्ढ़ों में पानी भरना और मच्छरों का पलना**
- **छोटे बच्चों को खुली नालियों में पेशाब/शौच के लिए बैठाना**
- **गलियों में परिवारों का भोजन करना एवं जीना**
- **गलियों में कुत्तों की दुर्गंध**
- **गाय–भैंसों के गोबर की दुर्गंध**
- **कीचड़–गंदगी के कारण तंग गलियों में से निकलने में कठिनाई**
- **कूड़ा गलियों में फेंकना।**

उत्तर–

संपादक

नवभारत टाइम्स

नई दिल्ली

मान्यवर,

मैं आपके समाचार पत्र के माध्यम से स्थानीय प्रशासन का ध्यान हमारी कालोनी की शोचनीय स्थिति की ओर आकर्षित करना चाहता हूँ।

मैं पश्चिमी दिल्ली के असालतपुर गाँव में रहता हूँ। इधर असालत पुर गाँव के चारों और डी.डी.ए. की कालोनी का विकास हुआ है। जिसमें सुंदर इमारतें, साफ सुथरी सड़कें और स्वस्थ माहौल के दर्शन होते हैं।

असालत पुर गाँव में घुसते ही ऊबड़–खाबड़ सड़कें, गंदी तंग गलियाँ और उनमें आवारा कुत्तों का साम्राज्य, गलियों में चारपाई से चारपाई सटी हुई, हर घर के बाहर कूड़ा सड़ांध बदबू, गंदगी से उफनती नालियों के दर्शन होते हैं। बरसात के मौसम में जगह–जगह पानी भर जाना तो आम बात है। गाँव में मलेरिया के काफी मामले प्रकाश में आ चुके हैं।

गाँव में छोटी–छोटी कोठरियों को, आसपास काम करने वाली महिलाओं तथा फैक्टरियों में काम करने वाले मजदूरों को, किराए पर उठाया जाता है। इनमें बड़े परिवार रहते हैं। गली में ही खाना बनाते हैं, वहीं खाते हैं, बच्चों को नहलाते हैं और नालियों में बच्चे टट्टी पेशाब करते हैं। गाँव वालों की गाय भैंसों के गोबर की सड़ांध, ये सब यहाँ के जीवन को नारकीय बना देते हैं।

आपके समाचार पत्र के माध्यम से स्थानीय प्रशासन से अनुरोध है कि वे गाँव की सफाई की ओर ध्यान दें– नालियों की सफाई करें तथा गलियों में गंदगी फैलाने से लोगों को रोकें। नहीं तो, गाँव में महामारी फैलने की आशंका हो सकती है।

सधन्यवाद!

प्रश्न 5. आप किसी पद के लिए आवेदन करना चाहते हैं। अपने व्यक्तिगत विवरण के साथ–साथ शैक्षिक विवरण, कार्य अनुभव, अभिरुचियों के बारे में बताते हुए अपना 'बायो डेटा' तैयार कीजिए।

उत्तर– बायो डाटा

नाम : पूजा अग्रवाल

पिता का नाम : राकेश अग्रवाल

जन्म तिथि : 22 अगस्त, 1996

वर्तमान आयु : 23 वर्ष

कद : 5 फुट 4 इंच

वजन : 45 किलो

पता (घर) : बी–1/438, जनकपुरी, नई दिल्ली

पता (कार्यालय) : केंद्रीय हिंदी निदेशालय, राम कृष्ण पुरम, नई दिल्ली –110066

दूरभाष : 123456

शैक्षिक योग्यताएँ :

डिग्री	वर्ष	विश्वविद्यालय	श्रेणी	विषय
बी.कॉम	2014	दिल्ली	प्रथम	वाणिज्य व अर्थशास्त्र
एम.ए	2016	दिल्ली	प्रथम	वाणिज्य

अनुभव : सात वर्ष

संस्था	वर्ष
केंद्रीय हिंदी निदेशालय	2015 से अब तक

अभिरुचियाँ : संगीत सुनना, बैडमिंटन खेलना

(हस्ताक्षर)
पूजा अग्रवाल

दिनांक
29.06.2017

प्रश्न 6. पासपोर्ट बनवाने के लिए आवेदन पर एक संवाद लिखिए।
उत्तर— पासपोर्ट बनवाने के लिए आवेदन—

सुरेश	–	रमेश तुम्हें मालूम है कि मुझे अमेरिका में एक कंपनी में, नौकरी मिल रही है
रमेश	–	यह तो बड़ी खुशी की बात है। तो हो जाए पार्टी।
सुरेश	–	पार्टी तो होगी ही, पर, अभी बहुत–सी औपचारिकताएँ पूरी करनी हैं। पासपोर्ट बनवाना है। तभी मुझे नियुक्ति–पत्र मिलेगा।
रमेश	–	तो, पासपोर्ट बनवाने में क्या समस्या है। अब तो पासपोर्ट बनवाना बहुत सरल हो गया है।
सुरेश	–	तुमने भी तो, हाल ही में, पासपोर्ट बनवाया है, जरा मुझे भी तो बताओ, मुझे क्या करना होगा।
रमेश	–	सबसे पहले क्षेत्रीय पासपोर्ट कार्यालय में फार्म भरकर जमा कर दो या ऑनलाइन आवेदन कर दो। छह फोटो खिंचवा लो, फार्म भर कर पासपोर्ट फीस के साथ जमा कर दो। एक महीने में पासपोर्ट घर आ जाएगा।
सुरेश	–	फार्म में क्या–क्या भरना होगा।
रमेश	–	अपना व्यक्तिगत विवरण– नाम, पिता का नाम, माता का नाम, कद, आयु वजन, जन्म तिथि, जन्म स्थान, पिछले दो वर्षों में रहने वाले स्थान का विवरण, बस यही सब देना है। और फिर विदेश जाने का कारण लिखना होगा। इसके लिए तुम नौकरी के पत्र की प्रति लगा सकते हो। फार्म भर कर तुम्हें अपना फार्म किसी सरकारी अधिकारी या प्रथम श्रेणी मजिस्ट्रेट से साक्ष्यांकित कराना होगा।
सुरेश	–	क्या इसके लिए पुलिस जाँच भी होती है?
रमेश	–	हाँ, स्थानीय पुलिस थाने से कोई घर पर आएगा, उसे आवास का प्रमाण पत्र, राशन कार्ड की नकल या चुनाव पहचान पत्र की प्रति दे देना।
सुरेश	–	और कुछ?
रमेश	–	तुम्हें अपने मोहल्ले के दो ऐसे व्यक्तियों का विवरण भी देना होगा जो तुम्हें अच्छी तरह से जानते हों।

सुरेश	–	यह तो सब हो जाएगा।
रमेश	–	तब तो पासपोर्ट बहुत जल्दी बन जाएगा। अगर किसी अन्य सरकारी अधिकारी का परिचय पत्र आवेदन पत्र के साथ लगा दो तो बिना पुलिस जाँच के भी पासपोर्ट बन सकता है।
सुरेश	–	बहुत बहुत धन्यवाद। मैं आज ही फार्म लेने जाता हूँ।

☐☐

अध्याय 10

आख्यानपरक लेखन

भूमिका

आख्यान मनुष्य की लेखन-कला का एक माध्यम है। वैयक्तिक लेखन, आख्यानपरक लेखन मनुष्य की संवेदनात्मक अभिव्यक्ति के माध्यम हैं। वैयक्तिक लेखन में जहाँ व्यक्तिपरकता पर विशेष बल दिया जाता है वहीं आख्यानपरक लेखन में व्यक्तिपरकता के साथ-साथ वस्तुनिष्ठता भी दिखाई पड़ती है। आख्यानपरक लेखन में भावों और विचारों को लेखक चरित्रों के माध्यम से व्यक्त करता है जबकि वैयक्तिक लेखन में लेखन की अनुभूति और विचारों के बीच चरित्रों के लिए कोई जगह नहीं होती, इसमें तो लेखक अपनी स्मृति के आधार पर ही घटनाओं या व्यक्तियों का वर्णन करता है।

आख्यान में व्यक्ति और घटनाओं के साथ सामाजिक सत्य का भी उद्घाटन होता है। जबकि व्यक्तिपरक लेखन में ऐसा होना कोई जरूरी नहीं है। वैयक्तिक लेखन में जहाँ लेखक के निजी जीवन की अनुभूति प्रधान होती है, वहीं आख्यान में निजी जीवन के साथ समाज की व्यापक जिंदगी के चित्र भी अंकित होते हैं।

प्रश्न 1. आख्यानपरक लेखन का तात्पर्य बताते हुए उसकी विशेषताओं का वर्णन कीजिए।

अथवा

आख्यानपरक लेखन सरल क्यों होना चाहिए?

उत्तर— आख्यान मनुष्य की लेखन-कला का एक माध्यम है। वैयक्तिक लेखन, आख्यानपरक लेखन मनुष्य की संवेदनात्मक अभिव्यक्ति के माध्यम हैं। वैयक्तिक लेखन में जहाँ व्यक्तिपरकता पर विशेष बल दिया जाता है वहीं आख्यानपरक लेखन में व्यक्तिपरकता के साथ-साथ वस्तुनिष्ठता भी दिखाई पड़ती है। आख्यानपरक लेखन में भावो और विचारों को लेखक चरित्रों के माध्यम से व्यक्त करता है जबकि वैयक्तिक लेखन में लेखन की अनुभूति और विचारों के बीच चरित्रों के लिए कोई जगह नहीं होती। इसमें तो लेखक अपनी स्मृति के आधार पर ही घटनाओं या व्यक्तियों का वर्णन करता है।

आख्यान में व्यक्ति और घटनाओं के साथ सामाजिक सत्य का भी उद्घाटन होता है। जबकि व्यक्तिपरक लेखन में ऐसा होना कोई जरूरी नहीं है। वैयक्तिक लेखन में जहाँ लेखक के निजी जीवन की अनुभूति प्रधान होती है, वहीं आख्यान में निजी जीवन के साथ समाज की व्यापक जिंदगी के चित्र भी अंकित होते हैं।

आख्यानपरक लेखन की विशेषताएं निम्नलिखित हैं—

(1) सरलता—जिस भाषा का प्रयोग समाचार पत्रों में किया जाता है, सरलता उसका आवश्यक गुण है। सरल भाषा के प्रयोग से पाठक को समझने में कोई परेशानी नहीं होती क्योंकि ऐसी भाषा में कल्पना का सहारा नहीं लिया जाता है। उदाहरण—

बुलंदियों पर पहुँचने से अधिक महत्वपूर्ण है बुलंदियों पर बने रहना। इस बात को लिएण्डर पेस और महेश भूपति की भारतीय जोड़ी ने पिछले कुछ समय से दुनिया में शीर्ष रैंकिंग पर बने रहकर साबित किया है। यह जोड़ी 1952 के बाद दुनिया की पहली ऐसी जोड़ी है जिसने वर्ष के चारों ग्रैंड स्लैम खिताबों के फाइनल में प्रवेश किया।

लेखक ने यहाँ पर सरल भाषा में बिना किसी बनावट के सीधे शब्दों में अपनी बात कह दी है जिससे पाठक को समझने में किसी प्रकार की उलझन नहीं होती है। इसके साथ ही इसमें दोनों खिलाड़ियों की श्रेष्ठता भी उजागर होती है।

(2) प्रत्यक्ष वार्तालाप शैली—इस प्रकार की शैली के अन्तर्गत लेखक की कोशिश यह होती है कि वह पाठक सेसीधे बातचीत करते हुए दिखाई दे। इसी क्रम में वह (लेखक) पाठक के सामने अपना दृष्टिकोण भी प्रकट करने का प्रयत्न करता है। आख्यान की यह शैली आम तौर से प्रयोग में नहीं देखी जाती है।

उदाहरण—परिवार बस टूटे हुए सपनों का मलबा बन कर रह गया है। घर के कोने में स्वप्न टूटे-फूटे पड़े हैं। वे, जिन्हें बड़े प्यार से सहेजा गया था कभी – अब धूल खा रहे हैं। इन स्वप्नों में सबसे ज्यादा स्वप्न वे हैं, जो जिज्जी ने कभी गुच्चन, लल्ला आदि के लिए देखे और सहेजे थे।

उपर्युक्त उदाहरण से परिवार की ध्वस्त होती इच्छाओं को चित्रित करने का प्रयास दिखाई देता है। परन्तु लेखक ने उस परिवार के टूटते सपनों को इस तरह बयान किया है जिससे लगता है कि वह सामने बैठे किसी व्यक्ति से बातें कर रहा हो। यहाँ उसकी आख्यान शैली बहुत प्रभावशाली रूप में उभरकर सामने आ गई है।

(3) तथ्यपरकता—इस प्रकार के लेखन में तथ्यपरकता का अहम् स्थान होता है। स्थान, समय और गतिविधियों के वर्णन से आख्यान को न केवल विकसित किया जा सकता है बल्कि उससे एक हद तक विश्वसनीयता भी आती है।

उदाहरण—संवेदनहीनता की हालत जो यह है कि जब उड़ीसा मौत से जूझ रहा था तो सारा देश दीवालियाँ मना रहा – घर, बाज़ार, सड़के, चौराहे रोशनियों से जगमगा रहे थे, दुकानें खरीदारों से ठसाठस भरी थींऔर दिन–रात पटाखों के धमाके दिन का चैन और रात की नींद हराम किए थे। लगता ही नहीं था कि इसी देश के एक हिस्से में लाखों लोगों की जिंदगियाँ धरती की स्लेट से पोंछी जा रही हैं।

यह अंश तथ्य को संवदेना के माध्यम से प्रस्तुत करता है। यहाँ हमें यह भी देखने को मिलता है कि उड़ीसा कीउस भारी तबाही का हमारे मन पर कितना असर पड़ा है? यह हमारे सामाजिक लगाव और जिम्मेदारी की कमी को प्रकट करता है। इस तरह इस अंश में तूफान से हुई तबाही और उसके प्रति आम जनता की प्रतिक्रिया उजागर हो गई है।

(4) वैयक्तिकता—इस शैली के प्रयोग से लेखक या वक्ता का व्यक्तिगत चरित्र उभर–कर सामने आ जाता है।इसमें इतने भारी और गंभीर शब्दों का प्रयोग होता है कि उससे हास्य बिखरने लगता है। जहाँ तक वैयक्तिकता का सवाल है, यह प्रत्येक लेखक की बिल्कुल निजी शैली होती है।

उदाहरण—इधर गुच्चन समझ नहीं पा रहे थे कि लोग इंटर कैसे पास कर लेते हैं। इन पाँच वर्षों में उन्होंने देखा कि एक से एक खतियल लुच्चे–लफंगे लड़के तक इंटर करके निकल गए। कैसे किया जाता है इंटर पास? क्यों नहीं हो पाते? पाँच वर्षों में वे कितनी बार कितने विषयों में फेल हुए हैं, इसका हिसाब लगाने बैठते तो हिसाब के इस गणित में भी वे फेल ही होते। किले की ऊँची दीवार–सा सामने आ गया था इंटर और किले के भारी फाटक पर खतरनाक अनजाने प्रश्नों के अस्त्रों से लैस न जाने कितने विषय पहरा दे रहे थे। वे किस–किस से जूझते? वे अकेले और किले पर ऐसी भारी कुमुक। वे इधर एक विषय से भिड़ते, उसके गरदनिया देकर जमीन पर दचकते कि उधर पाँच विषय उन पर पीछे से चढ़ बैठते।

इस लेखक की हास्य–व्यंग्य शैली का स्पष्ट संकेत मिलता है। देशज भाषा के शब्दों का प्रयोग करके लेखक नेजहाँ व्यंग्य की धार को पैना बनाया है वहीं अनजाने ही हास्य की छटा बिखरने लगती है।

(5) शैली—लेखन के क्षेत्र में शैली का महत्वपूर्ण स्थान होता है। वैसे तो शैली को परिभाषित करना कठिन है फिर भी कुछ विद्वानों ने इसके विषय में अपने विचार व्यक्त किए हैं।

स्विट के अनुसार – "समुचित स्थान पर सही शब्दों का प्रयोग ही शैली की सच्ची परिभाषा हो सकती है।" बफन के अनुसार–"मनुष्य अपने आप में शैली है।" चेस्टरफील्ड ने लिखा है कि, "शैली विचारों का परिधान (पहनावा) है।" हवाइटहेट का कहना है कि,"शैली मन की नैतिकता है।"

हवाइटहेड की परिभाषा से यह स्पष्ट होता है कि शैली और लेखक के मन के बीच एक अटूट रिश्ता होता है। अमुक व्यक्ति का लेखन बहुत खराब है तो इसका मतलब यह होता है कि उसके लिखने का तरीका पाठक के मन पर कोई ठोस प्रभाव डालने में सक्षम नहीं है। लेखक शब्दों, ध्वनियों और व्याकरण को व्यवस्थित रूप देने के लिए हमेशा अभ्यास करता है ताकि उसके लेखन का अभिप्राय स्पष्ट हो सके। इस प्रकार, शैली के माध्यम से एक लेखक अपने कौशल में निरंतर निखार लाने की कोशिश करता है। जी.पी.एच. की पुस्तकों का मुख्य उद्देश्य ज्ञान के साथ–साथ अच्छे नम्बर दिलाना है।

प्रश्न 2. आख्यानपरक रचना का लेखन कैसे किया जाता है? इसके महत्त्वपूर्ण अंग बताइए।

उत्तर— एक लेखक किसी आख्यान को लिखने से पहले अपने दिमाग में उसके बारे में स्पष्ट रूपरेखा बना लेता है। इस तरह आख्यान किसी व्यक्ति, वस्तु या घटना के बारे में लेखक की सोच को प्रकट करता है, जबकि वर्णन में लेखक किसी घटना का हू–ब–हू वर्णन कर देता है। आख्यानपरक लेखन के निम्नलिखित महत्त्वपूर्ण अंग होते हैं—

(1) **विचार**—व्यक्ति सिर्फ उसी के बारे में लिख सकता है जिसके बारे में उसे अनुभव हो, जिसे उसने देखा हो और जिसके बारे में उसने कुछ सोचा हो। दूसरों के अनुभवों और विचारों के बारे में जब हम बात करते हैं तो वह हमारा निजी विचार नहीं होता। दूसरों से लिया गया विचार उसी तरह हमारा अपना नहीं हो सकता, जैसे किसी दूसरे व्यक्ति का कपड़ा हमारी देह पर फिट नहीं बैठता। रुचिकर कहानी या आख्यान वही हो सकता है जिसे स्वयं लेखक ने निजी तौर पर अनुभव किया हो अथवा उसके बारे में सोचा हो। इसलिए आख्यान में मौलिकता आवश्यक और महत्त्वपूर्ण होती है। आख्यान के प्रमुख स्रोत हैं—

(क) **स्मृति**—स्मृति में कई बातें शामिल हैं। मसलन, किन व्यक्तियों या स्थानों को हम स्पष्ट रूप से याद कर सकते हैं? किन दिनों को हम याद करते हैं? इनमें वह दिन भी हो सकता है जिस दिन हमें बेहद खुशी का अनुभव हुआ हो अथवा किसी दुःख या पीड़ा से गुजरना पड़ा हो। इसमें उस दिन को भी याद करते हैं जब हमारे परिवार, पड़ोसी या मोहल्ले में कोई अप्रिय घटना घट गई हो।

(ख) **मित्र और प्रिय स्थान**—इसमें हम देखते है कि किस व्यक्ति को हम बहुत अच्छी तरह जानते हैं? किसने हमें बेहद प्रभावित किया है? अथवा वह कौन–सा स्थान है जहाँ हम लौटकर दोबारा जाना चाहते हैं? तो इस तरह कोई प्रिय व्यक्ति या स्थान आख्यान का विषय बन सकता है क्योंकि लेखक इनको बहुत करीब से जानता है और उनके बारे में सोच सकता है।

(ग) **घटनाएँ**—वे घटनाएँ जिन्होंने हमारे जीवन को झकझोर कर रख दिया हो, अथवा जीवन की महत्त्वपूर्ण उपलब्धि या निराशा भी आख्यान का विषय बन सकती है। इसमें वह व्यक्ति भी शामिल हो सकता है जिसकी सुंदरता, भलमनसाहत या शक्ति ने हमें प्रभावित किया हो।

(घ) **कल्पना और इच्छाएँ**—इनमें व्यक्ति से जुड़ी वे इच्छाएँ और कल्पनाएँ शामिल होती हैं जिनमें वह किसी व्यक्ति से मिलने के लिए बेहद आतुर दिखाई देता है या वह किसी स्थान या देश में रहने के लिए लालायित रहता है।

इस प्रकार आख्यान लेखन में व्यक्ति की इच्छा–आकांक्षाओं और अनुभवों का विशेष महत्त्व होता है।

उदाहरण—"जिनको हम समझते हैं, व्यतीत हो गया, वह वास्तव में समाप्त नहीं हुआ। वह हमारे साथ जी रहा है। काव्य में भी यही है कि उसमें किसी देश की संस्कृति उसकी धरती बोलती है, उसका आकाश बोलता है।"

उपर्युक्त अंश में महादेवी वर्मा ने कविता के बारे में अपना विचार व्यक्त किया है। चूँकि महादेवी हिंदी जगत की महत्त्वपूर्ण कवयित्री हैं, इसलिए कविता के विषय में उनके द्वारा व्यक्त विचारों में मौलिकता आना स्वाभाविक है।

"उस समय देखा मैंने कि सांप्रदायिकता नहीं थी, जो अवध की लड़कियाँ थीं, वे आपस में अवधी बोलती थीं; बुंदेलखंड की लड़कियाँ थीं; वे बुंदेली में बोलती थीं। कोई अंतर नहीं आता था और हम पढ़ते हिंदी थे। उर्दू भी हमको पढ़ाई जाती थी, परंतु आपस में हम अपनी भाषा ही बोलती थीं। यह बहुत बड़ी बात थी। हम एक मेज पर खाते थे, एक प्रार्थना में खड़े होते थे, कोई विवाद नहीं होता था।"

यहाँ लेखिका स्मृति के सहारे अतीत के उन क्षणों को याद करती है जो अनेकता में एकता का आदर्श प्रस्तुत करते थे। इस अंश में सामाजिक–राजनीतिक बदलाव की प्रवृत्तियों की भी झलक मिलती है।

(2) विषय का चुनाव—आख्यानपरक लेखन में विषय के चुनाव का बहुत अधिक महत्त्व है। लेखक का जो कुछ अपना निजी अनुभव, विचार, संवदेना, पर्यवेक्षण आदि होते हैं, उनको उस लेखन का वह एक महत्त्वपूर्ण और आवश्यक विषय बना लेता है। इस प्रकार लेखक हमें अपनी उस लेखन–कला के द्वारा हमें थोड़ी–बहुत अवश्य जानकारी प्रदान कर देता है। इस प्रकार लेखक द्वारा किया गया लेखन बहुत ही रोचक और प्रभावशाली बनकर पाठक के हृदय को छू लेता है। इस विषय में लेखक स्वयं ही अपने विचार व्यक्त कर देता है।

(3) विषय का विकास—आख्यानपरक लेखन के लिए लेखक सबसे पहले विषय का चुनाव कर लेता है। इसके बाद वह विषय–व्यवहार की बात को गंभीरतापूर्वक सोचता–विचारता है। गंभीर मनन और मंथन के बाद वह विषय को निश्चित कर लेता है, फिर उसके अनुसार वह लेखन के लिए उस चुने हुए और निश्चित किए हुए अनुरूप सामग्री को इकट्ठा कर लेता है। इस प्रकार की तैयार की हुई योजना को कार्यान्वित करने के लिए आख्यान लेखन आरंभ

कर देता है। यह ध्यातव्य है कि प्रत्येक लेखन में एक प्रकार से लेखक का पाठक से संवाद होता है। इसके लिए वह (लेखक) सामग्रियों को अपने विचारों-भावों के आधार पर प्रस्तुत करता है। इस प्रकार लेखक के मन में किसी प्रकार के आख्यान लिखने से पहले एक ठोस और उपयुक्त विचार कौंधता है। इसे ही वह अपने लेखन में विस्तार दे डालता है।

(4) विषय-सामग्री की खोज- अब लेखक को उस सामग्री की खोज करनी पड़ती है जो उसके लेखन को पुष्ट कर सके। वैयक्तिक और आत्मनिष्ठ अथवा अवैयक्तिक एवं वस्तुनिष्ठ-ये दो मुख्य स्रोत हैं, जिनके आधार पर आख्यान को विकसित और पुष्ट किया जा सकता है। व्यक्तिपरकता लेखन में मानवीय संवेदना का संचार करती है। साथ ही, इससे पाठक का ध्यान आकृष्ट करने में भी आसानी होती है। सच तो यह है कि बहुत बड़ी संख्या में तथ्यों का संकलन कर भी लिया जाए तो वह व्यक्ति के विचार और कल्पना की बराबरी नहीं कर सकता है, क्योंकि तथ्यों में निजीपन की अनुभूति कराने की क्षमता नहीं होती, जो एक आख्यान के लिए आवश्यक होती है। इसके अलावा इसमें लेखक का पर्यवेक्षण भी महत्त्वपूर्ण होता है। इससे हम न केवल दो वस्तुओं अथवा व्यक्तियों के बीच अंतर कर पाते हैं, बल्कि पर्यवेक्षण व्यक्ति या वस्तु की चारित्रिक पहचान करने की दृष्टि भी देता है। इस प्रकार आख्यान के लिए सूक्ष्म पर्यवेक्षण अत्यंत जरूरी है।

एक उदाहरण अमृता प्रीतम की आत्मकथा 'रसीदी टिकट' से प्रस्तुत है-

"कुछ घटनाएँ बहुत ही थोड़े समय के बाद रचना का अंग बन जाती हैं, पर कुछ घटनाओं को कलम तक पहुँचने के लिए बरसों का फासला तय करना पड़ता है। पहली तरह की घटनाओं में मुझे एक याद है जब मैं 1960 में नेपाल गई थी। लगभग पाँच दिन तक रोज शाम के समय किसी न किसी बैठक में कवि सम्मेलन होता था, जहाँ कुछ नेपाली कवि रोज मिल जाते थे। उनमें एक कवि थे चढ़ती जवानी में, किंतु बहुत ही गंभीर स्वभाव के। मैंने केवल इतना ही जाना था कि वह रोज धीरे से मेरी एक खास कविता की फरमाइश अवश्य करते थे, इससे ज्यादा कुछ नहीं, पर जिस दिन वापस दिल्ली आना था और कई कवियों के साथ वह एयरपोर्ट आए थे तथा संयोग था कि उस दिन प्लेन एक घंटे लेट था, प्रतीक्षा के सारे समय में वह मेरा भारी गर्म कोट उठाए रहे। फिर प्लेन के आने पर जब मैं उनसे कोट लेने लगी, तो उन्होंने धीरे से कहा, 'वह जो भार दिखाई देता है यह तो आप लीजिए, जो नहीं दिखाई देता वह मैं लिए रहूँगा' और मैं अचानक चौंक-सी गई थी। दिल्ली पहुँचकर एक कहानी लिखी 'हुंकारा'-उनके बारे में नहीं, पर यह वाक्य अनायास ही उस कहानी में आ गया।"

उपर्युक्त अंश में लेखिका ने उस नेपाली कवि का ऐसा आख्यान प्रस्तुत किया है जिसमें उनका व्यक्तित्व झलकने लगता है। नेपाली कवि के मन में लेखिका के प्रति प्रेम का जो अंकुर फूटा था उसे बहुत ही ईमानदारी और सहानुभूति के साथ चित्रित किया गया है। इसलिए हमें यह कहने में कोई कठिनाई नहीं महसूस होनी चाहिए कि आख्यानपरक लेखन किसी व्यक्ति या वस्तु के बाह्य रूप का रेखांकन नहीं है बल्कि यह उसके आंतरिक गुणों या विशेषताओं का अनुभूतिपरक वर्णन है। अमृता प्रीतम के उपर्युक्त शब्द हमें इसका प्रमाण देते हैं। लेखिका ने नेपाली कवि के भावोच्छ्वास पर स्तब्ध होते हुए उनका ऐसा चित्र प्रस्तुत किया है जिससे उन

नेपाली कवि के बारे में पाठक के मन में कोई विकार या बुरा भाव नहीं प्रकट होता, बल्कि वह (पाठक) उस भावोद्गार को एक संवेदनशील सौंदर्य प्रेमी व्यक्ति के सहज आकर्षण का परिणाम मान लेता है।

ATTENTION IGNOU STUDENTS

Claim your FREE book
"How to pass IGNOU exams on time with Good Marks"

अध्याय 11

तार्किक लेखन

भूमिका

तार्किकता से हमारा तात्पर्य कार्य-कारण संबंध से है। तार्किकता को जब हम प्रक्रिया में प्रस्तुत करते हैं, तब कुछ गुत्थी को खोल पाते हैं। तर्क एक ऐसी रचनात्मक प्रक्रिया है, जिसकी आवश्यकता हमें किसी बात को स्पष्ट करने के लिए होती है। इस स्पष्टीकरण के संदर्भ में हम प्रक्रिया की व्याख्या करते हैं। तार्किक लेखन का प्राथमिक उद्देश्य मात्र वर्णन करना, विवरण देना और समझना ही नहीं है, अपितु उन तथ्यों, विचारों और विश्वासों को 'क्या?', 'क्यों?' और 'कैसे?' के माध्यम से समझाना भी है। तार्किकता हमें एक ठोस आधार देती है, अपनी बातों को वैज्ञानिक ढंग से प्रस्तुत करने के लिए। इस प्रकार, तार्किक लेखन का साधारण अर्थ है किसी विषय का वर्णन करना और अपने तर्क से स्पष्ट करना जिससे पाठक लेखक की बात को समझ जाएँ। यहाँ लेखक अपना उद्देश्य रखता है तथा अपने विचार-बिंदुओं और दृष्टि से उसे स्पष्ट करता है।

प्रश्न 1. तार्किक लेखन से क्या तात्पर्य है? संक्षेप में बताइए।

उत्तर— तार्किक लेखन का तात्पर्य है तर्क को कसौटी बनाकर लेखन कार्य में वृत्त होना। जो कुछ हम लिखें उसमें कार्य–करण संबंध हो। सर्जनात्मक लेखन में कार्य–करण संबंध की अनिवार्य शृंखला हो भी सकती है और नहीं भी हो सकती है। कहानी कविता उपन्यास या अन्य सर्जनात्मक रचना के लिए यह आवश्यक नहीं है कि उसमें तार्किक शृंखला हो ही। मानवीय रचनात्मकता उसे दूसरी तरह से भी रच सकती है। विज्ञान में, शास्त्र में या आलोचना में जब तक उसकी तार्किकता स्पष्ट नहीं होगी उसे प्रामाणिक नहीं माना जायेगा। गणित की शब्दावली का प्रयोग करें तो रचनात्मक लेखन दो और दो चार ही नहीं होता, तीन भी हो सकता है और छह भी। लेकिन विज्ञान शास्त्र या आलोचक को चार के नजदीक या लगभग नजदीक होना चाहिए। उदाहरण "आधुनिक काल में गद्य का महत्त्व सहसा बहुत बढ़ गया। गद्य का बहुत गहरा संबंध वैचारिकता से है। आधुनिकता गद्य में नहीं पद्य में भी व्यक्त हुई है। भारतेन्दु युग के बाद की कविता पर गद्यात्मक दबाव है।"

प्रश्न 2. तार्किक लेखन की प्रक्रिया स्पष्ट कीजिए।

अथवा

तार्किक लेखन में उदाहरणों का क्या महत्त्व है? समझाइए।

उत्तर— तार्किक लेखन की प्रक्रिया का तार्किक लेखन के लिए अत्यधिक महत्त्व है। इसमें विषय–वस्तु के चुनाव की बात बहुत ही महत्त्वपूर्ण होती है। ऐसा इसलिए कि चयन की गई विषय–वस्तु के अनुसार ही तर्क तैयार किया जाता है। जब हम विषय–वस्तु का चुनाव कर लेते हैं, तब हम एक ऐसा मानसिक ढांचा तैयार करते हैं कि उस विषय–वस्तु पर हमें क्या–क्या लिखना पड़ेगा। इसके लिए हम अपनी बातों की पुष्टि के लिए तार्किक प्रक्रिया का प्रयोग करते हैं। अपने कथन के संदर्भ से जुड़े तथ्यों में से सर्वाधिक महत्त्वपूर्ण तथ्य को कथन के बाद प्रस्तुत करना चाहिए। इसके बाद उससे कम महत्त्वपूर्ण तथ्य को प्रस्तुत करना चाहिए। इस प्रकार तार्किक अन्विति का शृंखलाबद्ध निर्माण करना चाहिए। जो तथ्य विषय से सम्बद्ध न हो, उस प्रकार के तथ्य से बचना चाहिए। कोई भी तथ्य ऐसा नहीं प्रस्तुत करना चाहिए, जिसमें सम्प्रेषणीयता न हो।

उदाहरण के तौर पर हम लेते हैं कि सिकंदर के आक्रमण का भारत पर क्या प्रभाव पड़ा–'इस आक्रमण का सबसे महत्त्वपूर्ण परिणाम था भारत और यूनान के बीच विभिन्न क्षेत्रों में प्रत्यक्ष संपर्क की स्थापना। सिकंदर के अभियान से चार भिन्न–भिन्न स्थल मार्गों और जल मार्गों के द्वार खुले। इससे यूनानी व्यापारियों और शिल्पियों के लिए मार्ग प्रशस्त हुआ तथा व्यापार की तत्कालीन सुविधाएँ बढ़ीं।'

जब हम इस पूरे अनुच्छेद की व्याख्या करते हैं, तो हम पाते हैं कि सिकंदर के भारत पर आक्रमण के परिणामस्वरूप विभिन्न क्षेत्रों में संपर्क बढ़ा। फिर लेखक विभिन्न क्षेत्रों के खुलने की व्याख्या करते हैं। इसके एक परिणाम का प्रभाव कई क्षेत्रों में पड़ा। तार्किक लेखन की

प्रक्रिया में लेखन में कारण और प्रभाव के बीच शृंखलाबद्ध प्रतिक्रिया होनी चाहिए। एक कारण से एक प्रभाव, फिर उसी से संबद्ध एक अन्य कारण से दूसरा प्रभाव। इस प्रकार से तार्किक प्रक्रिया की शृंखला को अभिव्यक्त करने का तरीका अलग तरह का होगा। इस तार्किक शृंखला को क्रमबद्ध वाक्यों में नहीं रखा जायेगा तो तार्किक शृंखला अराजक हो सकती है, जिससे विचारों की संबद्धता भंग हो सकती है। इस प्रक्रिया के अंतर्गत हमें भाषा के प्रति सावधान होना होता है। वाक्य का गठन इस तरह से किया जाए जो विचारों के भार को वहन करने में सक्षम हो। बौद्ध धर्म ने बौद्धिक और साहित्यिक जगत में भी एक चेतना जगाई। इसने लोगों को यह सुझाया कि किसी वस्तु को यों ही नहीं, बल्कि भली–भाँति उसके गुण–दोष का विवेचन करके ग्रहण करना चाहिए। बहुत हद तक अंधविश्वास का स्थान तर्क ने ले लिया।

अब इस उदाहरण में देखते हैं जो कुछ कहा जा रहा है उसका भाषा के साथ सहयोग है। भाषा और विचारों का क्रम कहीं टूटता हुआ दिखाई नहीं पड़ता है, तार्किक प्रक्रिया में भाषा की ओर भी ध्यान रखना चाहिए।

(1) प्रक्रिया की व्याख्या – कार्य–कारण संबंध–तार्किक लेखन प्रक्रिया में होता है। इस प्रक्रिया की व्याख्या करना आवश्यक है। प्रक्रिया के माध्यम से उन संबंधों को समझ सकेंगे जिसमें कार्य–कारण विकसित होते हैं। जैसे किसी सामाजिक आंदोलन की प्रक्रिया का उदाहरण ले लें।

सामाजिक असंतोष सामाजिक आंदोलन की प्रारंभिक अवस्था को प्रतिबिंबित करता है। लगभग सभी सामाजिक आंदोलन का आधार सामाजिक असंतोष होता है। इसके परिणामस्वरूप सामूहिक तनाव बनने लगता है। इस अवस्था के उपरांत द्वितीय अवस्था आती है जिसमें समाज में सामूहिक उत्तेजना दिखाई देती है, जब लोग यह महसूस करते हैं कि उनकी समस्या साझी है। कुछ विशिष्ट सामाजिक स्थितियों को विपत्ति के मूल कारण के रूप में पहचान लिया जाता है। तृतीय अवस्था औपचारिकीकरण की अवस्था होती है। इस अवस्था में पदाधिकारियों की एक शृंखला स्थापित की जाती है। नेतागण व अनुयायियों में काम का बँटवारा किया जाता है। चंदा या कोष अधिक सुव्यवस्थित रूप से एकत्रित किया जाता है। विरोध एवं क्रिया के लिए कार्यनीति तथा दाँवपेंच बनाए जाते हैं तथा अपने आंदोलन के लिए उठाए गए कदमों के लिए एक नैतिक औचित्य स्थापित किया जाता है। चतुर्थ अवस्था संस्थानीकरण की है। आंदोलन एक सुनिश्चित विन्यास के रूप में स्पष्ट हो जाता है। आंदोलनकर्त्ताओं का स्थान कुशल नौकरशाह ले लेते हैं। भवन एवं कार्यालय स्थापित किए जाते हैं। आंदोलन के उद्देश्यों को समाज में मान्यता मिल जाती है। (सामाजिक परिवर्तन, इं.गां.रा.मु.वि.वि, ESO-02)

इस पूरे उदाहरण में हम एक प्रक्रिया को पाते हैं। आंदोलन का विकास धीरे–धीरे हुआ। चार चरण में एक के बाद एक का विकास होता गया। प्रारंभिक वाक्य सीधा विषय से संबंधित हैं। अब इसके कार्य–कारण संबंधी की व्याख्या करते हैं। आंदोलन की प्रारंभिक अवस्था सामाजिक असंतोष है। इसके कारण सामूहिक तनाव बनता है। सामूहिक तनाव के फलस्वरूप लोगों को लगता है कि समस्या सांझी है। सामाजिक असंतोष के कारणों का पता लगाया जाता

है। पुनः आंदोलन चलाने के लिए औपचारिक व्यवस्था की जाती है। उसके बाद आंदोलन एक संस्थान बन जाता है और अंत में आंदोलन को सामाजिक मान्यता मिल जाती है। आंदोलन में एक प्रक्रिया का अनुसरण किया गया है। इसी प्रकार से जब किसी विषयवस्तु पर हम लिख रहे हों तो एक प्रक्रिया में सुसंबद्ध रूप में हमारी विषय वस्तु आनी चाहिए। हमारे तर्क विभिन्न चरणों में विकसित होकर एक–दूसरे से जुड़े हुए हों। व्याख्या और तर्क साथ–साथ विकसित हों।

(2) कथन के समर्थन में तर्क–प्रत्येक लेखन का कोई–न–कोई उद्देश्य अवश्य होता है। इसके लिए कोई–न–कोई तर्क आवश्यक होता है। हम जो–कुछ लिखते हैं, उसके संदर्भों को हम किसी–न–किसी तर्क से अवश्य प्रमाणित करते हैं। बिना प्रमाण के वह न तो विश्वसनीय हो जाता है और न प्रभावशाली ही। इस आधार पर यह कहा जा सकता है कि किसी कथन का तर्क के साक्ष्य में प्रमाणिक रूप से प्रस्तुत होना नितांत आवश्यक होता है। वैज्ञानिक सोच–समझ विकसित करने के लिए तर्क आवश्यक है। तर्क को कार्य–करण संबंधों में पहचाना जाता है। कई तर्कों से कथन को प्रमाणित किया जाता है। कभी–कभी कथन से संबंध से संबंध परोक्ष रूप में हुआ करता है। कथन और तर्क के सीधे संबंध को एक उदाहरण द्वारा समझने की कोशिश करेंगे–

ब्रिटिश विजय का भारत पर स्पष्ट और गहरा आर्थिक प्रभाव पड़ा। अंग्रेजों ने जो आर्थिक नीतियाँ अपनाई उनसे भारत की अर्थव्यवस्था का रूपांतरण एक औपनिवेशिक अर्थव्यवस्था में हो गया जिसके फलस्वरूप ढाँचे का निर्धारण ब्रिटिश अर्थव्यवस्था की जरूरतों के अनुसार हुआ। भारतीय उद्योगों विशेषकर ग्रामीण दस्तकारी उद्योगों की बर्बादी रेलवे के बनते ही काफी तेजी से हुई। रेलवे द्वारा ब्रिटिश विनिर्मित वस्तुओं के देश के सुदूर गाँवों में पहुँचने और परंपरागत उद्योगों की जड़े खोदने में सहायता मिली।

यहाँ कथन है ब्रिटिश विजय का भारत पर आर्थिक प्रभाव। उसके समर्थन में दो तर्क प्रस्तुत किए गए प्रथम भारतीय अर्थव्यवस्था का औपनिवेशीकरण हुआ जिसे ब्रिटिश अर्थव्यवस्था की जरूरत के अनुसार बनाया गया था। दूसरा तर्क यह दिया कि ग्रामीण दस्तकारी की बर्बादी रेल के अविष्कार से और बढ़ गई। रेलवे के कारण ब्रिटिश की सस्ती वस्तुओं को गाँव तक पहुँचाया जाता था और उससे मुनाफा कमाया जाता था। इस प्रकार से ब्रिटिश विजय का भारतीय अर्थव्यवस्था के प्रभाव को तार्किकता के अनुसार लिख सकते हैं।

कथन के संदर्भ में दिए गए तर्कों का एक परोक्ष प्रभाव भी होता है। जहाँ कथन और तर्क का प्रत्यक्ष संबंध नहीं होता है। तर्क के सूत्र मिलते हैं– जिससे कथन के साथ संबंध बनाना होता है। उदाहरण के लिए यदि लिखा गया है बौद्ध धर्म ने अहिंसा और जीव मात्र के प्रति दया की भावना जगाकर देश में पशुधन की वृद्धि की तो इस कथन से एक अर्थ यह भी निकलता है कि बौद्धधर्म से पूर्व समाज में व्यापक हिंसा हो रही थी। कथन के संदर्भ में छिपे हुए परोक्ष तर्क को भी पहचानना होता है।

(3) तार्किक लेखन में उदाहरणों का महत्त्व–तार्किक लेखन में उदाहरणों का बहुत बड़ा महत्त्व है। इनके ही माध्यम से कथन को पुष्ट और आकर्षक बनाया जाता है। तार्किक

लेखन का सबसे अधिक सहज तरीका है–बातों को तर्क के द्वारा पुष्ट और सटीक रूप में प्रस्तुत करना। यहाँ यह अवश्य ध्यान देना चाहिए कि कथन को पुष्ट करने के लिए उदाहरणों की अधिकता न हो। यह इसलिए कि इनकी अधिकता से कभी–कभी मूल प्रश्न ही गायब हो जाते हैं। इसलिए उदाहरणों का प्रयोग बहुत ही संतुलित रूप में करना चाहिए। यह भी जितने अधिक संदर्भों की माँग हो, उतना ही उदाहरण प्रस्तुत करें। यह अवश्य ध्यान देना चाहिए कि उदाहरणों के प्रयोग से विषय–वस्तु बोझिल और जटिल हो जाती है। सटीक उदाहरणों से विषय–वस्तु सरल और हल्के रूप में प्रस्तुत होती है। जो उदाहरण हम कथन के संदर्भ में प्रयुक्त करें उससे ऐसा आभास होना चाहिए कि वे कथन को एक परिप्रेक्ष्य देते हुए हों। एक उदाहरण द्वारा इसे समझते हैं–

जैव प्रौद्योगिकी एक बहुआयामी विज्ञान है, जिसका विकास जीव विज्ञान, रसायन विज्ञान एवं अभियांत्रिकी के समंवित उपयोग से हुआ है। इसका उपयोग जीवन के विविध क्षेत्रों में होता है। उदाहरण के लिए कृषि वानकी एवं बागवानी, खाद्य संबंधी उद्योग तथा पर्यावरण संरक्षण आदि में जैव प्रोद्यौगिकी के उपयोग की बहुत संभावनाएँ हैं। कृषि वानिकी एवं बागबानी के क्षेत्र में नई पादप जातियों का विकास, उत्तम जीवों का उत्पादन, ईधन एवं चारा देने वाली फसलों का उत्पादन तथा वाणिज्यिक महत्त्व के पौधे का उत्पादन उसमें शामिल है। खाद्य पदार्थों से संबद्ध उद्योगों में जैव प्रौद्योगिकी के प्रमुख उदाहरण हैं– चूहों से मुक्त रखकर खाद्यान्नों का प्रभावी भंडारण करने की विधियाँ, खाद्य पदार्थों की पोषण क्षमता का विकास तथा खाने को सड़ने से बचाने वाली विधियाँ आदि। पर्यावरण संरक्षण में भी जैव प्रोद्यौगिकी का उपयोग हो रहा है। इनमें मलबे एवं औद्योगिक बहावों का शुद्धीकरण, अवशिष्ट पदार्थों से बायो गैस का निर्माण तथा वायु–प्रदूषण के रोकथाम का उपयोग प्रमुख है।

कथन है कि जैव प्रोद्यौगिकी वह बहुआयामी विज्ञान है जिसका विकास जीव विज्ञान, रसायन विज्ञान एवं अभियांत्रिकी आदि के समंवित उपयोग से हुआ है। इसका उपयोग विविध क्षेत्रों में होता है। इस कथन को उदाहरण के माध्यम से पुष्ट किया गया। कथन के संदर्भ में उदाहरण का प्रयोग बहुत ही विस्तृत है। तार्किक लेखन में सामान्यतः उदाहरणों के लंबे प्रयोग से बचना चाहिए।

प्रश्न 3. तार्किक लेखन में तुलना और अंतर से आप क्या समझते हैं?

उत्तर– तार्किक लेखन में तुलना और अंतर से हम निम्नलिखित बातों को समझते हैं–

- तार्किक लेखन में तुलना और अंतर द्वारा किसी विषय को स्पष्ट करने की युक्ति काम में लाई जाती है।
- दो समान बातों की परस्पर तुलना की जाती है।
- तुलना करने पर परस्पर दोनों समान बातों का अंतर ज्ञात हो जाता है।
- समानता के आधार पर ही तुलना की जाती है।
- तुलना करके पहले अंतर को निकाला जाता है, फिर उसे अधिक निष्पक्ष रूप में रखा जाता है।

- तुलना परिस्थिति अथवा घटना के आधार पर की जा सकती है।
- तुलना और अंतर के प्रयोग द्वारा हमें एक निष्कर्ष मिलता है।
- कथन के संदर्भ में तुलना और अंतर तर्क की बारीकियों को बखूबी उभारने का प्रयत्न होना चाहिए।
- तुलना से तर्क की पारदर्शिता झलकती है।
- तुलना हमारी सोच और चिंतन की वैज्ञानिकता को परखने की कसौटी है।

प्रश्न 4. वर्गीकरण की व्याख्या कीजिए।

उत्तर— तार्किक लेखन में वर्गीकरण का महत्त्वपूर्ण स्थान है। अपने तर्क को संपूर्णता में प्रस्तुत करने के लिए वर्गीकरण आवश्यक हो जाता है। वर्गीकरण का सीधा उद्देश्य है कि जो कुछ हम कहें या लिखें वह एक क्रम में आना चाहिए। अपने पक्षों को स्पष्ट करने के लिए उसे गहराई से समझने के लिए वर्गीकरण को अपनाते हैं। वर्गीकरण तीन माध्यमों के रूप में होता है। मुद्रित माध्यम, श्रव्य माध्यम और दृश्य माध्यम। मुद्रित माध्यम में समाचार पत्र पत्रिका, श्रव्य माध्यम में रेडियो है और दृश्य माध्यम में सिनेमा, टेलीविजन आदि होते हैं।

तार्किक लेखन में लेखक अपने तर्क को समग्र और सम्पूर्ण रूप में प्रस्तुत करके आवश्यक रूप से अपने तर्कों का वर्गीकरण करता है। वर्गीकरण का सीधा और स्पष्ट उद्देश्य यही होता है कि लेखक जो कुछ कहना या लिखना चाहता है, वह क्रमबद्ध हो। वर्गीकरण के द्वारा किसी एक बात को बड़ी गंभीरतापूर्वक स्पष्ट करने में आसानी हो जाती है। सभी बातों को पिछले स्तर पर व्यक्त करने की अपेक्षा किसी एक बात को गंभीरतापूर्वक व्यक्त करना अत्यधिक संगत और समुचित मालूम पड़ता है। इस प्रकार लेखक अपने विचारों को स्पष्ट करने के लिए गंभीरतापूर्वक समझने के लिए वर्गीकरण को अपनाते हैं। किसी प्रकार के संदेश या समाचार भेजने के लिए जनसंचार माध्यम का प्रयोग किया जाता है। रेडियो, टेलीविजन, सिनेमा, पत्र-पत्रिका या अन्य माध्यम से संदेश या समाचार प्रसारित किए जाते हैं। यों तो उन्हें एक साथ जनसंचार माध्यम में रखा जाता है, फिर भी उनकी प्रकृति के आधार पर जब हम इनका वर्गीकरण कर लेते हैं, तभी हम अपनी बातों को बड़े ही व्यवस्थित रूप में कह पाते हैं।

प्रश्न 5. तार्किक लेखन में पुनर्कथन के लिए किन-किन बातों की ओर ध्यान देने की आवश्यकता है?

उत्तर— तार्किक लेखन में पुनर्कथन के लिए निम्नलिखित बातों की ओर ध्यान देने की आवश्यकता है—

- पुनर्कथन के विषय में यह भ्रम निकाल देना चाहिए कि इसमें केवल दोहराया ही जाता है।
- पुनर्कथन में बिना किसी नए विषय और तर्क को बार-बार नहीं, अपितु एक ही बार अलग-अलग ढंग से प्रस्तुत किया जाता है।

- तार्किक लेखन में यह अवश्य ध्यान देना चाहिए कि एक ही कथन को अपनी बातों को मजबूती से रखने के लिए दोहराना नहीं चाहिए। उसके स्थान पर अपनी बातों को मजबूती से रखने के लिए सम्बद्ध विभिन्न आयामों को रखना चाहिए।
- तार्किक लेखन से पाठक को ऐसा अनुभव होना चाहिए कि वे एक बात को कहने के लिए अलग–अलग तरह से आए हैं, ताकि तर्कों में एक प्रकार की नवीनता बनी रहे।

प्रश्न 6. तार्किक लेखन में विश्लेषण के महत्त्व पर टिप्पणी लिखिए।

उत्तर– तार्किक लेखन के अंत में हमें विश्लेषण की आवश्यकता पड़ती है। व्यापक अर्थों में तार्किक लेखन के सभी पहलू अपने आप में विश्लेषणात्मक हैं। विश्लेषण हमें कुछ तकनीक सिखाता है कि विषयों को किस प्रकार से प्रस्तुत करें और इसके प्रत्येक अंग को किस प्रकार से विवेचित करें। विश्लेषण किसी भी बात को प्रस्तुत करने की शैली से संबंध रखता है। विश्लेषण में हमारे ज्ञान का पता चलता है कि किसी बात को हमने कितनी स्पष्टता से समझा है और उसे संप्रेषित करने की कैसी शैली हमने अर्जित की है। इस प्रकार, विश्लेषण का तार्किक लेखन में अत्यंत महत्त्वपूर्ण स्थान है।

प्रश्न 7. रिक्त स्थानों की पूर्ति कीजिए–

(1) तार्किक लेखन .... में होती है।

(2) अपने लेखन के उद्देश्य को साबित करने के लिए .... की आवश्यकता होती है।

(3) अपनी बात को जब तर्क के वाक्य में प्रमाणित करते हैं तो वह अधिक......... हो जाती है।

(4) तार्किक लेखन में .... और .... द्वारा बात को स्पष्ट करने की युक्ति का प्रयोग किया जाता है।

(5) अपने तर्क को .... में प्रयुक्त करने के लिए .... आवश्यक है।

(6) अपने पक्ष को मजबूत करने के लिए एक ही बात को दोहराया जाना .... कहलाता है।

(7) .... में लेखक के ज्ञान और विषय की स्पष्ट समझ का पता चलता है।

(8) तार्किक लेखन के सभी पक्ष .... हैं।

उत्तर– (1) प्रक्रिया

(2) तर्क

(3) विश्वसनीय

(4) तुलना, अंतर

(5) संपूर्णता, वर्गीकरण

(6) पुनकर्थन

(7) विश्लेषण
(8) विश्लेषणात्मक

प्रश्न पत्र

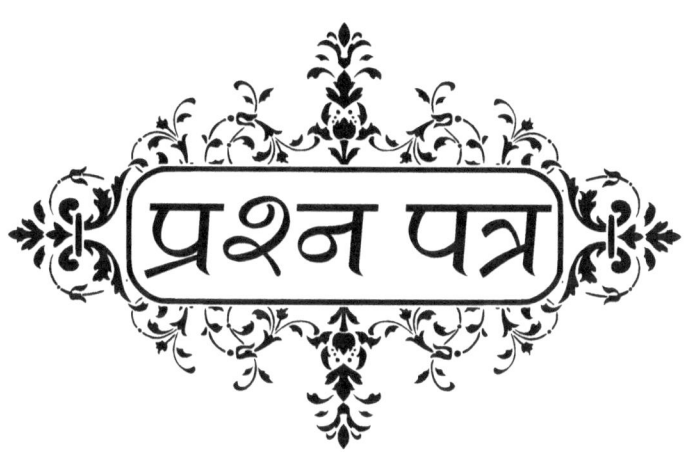

हिन्दी भाषा: लेखन कौशल: बी.एच.डी.एल.ए.–136
सैम्पल पेपर–1

नोट: किन्हीं पाँच प्रश्नों के उत्तर दीजिए। सभी प्रश्नों के अंक समान हैं।

प्रश्न 1. भाषा के सामाजिक स्तर भेद से आप क्या समझते हैं?
उत्तर— देखें अध्याय 1, प्रश्न 3

प्रश्न 2. वाक्य किसे कहते हैं? वाक्य में किस प्रकार के वाक्यांश अनिवार्य माने जाते हैं? उदाहरण सहित बताइए।
उत्तर— देखें अध्याय 2, प्रश्न 1

प्रश्न 3. सरकारी पत्र क्या होता है? उदाहरण सहित समझाइए।
उत्तर— देखें अध्याय 3, प्रश्न 4

प्रश्न 4. प्रभावी लेखन की अवधारणा को स्पष्ट करते हुए उसकी विशेषताओं का वर्णन कीजिए।
उत्तर— देखें अध्याय 6, प्रश्न 1

प्रश्न 5. मुहावरों के महत्त्व पर प्रकाश डालिए।
उत्तर— देखें अध्याय 1, प्रश्न 9

प्रश्न 6. अनुवाद से आप क्या समझते हैं? इसकी व्याख्या कीजिए।
उत्तर— देखें अध्याय 5, प्रश्न 1

प्रश्न 7. रचना प्रारम्भ करने से पहले किन बातों का ध्यान रखना चाहिए?
उत्तर— देखें अध्याय 7, प्रश्न 2

प्रश्न 8. समाचार लेखन और संपादन पर चर्चा कीजिए।
उत्तर— देखें अध्याय 4, प्रश्न 2

प्रश्न 9. किसी स्थान, दृश्य या वस्तु का वर्णन किस प्रकार करना चाहिए?
उत्तर– देखें अध्याय 9, प्रश्न 1

प्रश्न 10. निम्नलिखित में से किन्हीं दो पर टिप्पणियाँ लिखिए–
(क) आख्यानपरक लेखन
उत्तर– देखें अध्याय 10, प्रश्न 1

(ख) प्लॉट
उत्तर– देखें अध्याय 6, प्रश्न 2

(ग) अनुतान
उत्तर– देखें अध्याय 2, प्रश्न 3

(घ) तार्किक लेखन
उत्तर– देखें अध्याय 11, प्रश्न 1

सारी दुनिया कहती है हार मान लो लेकिन दिल धीरे से कहता है एक बार और कोशिश कर तू जरूर कर सकता है।

हिन्दी भाषा: लेखन कौशल: बी.एच.डी.एल.ए.–136
सैम्पल पेपर–2

नोट: किन्हीं पाँच प्रश्नों के उत्तर दीजिए। सभी प्रश्नों के अंक समान हैं।

प्रश्न 1. शब्द के कितने प्रकार होते हैं तथा इसकी रचना किस प्रकार होती है?
उत्तर– देखें अध्याय 1, प्रश्न 7

प्रश्न 2. संप्रेषण का उद्देश्य क्या होता है?
उत्तर– देखें अध्याय 2, प्रश्न 5

प्रश्न 3. अनुवाद की प्रक्रिया के दूसरे चरण 'संप्रेषण' पर प्रकाश डालिए।
उत्तर– देखें अध्याय 5, प्रश्न 3

प्रश्न 4. सरकारी पत्राचार की प्रक्रिया का उल्लेख कीजिए।
उत्तर– देखें अध्याय 3, प्रश्न 2

प्रश्न 5. प्रभावी लेखन में शिल्प के स्तर को समझाइए।
उत्तर– देखें अध्याय 6, प्रश्न 3

प्रश्न 6. भाव पल्लवन से आप क्या समझते हैं? इसके विगिन्न नियमों की भी विवेचना कीजिए।
उत्तर– देखें अध्याय 8, प्रश्न 3

प्रश्न 7. मुहावरे और लोकोक्तियों में अंतर स्पष्ट कीजिए।
उत्तर– देखें अध्याय 1, प्रश्न 12

प्रश्न 8. पुनर्रचना या पुनर्लेखन के विभिन्न प्रकारों को स्पष्ट कीजिए।
उत्तर– देखें अध्याय 8, प्रश्न 1

प्रश्न 9. संपादकीय लेखन पर चर्चा कीजिए।

उत्तर— देखें अध्याय 4, प्रश्न 4

प्रश्न 10. निम्नलिखित में से किन्हीं दो पर टिप्पणियाँ लिखिए—
(क) विराम चिह्न
उत्तर— देखें अध्याय 2, प्रश्न 7

(ख) वर्णनात्मक लेखन
उत्तर— देखें अध्याय 7, प्रश्न 1

(ग) औपचारिक पत्र
उत्तर— देखें अध्याय 3, प्रश्न 1

(घ) कोडमिक्सिंग
उत्तर— देखें अध्याय 2, प्रश्न 9

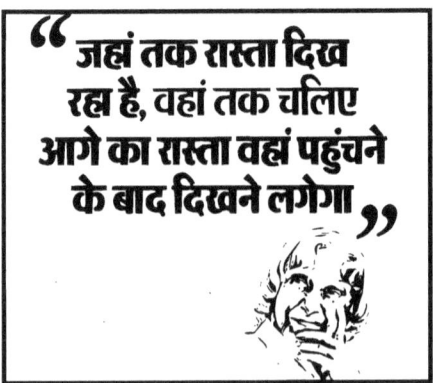

हिन्दी भाषा: लेखन कौशल: बी.एच.डी.एल.ए.–136
गैस पेपर–1

नोट: किन्हीं पाँच प्रश्नों के उत्तर दीजिए। सभी प्रश्नों के अंक समान हैं।

प्रश्न 1. प्रोक्ति किसे कहते हैं?

प्रश्न 2. अर्थ के आधार पर शब्दों के भेद बताइए।

प्रश्न 3. सरकारी पत्र क्या होता है? उदाहरण सहित समझाइए।

प्रश्न 4. समाचार लेखन और संपादन पर चर्चा कीजिए।

प्रश्न 5. प्रभावी लेखन में विषय के स्तर पर प्रकाश डालिए।

प्रश्न 6. विषय का सीमा–निर्धारण से क्या तात्पर्य है?

प्रश्न 7. लोकोक्तियाँ कितने प्रकार की होती हैं?

प्रश्न 8. तार्किक लेखन में विश्लेषण के महत्त्व पर टिप्पणी लिखिए।

प्रश्न 9. आख्यानपरक लेखन का तात्पर्य बताते हुए उसकी विशेषताओं का वर्णन कीजिए।

प्रश्न 10. निम्नलिखित में से किन्हीं दो पर टिप्पणियाँ लिखिए–

(क) शून्य रूपिम

(ख) श्लिष्ट शब्द

(ग) सर्वनाम पदबंध

(घ) रिपोर्ट लेखन

□□

हिन्दी भाषाः लेखन कौशलः बी.एच.डी.एल.ए.–136
गैस पेपर–2

नोटः किन्हीं पाँच प्रश्नों के उत्तर दीजिए। सभी प्रश्नों के अंक समान हैं।

प्रश्न 1. शब्द निर्माण के क्या आधार हैं? उल्लेख कीजिए।

प्रश्न 2. सरकारी पत्राचार के कौन–कौन से प्रकार हैं? संक्षेप में बताइए।

प्रश्न 3. विराम चिह्न से क्या तात्पर्य है?

प्रश्न 4. समाचार से क्या तात्पर्य है? इसके स्रोतों का वर्णन कीजिए।

प्रश्न 5. अनुकरणात्मक शब्द का क्या तात्पर्य है? इन शब्दों का प्रयोग किन रूपों में दिखाई देता है?

प्रश्न 6. प्रभावी लेखन के क्या उद्देश्य हैं?

प्रश्न 7. साहित्यिक और गैर–साहित्यिक अनुवाद में अंतर पर प्रकाश डालिए।

प्रश्न 8. भाव पल्लवन से क्या तात्पर्य है? इसके महत्व को स्पष्ट कीजिए।

प्रश्न 9. किसी रचना के विषय से संबंधित सामग्री एकत्रित करना क्यों आवश्यक है?

प्रश्न 10. निम्नलिखित में से किन्हीं दो पर टिप्पणियाँ लिखिए–
(क) पदबंध
(ख) रिक्त रूपिम
(ग) प्रत्यक्ष वार्तालाप शैली
(घ) नोट्स लेखन

हिन्दी भाषा: लेखन कौशल: बी.एच.डी.एल.ए.–136
फरवरी, 2021

नोट: निर्देशानुसार उत्तर दीजिए। प्रत्येक खंड से उत्तर देना अनिवार्य है।

खंड 'क'

निम्नलिखित प्रश्नों में से किन्हीं दो के उत्तर दीजिए—

प्रश्न 1. शब्दों के विभिन्न स्रोतों का परिचय दीजिए।
उत्तर— देखें अध्याय–1, प्रश्न 4

प्रश्न 2. एक अच्छे अनुवादक के लिए आवश्यक व्यावहारिक ज्ञान पर प्रकाश डालिए।
उत्तर— देखें अध्याय–5, प्रश्न 4

प्रश्न 3. कोई रचना करते समय किन–किन बातों का ध्यान रखना आवश्यक होता है?
उत्तर— देखें अध्याय–7, प्रश्न 3

प्रश्न 4. आख्यानपरक लेखन की विशेषताएँ बताइए।
उत्तर— देखें अध्याय–10, प्रश्न 1

खंड 'ख'

निम्नलिखित प्रश्नों में से किन्हीं चार के उत्तर दीजिए—

प्रश्न 5. एक अर्ध–सरकारी पत्र का प्रारूप तैयार कीजिए।
उत्तर— देखें अध्याय–3, प्रश्न 5

प्रश्न 6. अपने गाँव या मुहल्ले के स्वच्छता अभियान पर एक समाचार तैयार कीजिए।
उत्तर—स्वच्छता अभियान: शहर में असर, गाँव की स्थिति यथावत–सुपौल। स्वच्छता को ले देश में कई आंदोलन चले। किंतु समय बीतने के साथ–साथ ऐसे आंदोलनों की धार कुंद पड़ी गई। लोहिया स्वच्छता अभियान, निर्मल भारत अभियान, हाथ धुलाई आदि

कई अभियान का बहुत अधिक उत्साहवर्द्धक परिणाम सामने नहीं आया। प्रधानमंत्री नरेन्द्र मोदी की अगुवाई में स्वच्छ भारत–स्वस्थ भारत अभियान की शुरुआत की गई तो पूरा देश ही आंदोलित हो उठा। ऐसा लग रहा था कि भारत अब कचरा मुक्त हो जाएगा और खुले में शौच सपने में भी नहीं सोचेंगे लोग। शुरुआती चरण में तो लोगों में अभियान को ले खासा उत्साह दिखा, पर धीरे–धीरे इस अभियान की भी हवा सी निकल गई। वर्तमान में स्वच्छ भारत–स्वस्थ भारत का असर तो शहरी इलाके में दिख रहा है। पर ग्रामीण इलाके की स्थिति अब भी यथावत है। ग्रामीण इलाके में आज भी कूड़ा–कचरा सड़क पर फेंकने व खुले में शौच की आदत पर लगाम नहीं लग पाया है। स्वच्छता को ले चलाए गए तमाम जागरूकता अभियान भी अब तक लोगों की आदत में बदलाव नहीं ला सके हैं।

नप को और करना पड़ेगा प्रयास—चलिए रूख करते हैं अपने शहर का। अपने शहर में साफ–सफाई दिख रही है। मुख्य सड़क पर नप के झाड़ूदार झाड़ू लगाते दिख रहे हैं तो वार्डो में सिटी बजाकर घरों से कूड़ा–कचरा लिया जा रहा है। स्वच्छता अभियान को अमलीजामा पहनाने के लिए नगरपरिषद् सुपौल भी बढ़ चढ़ कर भूमिका निभा रहा। शहर के मुख्य सड़कों के किनारे थोड़ी–थोड़ी दूर पर कूड़ा–कचरा पेटी लगाए गए हैं और लोगों से आग्रह किया गया है कि शहर को स्वच्छ रखने में योगदान दे और कूड़ा–कचरा पेटी में ही डाले। कचरा पेटी से कचरा निकाल कर नप के ऑउटसोर्सिंग वाले कर्मी कचरे का निपटान करते हैं। शहर में कई जगह बड़े–बड़े कूड़े–दान भी लगाए गए हैं। इतने के बावजूद भी कई वार्डो की स्थिति साफ–सफाई के मामले में अब भी उतनी अच्छी नहीं। शहर में नप की भूमिका साफ–सफाई को ले सराहनीय चल रही है। नप को इस दिशा में और अधिक प्रयास करने की जरूरत भी है।

ग्रामीण इलाके में रंग नहीं ला पाई जागरूकता—जहाँ तक ग्रामीण इलाकों की बात है तो स्वच्छता को ले जागरूकता फैलाने की दिशा में इन इलाकों में भी कई कार्यक्रम किए गए। गाँव के मुख्य स्थलों पर बैठक, नुक्कड़ नाटक आदि के माध्यम से गाँव के लोगों को स्वच्छता के फायदे व खुले में शौच से होने वाले कुप्रभाव से अवगत कराया गया। बावजूद ग्रामीण परिवेश की मानसिकता अब तक नहीं बदल पाई है। आज भी गाँव की पचास फीसदी जनता खुले में शौच को जाती है और साफ–सफाई से उन्हें कोई खास मतलब नहीं रहता। नतीजा है कि गाँव के लोग तरह–तरह के बीमारियों के शिकार हो रहे हैं।

अशिक्षा भी है रहा में रूकावट—एक अनुमान के तहत बिहार में जितनी दवा की खपत होती है, उसमें कोसी के इलाके में पचास फीसदी से अधिक दवा की खपत होती है। यानि कोसी इलाके के लोग अधिक बीमार पड़ते हैं। इस सब के पीछे सबसे बड़ा कारण है। स्वच्छता से अनजान रहना और स्वच्छता के प्रति जागरूक नहीं होना। इलाके में अशिक्षा का बोलबाला है। नतीजा है कि लोग स्वच्छता के प्रति जागरूक नहीं हो पा रहे। जब तक लोग जागरूक नहीं होंगे, स्वच्छ भारत–स्वस्थ भारत का सपना पूरा नहीं हो पाएगा। देश को स्वच्छ और स्वस्थ बनाने में हर देशवासी की भूमिका होनी चाहिए। तब जाकर हमारा देश स्वच्छ और स्वस्थ भारत के मुकाम को हासिल कर पाएगा।

प्रश्न 7. प्रभावी लेखन से आप क्या समझती/समझते हैं? उदाहरण भी दीजिए।
उत्तर— देखें अध्याय–6, प्रश्न 1

प्रश्न 8. तार्किक लेखन में उदाहरणों का क्या महत्त्व है? सोदाहरण स्पष्ट कीजिए।
उत्तर— देखें अध्याय–11, प्रश्न 2

प्रश्न 9. नोट्स लेखन पर प्रकाश डालिए।
उत्तर— देखें अध्याय–8, प्रश्न 1

प्रश्न 10. "जहाँ सुमति तहँ संपत्ति नाना
जहाँ कुमति तहँ विपति निदाना।"
इस सूक्ति का भाव पल्लवन कीजिए।
उत्तर— देखें अध्याय–8, प्रश्न 8

खंड 'ग'

प्रश्न 11. निम्नलिखित में से किन्हीं चार पर टिप्पणियाँ लिखिए—
(क) संप्रेषण के उद्देश्य
उत्तर— देखें अध्याय–2, प्रश्न 5

(ख) सरकारी पत्राकार
उत्तर— देखें अध्याय–3, प्रश्न 1

(ग) आख्यानपरक लेखन में तथ्य का महत्त्व
उत्तर— देखें अध्याय–10, प्रश्न 1

(घ) सार लेखन
उत्तर— देखें अध्याय–8, प्रश्न 1

(ङ) संपादकीय लेखन
उत्तर— देखें अध्याय–4, प्रश्न 4

(च) मुहावरे और लोकोक्तियाँ
उत्तर— देखें अध्याय–1, प्रश्न 12

NOTES

www.ingramcontent.com/pod-product-compliance
Lightning Source LLC
LaVergne TN
LVHW021825060526
838201LV00058B/3508
* 9 7 8 9 3 8 9 6 0 1 7 4 9 *